Franz Kamphaus

Die Welt zusammenhalten

Franz Kamphaus

Die Welt zusammenhalten

Reden gegen den Strom

Mit einem Vorwort von Heinz-Günther Stobbe

HERDER

FREIBURG · BASEL · WIEN

Für Joachim Wanke,
den treuen Gefährten im Bischofsamt

Zugunsten des Bischöflichen Hilfswerks MISEREOR

© Verlag Herder GmbH, Freiburg im Breisgau 2008
Alle Rechte vorbehalten
www.herder.de

Register: Ulrich Schütz

Satz: Barbara Herrmann, Freiburg
Herstellung: fgb · freiburger graphische betriebe
www.fgb.de

Gedruckt auf umweltfreundlichem, chlorfrei gebleichtem Papier
Printed in Germany

ISBN 978-3-451-29754-0

Inhalt

Vorwort

Ende des 2. Jahrhunderts schreibt ein uns unbekannter Christ einen Brief an Diognet, einen Heiden in Rom, von dem wir auch nur den Namen kennen. Dieser Diognet hat offenbar um Auskunft über das Christentum gebeten. Aus der Antwort spricht ein erstaunliches Selbstbewusstsein. Im 6. Kapitel wird die antike Leib-Seele-Vorstellung aufgegriffen, um das Verhältnis der Christen zur Welt deutlich zu machen. Der Verfasser setzt mit einer steilen These ein: „Ohne Umschweife sei es formuliert: Was im Leib die Seele ist, das sind in der Menschheit die Christen" (6.1). Ein stärkerer Anspruch lässt sich kaum denken. Der Autor kommt dann auf den Hass zu sprechen, der den Christen entgegenschlägt. Er deutet ihn ganz überraschend: „Umschlossen ist zwar die Seele vom Leib, diese hält aber den Leib zusammen; ebenso werden zwar die Christen von der Welt gleichsam in Bewachung gehalten, jedoch halten vielmehr sie die Welt zusammen" (6.7).

Nach 2000 Jahren Christentumsgeschichte, die nicht nur Segen gebracht hat, mutet eine solche Selbsteinschätzung fast arrogant an. Nicht wenige Zeitgenossen empfinden ähnlich, wenn gegenwärtig vom Christentum als der „Seele Europas" (Jacques Delors) die Rede ist. Gegen solche Skepsis trägt es wenig aus, beachtliche kulturelle Leistungen ins Feld zu führen, als ließen sie sich mit den Opfern christlicher Untaten verrechnen. Was also berechtigt dazu, im Titel des vorliegenden Bandes trotz allem das im Brief an Diognet auftauchende Motiv aufzunehmen? Die Antwort muss sich aus der Lektüre der in ihm versammelten Reden und Aufsätze ergeben; doch ist vorweg zu sagen, dass dem Limburger Altbischof eine triumphalistische Sicht der Kirche in der globalisierten Welt fernliegt. Hinter den meisten Texten steckt vielmehr die Sorge um eine Weltgesellschaft, die von gewaltsamen oder gewaltträchtigen Konflikten erschüttert wird, sodann die Frage nach der Rolle der Kirche in dieser Situation. „Die

Welt zusammenhalten" – damit ist zuerst die katholische Kirche als
Weltkirche herausgefordert. Das ist sie zwar immer schon, und doch
muss sie es immer auch noch werden, um ihren Auftrag in der Gegenwart erfüllen zu können. Kurz gesagt: Es geht darum, das Programm
der Pastoralkonstitution des Vatikanum II, *Die Kirche in der Welt von
heute*, unter den Bedingungen der Globalisierung weiterzuführen.
Vor allem um zwei Problembereiche kreist diese Neubesinnung. Da
ist zum einen der sich im Zuge der Globalisierung national wie international verschärfende Gegensatz von Arm und Reich, auf den das
Konzil schon sein Augenmerk gerichtet hatte; und da ist zum anderen
die Beziehung zwischen Religion und Gewalt, die noch außerhalb seines Blickfeldes lag. Für den früheren Bischof von Limburg lieferte die
Weltlage den Anstoß, Impulse seines theologischen Denkens zu vertiefen, die weit in seine Biographie zurückreichen. Wer die verschiedenen
Beiträge liest, wird vor allem die durchgängige biblische Orientierung
bemerken, die in ihnen zum Ausdruck kommt und den Hintergrund
für die Sachargumente bildet. Dabei geht es nicht um wissenschaftliche Exegese, obgleich der Autor sein Studium mit einer exegetischen
Diplomarbeit zum Thema *Jesus und die Heidenmission* abgeschlossen
hatte. Der beständige Blick auf die Schrift ist vielmehr offenkundig ge-
speist aus einer lebenslangen geistlichen Lektüre, die schon in den frühen Tagen des Studiums mit Freunden eingeübt wurde. Dabei gewann
bald die Bergpredigt zentrale Bedeutung und mit ihr neben dem Thema Armut das der Gewaltfreiheit. Nicht von ungefähr sprach der gerade ins Bischofsamt berufene Professor im Sommersemester 1982 in
seiner Abschiedsvorlesung über „Das Ende der Vergeltung" und wähl-
te als Leitspruch für sein neues Amt „Den Armen das Evangelium verkünden". Noch im gleichen Jahr hielt er auf dem Düsseldorfer Katholikentag eine Rede über den Frieden, und ihr folgten in den Jahren
danach viele Ansprachen und Bibelarbeiten auf Katholiken- und Kir-
chentagen. So ergab sich fast von selbst die Mitarbeit am Hirtenwort
Gerechtigkeit schafft Frieden (1983), mit dem sich die deutschen Bischöfe in eine leidenschaftlich geführte innenpolitische Debatte ein-
mischten. Man kann sich heute kaum noch vorstellen, wie schwer

sich die Bischofskonferenz mit diesem Schritt damals getan hat. Die politischen Fronten waren verhärtet und die Diskussion durch das Klima des Kalten Krieges erstarrt. Entsprechend groß war die Angst vor einer unguten Politisierung der innerkirchlichen Atmosphäre. Unterm Strich erwies sich diese Befürchtung als unbegründet. Das hat wohl mit dazu beigetragen, dass das zweite Friedenswort *Gerechter Friede* (2000), das unter der Federführung des Limburger Bischofs erarbeitet wurde, einmütig beschlossen werden konnte.

Es gibt neben der biblischen Orientierung einen weiteren charakteristischen Zug bei der Lektüre der Beiträge des vorliegenden Bandes: Hier wie in anderen Texten spürt man über die geschulte Formulierungsgabe des vormaligen Professors für Predigtlehre hinaus die Freude an der Verkündigung des Evangeliums. Selbst bei der Erörterung schwieriger Sachverhalte spricht er in einer einfachen, lebensnahen und bildhaften Sprache, die das aus seiner Sicht Wesentliche griffig auf den Punkt bringt, ohne die Dinge unsachgemäß zu simplifizieren. Man wird darin wohl auch eine Wirkung seiner geerdeten münsterländischen Heimat sehen dürfen, in die er zwischen seinen Weltreisen immer wieder zurückkehrte. Tatsächlich brachte seine Tätigkeit als Vorsitzender der Kommission Weltkirche der Deutschen Bischofskonferenz und die Verantwortung für das Hilfswerk MISEREOR ein ausgedehntes Reiseprogramm mit sich, das ihn im Laufe der Zeit nach Afrika, Lateinamerika, Osteuropa und Asien führte. Ohne die dort gewonnenen Eindrücke und Einblicke lassen sich seine Ausführungen nicht verstehen. Sie beeinflussen nachhaltig sein weltkirchliches Bewusstsein und seine Entscheidung, was in der weltkirchlichen Arbeit auf der Tagesordnung zu stehen hat. Ganz natürlich rückte dabei nach 1989 Osteuropa in den Vordergrund, das bereits durch das Engagement bei der Aussöhnung zwischen polnischer und deutscher Kirche während der Münsteraner Jahre in den Blick gekommen war. Erfahrungen während des Krieges im ehemaligen Jugoslawien, besonders in Sarajevo, nötigten den Bischof dazu, seinen Standpunkt bezüglich der Anwendung militärischer Gewalt einer vorsichtigen Revision zu unterziehen. Der Blick auf das Leid der Unschuldigen gab dabei den Ausschlag. Von der „vorrangigen

Option für die Gewaltfreiheit" aber ist er niemals abgerückt, sie be-
stimmt bis heute seine Haltung. Die zeitweilige Konzentration auf die Friedensthematik ließ ihn
keineswegs das Anliegen der Armutsbekämpfung vernachlässigen. Ar-
mut hat, zumal in den Ländern des Südens, ihre Wurzeln in strukturell
bedingter Ungerechtigkeit, die den Armen Gewalt antut. Sie haben zudem stets am nachhaltigsten unter den Folgen kriegerischer Gewalt zu
leiden, allemal in Bürgerkriegen. Frieden zu schaffen ohne Waffen, wie
es die Friedensbewegung forderte, bedeutete deshalb für den Bischof
immer schon mehr als Abrüstung. Friede und Gerechtigkeit gehören
nach biblischem Verständnis untrennbar zusammen, und dieser Zusammenhang gilt auch im Zeitalter der Globalisierung. Mehr noch:
Die zunehmende Abhängigkeit der nationalen Volkswirtschaften von
der Entwicklung der Weltwirtschaft führt dazu, dass die Armut als
Massenphänomen sogar in die Wohlstandsgesellschaften der westlichen Hemisphäre zurückkehrt und sich immer weiter in die bürgerlichen Mittelschichten hineinfrisst. Dieser Prozess schwächt die sozialen Bindekräfte und unterhöhlt auf Dauer auch die sozialen
Grundlagen der Demokratie. Will die Kirche helfen, die Welt zusammenzuhalten, muss sie national wie global für eine Sozialpolitik ein-
treten, die an den ethischen Prinzipien der Gerechtigkeit und der Solidarität Maß nimmt. Eine solche Forderung mag angesichts der
Triebkräfte der Globalisierung hilflos wirken, und sie lässt sich in der
Tat nur realisieren, indem die Politik ihre Steuerungskompetenz zu-
rückgewinnt. Es geht nicht darum, die Globalisierung ungeschehen
zu machen, sondern darum, sie verantwortlich zu gestalten.

Gefahr für den demokratischen Rechtsstaat geht allerdings nicht
nur von der Erosion seines sozialen Fundaments aus. Religiöse Fundamentalisten unterschiedlicher Herkunft haben überall die politische
Bühne erstürmt, um den Staat nach ihren Vorstellungen umzubauen.
Der neuerdings wieder erstarkende Atheismus mag weltpolitisch ein
eher peripheres Phänomen sein, er signalisiert jedoch ein allgemeines
Unbehagen gegenüber einer neuerlichen Politisierung der Religion, die
mühsam erkämpfte und teuer bezahlte Errungenschaften der west-

lichen Zivilisation aufs Spiel setzt. Gegen solche Bedenken ist kein
Kraut gewachsen, solange es den großen Religionen nicht gelingt, den
Fundamentalismen ihre religiöse Legitimation zu entziehen. Der Bischof nähert sich dieser Aufgabe von verschiedenen Seiten, wobei einmal mehr die Bibel den Ausgangspunkt darstellt. Sie nötigt allem
voran zu einer kritischen Selbstreflexion, die sich ohne apologetischen
Zungenschlag den Tatsachen der Christentumsgeschichte stellt. Entscheidend aber ist die Frage nach der Beziehung zwischen der biblischen Botschaft und der Gewalt. Von daher ist das Verhältnis des
Christentums zur Toleranz, zu den Menschenrechten, zum Staat und
zu anderen Religionen zu klären. Keines dieser Themenfelder hat ex-
klusive Bedeutung für den christlichen Glauben oder den Islam, wie
manche irrtümlich meinen. In ihnen konkretisiert sich die prinzipielle
Frage nach der Friedensfähigkeit der Religion als solcher.

Vor diesem Hintergrund wird das christliche Missionsverständnis
zur Nagelprobe. Für den Bischof steht die missionarische Dimension
des christlichen Glaubens nicht zur Disposition. Er versteht sie weniger
im Sinne einer Pflicht als vielmehr einer inneren Konsequenz: Es wäre
unverantwortlich, der Welt die „Gute Nachricht" vorzuenthalten.
Christen sind es der Welt schuldig, das Evangelium glaubwürdig zu bezeugen. Doch zu eben dieser Glaubwürdigkeit gehören unabdingbar
Respekt, Wahrhaftigkeit und Offenheit. Auch und gerade das missionarische Zeugnis muss die Religions- und Gewissensfreiheit Andersgläubiger und Andersdenkender achten. Mission und Toleranz, das mag
manchen Zeitgenossen als hölzernes Eisen erscheinen, als Trick, um
den Dialog als taktisches Manöver zu nutzen, in Wirklichkeit aber im
alten Bekehrungseifer zu verharren. Vor diesem Hintergrund gewinnt
das Gespräch mit dem Islam geradezu paradigmatisches Gewicht, und
zwar nicht erst, wenn es sich auf das Friedensthema bezieht. Bereits in
der Form des Wahrheitsanspruchs tritt zutage, ob die monotheistischen
Religionen willens und in der Lage sind, die Grundbedingungen friedlichen Zusammenlebens unter der Voraussetzung religiöser und weltanschaulicher Pluralität innerlich zu akzeptieren. Eine Kirche, deren
Herr die Friedensstifter seliggepriesen und auf Gewalt verzichtet hat,

kann die ihr aufgetragene Botschaft nur auf eine Weise verkündigen
und bezeugen, die ihrer Wahrheit entspricht. So gewiss die Menschen-
liebe sie dazu drängt, für diese Wahrheit vor aller Welt einzustehen, so
sehr verbietet es die gleiche Liebe, diese Wahrheit jemandem aufdrü-
cken oder gar aufzwingen zu wollen.

Was zum Verständnis der Mission gesagt ist, gilt für die öffentliche
Präsenz der Kirche in der modernen Gesellschaft überhaupt. Immer
stärker wird sie die Form kultureller Diakonie annehmen und damit
die überkommene Form sozialer Diakonie ergänzen. Gleich dieser empfängt sie ihre Inspiration aus dem Evangelium, und wie sie blickt die
Kirche auf die moderne Kultur mit den Augen derer, denen keine oder
nur wenige Teilhabe- und Ausdrucksmöglichkeiten zur Verfügung stehen. Dieser Blickwinkel erzeugt eine eigentümliche Dialektik von Nähe
und Distanz. Sie verhindert, dass der christliche Glaube sich in eine Art
sozialer und kultureller Kitt verwandelt, der notdürftig die Risse in der
Gesellschaft abdichtet. Die Welt zusammenzuhalten, das vermag die
Kirche nur in Treue zum Evangelium. Es versetzt sie in eine exzentrische
Position: mitten im Leben und doch am Rande, solidarisch und zugleich kritisch. Schon der Verfasser des Diognetbriefes wusste von der
paradoxen Lebensform der Christen, die eine völlige Identifikation mit
der Welt ausschließt: „Sie bewohnen ihr jeweiliges Vaterland, aber nur
wie fremde Ansässige; sie erfüllen alle Aufgaben eines Bürgers und er-
dulden alle Lasten wie Fremde; jede Fremde ist für sie Vaterland und
jede Heimat ist für sie Fremde" (5.5). So verwandelt der Glaube die
Christen in gleichsam natürliche Verbündete all jener Menschen, die
durch den Prozess der Globalisierung einerseits in den gesellschaftlichen Kreislauf einbezogen und denen gleichzeitig die Früchte, die nur
wenige genießen, vorenthalten werden. Um den Verlierern im nunmehr
weltweiten Kampf um einen „Platz an der Sonne" das Evangelium zu
verkünden, hatte der Bischof von Limburg sein Amt vor mehr als einem
Vierteljahrhundert angetreten. Der vorliegende Band, der Beiträge aus
den letzten Jahren seiner Amtszeit versammelt, dokumentiert eindrücklich, wie ernst er diese Selbstverpflichtung genommen hat.

Heinz-Günther Stobbe

Auf dem Weg zum Frieden

Religion und Gewalt

Religion – mehr als nützlich

Am 7. Mai 1794 hielt Maximilien de Robespierre, der führende Kopf der Französischen Revolution, eine Rede, in der er sich vom Atheismus anderer Revolutionäre absetzte. Er plädierte für den Kult eines „Höchsten Wesens", und zwar mit folgendem Argument: „In den Augen des Gesetzgebers ist alles wahr, was der Welt nützlich und in der Praxis gut ist. Der Gedanke des Höchsten Wesens und der Unsterblichkeit der Seele ist eine Mahnung zur Gerechtigkeit, er ist somit sozial und republikanisch." Der propagierte Kult verschwand bald wieder, doch die Idee einer Zivilreligion, die unabhängig von den traditionellen Religionen das moralische Fundament des Staates bilden sollte, blieb lebendig. Sie geht auf den Genfer Philosophen Jean-Jacques Rousseau (1712–1778) zurück, aus dessen Hauptschrift *Contrat social* in den Tagen der Revolution auf den Straßen von Paris ganze Passagen verlesen wurden. Sie beeinflusste nicht nur das politische Denken in ganz Europa, sondern vor allem auch in Amerika. Robespierre griff diese Idee weniger aus philosophischen oder gar theologischen Gründen auf, sondern weil er staatsmännisch dachte. Er bemühte sich, die Französische Revolution gegen ihre konservativen Gegner zu verteidigen. Ein militanter Atheismus hätte im traditionell katholischen Frankreich unweigerlich den antirevolutionären Kräften in die Hand gespielt.

Seine Sicht des Problems war aber nicht nur von taktischen Erwägungen bestimmt. Sie brachte auch die leidvollen Erfahrungen mit der politischen Rolle der Religion auf den Punkt. Die hatten sich in zehn Hugenottenkriegen (1562–1629), besonders im dunklen Gemetzel der Bartholomäusnacht (24. August 1572), verdichtet. Letztere war als „Bluthochzeit von Paris" in den Volksmund eingegangen. Insofern richtete sich das Plädoyer für eine Zivilreligion indirekt gegen jeden Versuch, religiöse Wahrheitsansprüche mit Macht durchzusetzen und dafür die staatliche Gewalt einzuspannen. Mit diesem Ansinnen stand

Robespierre nicht allein. Weite Kreise der europäischen Aufklärung wussten sich darin einig. Die Erfahrung der Konfessionskriege hatte das politische Denken und Handeln grundlegend verändert. Es ist seither von der Überzeugung geprägt, es sei um der Freiheit des Menschen und um des Friedens in Staat und Gesellschaft willen notwendig, den politischen Einfluss der Religion einzuschränken oder ganz auszuschalten. Was Robespierres Rede auszeichnet, ist die Einfachheit und Klarheit, mit der er das Interesse des Staates formuliert: Die Religion, die der Staat braucht, muss „nützlich" und „in der Praxis gut" sein. Nicht ihre Wahrheit steht zur Debatte, sondern allein ihre Funktion. Soweit sich die Religion ihrer zivilreligiösen Kastrierung gegenüber als sperrig erweist, muss sie Privatsache bleiben. Die Reduktion auf Bürgermoral im Verein mit ihrer Privatisierung ist der Preis, den die Religion in Europa für den hohen Blutzoll der Konfessionskriege bezahlt hat.

Diese Entwicklung war allzu verständlich, ihr Ergebnis schien segensreich. Der religiöse Extremismus, der gegenwärtig die Welt in Atem hält, droht damals gewonnene heilsame Einsichten wieder zu verdunkeln. Die oft beschworene „Rückkehr der Religion" oder „Wiederkehr der Götter" löst gerade deswegen bei vielen Menschen zwiespältige Gefühle und nicht zuletzt Angst aus. Nicht von ungefähr beteuern Repräsentanten der Weltreligionen, ihr Glaube verpflichte dazu, für Frieden und Versöhnung einzutreten, er rechtfertige keinesfalls Gewalt oder gar den Mord an Unschuldigen. Und nicht zufällig konzentriert sich die öffentliche Auseinandersetzung um die Rolle der Religion auf Fragen der politischen Ethik – vom Verhältnis zwischen Religion bzw. Kirche und Staat bis zur Begründung der Menschenrechte.

Dagegen ist wenig einzuwenden. Denn natürlich besteht die allgemeine Erwartung zu Recht, die Religionen sollten eher Frieden schaffen als Krieg, zum verantwortlichen Handeln motivieren statt zu zynischer Brutalität anstacheln. Doch die Sache hat gleich mehrere Haken. Ihr widrigster liegt darin, die Gefährlichkeit der Religion zu unterschätzen, wie sie sich in der Geschichte immer wieder manifestiert hat und heute in einer Vielzahl religiös motivierter oder gefärbter Konflikte sichtbar wird. Sie ist noch anderes als Ethik oder ein zivilreligiöser Ver-

haltenskodex. Den Religionsüberhang oder Mehrwert im Menschen zu
läutern, bedarf es stärkerer Gegenmittel. Vergiftet die Religion das Leben, hilft nur Religion als „Gegengift", also echte Religion, keine In-
stantreligion. Es ist ein Gebot der Stunde, Religion wieder ernst zu nehmen, viel ernster als diejenigen es tun, die durch den Ernst der Lage
verschreckt das Mantra des „Dialogs der Kulturen und Religionen"
herunterbeten. Als ob der so leicht zu führen wäre in einer Gesellschaft,
in der religiöser Analphabetismus mehr und mehr zur Normalität und
fast schon zur Norm wird. Die frühere Außenministerin der USA
Madeleine Albright schreibt in ihrem 2006 erschienenen Buch *Der
Mächtige und der Allmächtige,* während ihrer universitären Tätigkeit
im Fach Politikwissenschaft und später in der Politik habe sich kaum
jemand für Religion interessiert. Die jetzige Situation aber gebiete es,
nicht zuletzt in der Diplomatenausbildung Kenntnisse über die Religionen zu vermitteln, um eine realistische Außenpolitik betreiben zu können. Das erfordert allerdings auf allen Seiten, bei Glaubenden wie Ungläubigen, ein vertieftes Nachdenken über Religion, das den durch die
Zivilreligion abgesteckten Rahmen überschreitet und zum Kern des Religiösen vordringt. Der ist mehr als Ethik.

Die Schlüsselfrage: Gewalt

Zumindest in den großen christlichen Kirchen sind es vorwiegend
akademisch ausgebildete Theologen, die sich am öffentlichen Reli-
gionsdiskurs und am interreligiösen Dialog beteiligen. Es mag deshalb
nicht ganz müßig sein, daran zu erinnern, dass Religion nicht am
Schreibtisch entstanden ist und entsteht. Sie ist eine uralte Dimension
menschlicher Kultur. Sie verdankt sich nicht nur göttlichen Inspiratio-
nen, sondern auch der Auseinandersetzung des Menschen mit der
Welt und seinem Leben darin. Sie hängt mit elementaren menschlichen Erfahrungen zusammen, die sie deutet und durch ihre Deutung
zu verarbeiten hilft. Einmal entstanden, wirken solche Deutungssyste-
me auf die Erfahrung zurück. Dieser Wechselwirkung vermag sich keine Religion zu entziehen. Selbst die Offenbarungsreligionen, die einen

normativen, weil göttlichen Ursprung ihrer selbst behaupten, verändern sich im Laufe ihrer Geschichte, indem sie neue Erfahrungen in sich aufnehmen und ermöglichen. Sie mögen diesen Erfahrungsbezug unterschiedlich werten, leugnen können sie ihn nicht. Eine der elementarsten Erfahrungen des Menschen ist die Gewalt. Es irrt, wer glaubt, sie sei erst durch die Religion in die Welt gekommen; daher müsse die Religion abgeschafft werden, um eine friedliche Welt zu schaffen. Von dieser Illusion war vor allem der Kommunismus beseelt. Doch die Erwartung, die Religion werde im Zuge des gesellschaftlichen Fortschritts verschwinden, prägte keineswegs nur ihn. Die Rat- und Hilflosigkeit, mit der die westliche Öffentlichkeit und Politik auf das Anwachsen religiöser Bewegungen reagieren, illustrieren das eindrücklich. Zumal das Phänomen der Selbstmordattentate nährt das Gefühl, dem Problem sei weder durch moralische Appelle noch durch die Androhung staatlicher Gewalt beizukommen. Dieses Gefühl trügt nicht. Denn es gibt eine enge Beziehung zwischen Religion und Gewalt, die auf einer fundamentaleren Ebene angesiedelt ist als die Ethik. Begreift man Religion als eine Form kultureller Weltdeutung, dann kann sie die Gewalt nicht ignorieren. Noch bevor sich die Frage nach der Gewaltträchtigkeit von Religion stellt, wird die Gewalt als solche zu einer Schlüsselfrage für die Religion: Woher kommt sie, wie ist sie zu erklären?

Jede religiöse Weltdeutung enthält darauf eine mehr oder minder ausdrückliche Antwort. Im Prozess religiöser Mythenbildung wird sie in der Regel in kosmogonischen Mythen entfaltet, die zugleich die Entstehung des Menschen einbeziehen. Solche Mythenbildung geschieht selten ohne Zusammenhang mit bestimmten Riten. Darum liegt die Urform religiöser Gewaltverarbeitung im Ritus, nicht in der Ethik. In allen alten Religionen hat das Blutopfer dabei eine hohe Bedeutung. Es verdankt sich einer nüchternen Weltsicht, in der Leben und Tod zuinnerst zusammengehören. Leben ist danach nur auf Kosten anderen Lebens möglich. Wie der schöpferische Aufbau von Neuem die Zerstörung des Alten erfordert, so muss Lebendiges geopfert werden, um das Leben zu erhalten. Aus dieser Perspektive lässt sich

Gewalt schlechterdings nicht aus der Welt wegdenken. Eine Moral, die Gewalt grundsätzlich und ausnahmslos verwirft und darum auch Blutopfer verurteilt, hätte darin keinen Platz. Sie gefährdete geradezu den Bestand der Welt. Der Stellenwert und die Reichweite ethischer Normen und Regeln im Umgang mit Gewalt hängen also entscheidend davon ab, wie der Ursprung der Gewalt in einer umfassenden Weltsicht erklärt und inwieweit dem Menschen dafür Verantwortung zugeschrieben wird.

Für jede menschliche Gruppe erwächst aus virulenter Gewalt eine ihre Existenz bedrohende Gefahr. Unter bestimmten Bedingungen genügt der geringfügigste Anlass, um eine unkontrollierbare Gewalteskalation zu provozieren. Deshalb werden kulturelle Vorkehrungen getroffen, um Gewalt einzudämmen. Religiös begründete rituelle Gewalt gehört zu ihnen. Obgleich Opferriten nicht selten exzessiven Charakter tragen, verläuft die Ausübung der Gewalt im Kontext des Ritus im Prinzip kontrolliert, wie eine Kettenreaktion im Kernkraftwerk. Opfer dienen dazu, die in der Gewalt frei werdende Lebensenergie zu bändigen und zu nutzen. Will man das Verhältnis von Religion und Gewalt verstehen, dann kann man sich am Leitfaden der Opfervorstellung orientieren. Denn Gewalt kommt nicht erst ins Spiel, wenn Religionen einander bekriegen. Sie steckt vorab im Innersten der Religion als Opferpraxis, die den notwendigen Energieaustausch zwischen Göttern und Menschen sichert.

Die Antwort der Bibel

Aus der Vielzahl religiöser Kosmogonien bieten sich zwei zum Vergleich an, die nicht nur religionsgeschichtlich bedeutsam, sondern vor allem im gleichen Kulturraum entstanden sind: der babylonische Schöpfungsmythos *Enuma elisch* und die biblische Schöpfungsgeschichte, die eigentlich zwei unterschiedliche Darstellungen enthält (Gen 1–2,4a und Gen 2,4b–26). *Enuma elisch* ist mit Sicherheit erheblich älter als die biblischen Texte und dem Verfasser von Gen 1f bekannt gewesen. Der Mythos erzählt von der Entstehung der Welt, vom Aufstieg des babylonischen Stadt- und Reichgottes Marduk im Kreis der Götter und von der Erschaffung des Menschen. Er liefert also eine vollständige Weltdeutung. Lange bevor der Mensch auf der Weltbühne erscheint, ist die Gewalt am Werk. Sie wird ausgelöst durch einen Streit unter den Göttern, der zu einem erbitterten Kampf führt. Marduk tötet die weibliche Gottheit Tiamat, zerstückelt sie und baut aus ihren Körperteilen die Welt. Es stellt sich heraus, dass hinter den Intrigen der Göttin eine andere Gottheit (Kingu) steckt. Sie wird gleichfalls zur Strafe umgebracht. Aus ihrem Blut schafft Marduk die Menschheit. Die Menschen werden geschaffen, um den Göttern zu dienen, und zwar vor allem im Tempeldienst mit seiner Opferpraxis. Es sind die Götter, die für die Gewalt in der Welt verantwortlich zeichnen. Sie sind es auch, die den Menschen die Pflicht zu opfern auferlegen. Die Gewalt selbst erscheint als zwiespältiges Phänomen: Indem sie zerstört, ruft sie unabdingbar eine Gegengewalt auf den Plan. Sie schützt, indem sie eine Ordnung aufrichtet.

Auch die erste Schöpfungsgeschichte der Bibel schildert den Ablauf des göttlichen Handelns als schrittweisen Aufbau einer lebensdienlichen Ordnung. Doch geschieht das ohne jede Gewalt. Gott schafft allein durch sein wirkmächtiges Wort, und er bekräftigt nach jedem Schritt ausdrücklich, das Ergebnis sei „gut". Er schafft den Menschen, nicht für den Dienst an den Göttern, sondern damit er als Ebenbild Gottes nach Gottes Art herrsche. Der babylonische Mythos kreist von Anfang an um das Problem der Gewalt, in der biblischen Schöpfungsgeschichte findet sich dazu kein Wort. Es herrschen paradiesische Verhältnisse, sogar zwischen Tier und Mensch, er kann und soll sich vegetarisch ernähren (vgl. Gen 1,29). Noch etwas anderes verdient Beachtung: In der Schilderung des Paradieses ist keine Rede von Religion. Adam und Eva leben in selbstverständlicher Gemeinschaft mit Gott, ohne Tempel, ohne Kult, ohne Opfer. Erst nach der Vertreibung aus dem Paradies opfern Kain und Abel und geraten darüber in einen mörderischen Konflikt. Die Botschaft der Bibel lautet somit eindeutig: Die Gewalt gehört nicht zu Gottes ursprünglicher Schöpfung. Sie entsteht als Folge des Sündenfalls und fällt in den Bereich menschlicher

Verantwortung. Der Schöpfer braucht und will keine Gewalt, vielmehr zieht er den Brudermörder Kain für seine Bluttat zur Rechenschaft und schützt ihn zugleich durch ein Tötungsverbot vor der Blutrache. Im Widerspruch zu Gottes Willen durchzieht die Gewalt von da an die Geschichte der Menschheit, oft auch als Strafe Gottes, aber immer als selbstverschuldetes Verhängnis. Sie kennzeichnet eine Welt, die ganz anders sein könnte, als sie es tatsächlich ist. Mitten in dieser postparadiesischen Weltordnung fällt dem von Gott erwählten Volk die Aufgabe zu, im Sinne einer Gegenwelt die gottgewollte Alternative sichtbar zu machen. Darin liegt der Sinn der Erwählung, nicht darin, eine religiöse Vorzugsstellung zu begründen. Es fällt im Gegenteil auf, dass Israel anders als Babylon oder Ägypten die eigene Religion nicht in der Schöpfungsordnung verankert hat; sie wird zurückgeführt auf eine geschichtliche Initiative Gottes. Ihr verdankt Israel ein besonderes Verhältnis zu Gott.

In dieser Gottesbeziehung nimmt die Auseinandersetzung mit dem Opferkult einen breiten Raum ein. Während Tier- und andere Opfer an der Tagesordnung sind und bleiben, werden Menschenopfer abgelehnt und als perverse Eigenart der Götzenkulte angeprangert. Die außerordentlich scharfe prophetische Opferkritik richtet sich keineswegs gegen den Opferkult als solchen, sondern gegen den schreienden Widerspruch zwischen dem kultischen und dem sozialen Leben. Sie stellt die Opferpraxis in ein neues Licht, indem sie bestreitet, dass Gott überhaupt Opfer brauche. Das Opfern erhält einen anderen Sinn, als den Göttern Nahrung zuzuführen und sie wohlwollend zu stimmen oder den kosmischen Energiehaushalt in Gang zu halten. Es gibt aus prophetischer Sicht keinen ewigen, sich fortzeugenden Kreislauf von Leben und Tod, in dem das Opfer ein unverzichtbares Element darstellt. Vielmehr schenkt Gott Leben als Ausdruck seiner schöpferischen und verschwenderischen Fülle, die jede Gegen- oder Rückgabe überflüssig macht. „Soll ich denn das Fleisch von Stieren essen und das Blut von Böcken trinken? Bring Gott als Opfer dein Lob, und erfülle dem Höchsten deine Gelübde! Rufe mich an am Tage der Not; dann rette ich dich, und du wirst mich ehren" (Psalm 50). Nicht Menschenrechte oder Tierethik verbieten Opfer, um Gott gnädig zu stimmen, sondern mitten aus dem Glauben Israels geht eine Einsicht hervor, die ihre Bedeutung radikal verändert.

Das Opfer Jesu und die Reinigung der Gesinnung

Das Christentum hat, so könnte man meinen, die in Israel und im Judentum verworfene Idee des Menschenopfers wiederbelebt. Sie verehrt mit Jesus ein Gewaltopfer, angeblich von Gott gefordert, um seinen gerechten Zorn zu besänftigen. Die katholische Kirche nennt ihren Hauptgottesdienst „Messopfer" und scheint damit zu bestätigen, dass Gottesdienst immer neu das Opfer menschlichen Lebens erfordert. Und erinnert nicht die Kommunion als Verzehr von Christi Fleisch und Blut fatal an einen kannibalistischen Ritus? Fällt also der Katholizismus auf archaische rituelle Formen zurück?

Tatsächlich nimmt die sakramentale Praxis der katholischen Kirche in vielerlei Hinsicht altes religiöses Erbe auf, so auch den Opfergedanken. Sie sieht tatsächlich in der Feier der heiligen Messe das Kreuzesopfer Jesu vergegenwärtigt. Trotzdem glaubt sie keineswegs an die Notwendigkeit, unzählige Male ein Menschenopfer zu wiederholen. Im Sinne des 50. Psalms – „Wer Opfer des Lobes bringt, ehrt mich, wer rechtschaffen lebt, dem zeige ich mein Heil" (50,22) – feiert sie das Gedächtnis des Leidens und Sterbens Jesu zuvorderst als Feier in Lob und Dank. So sagt es der Begriff „Eucharistie". Lob und Dank beziehen sich nicht auf ein Menschenopfer, von Menschen für Gott dargebracht, sondern auf die Selbsthingabe Gottes, durch die, wie Paulus sagt, der Mensch mit Gott versöhnt ist. Der Sohn Gottes hat sich geopfert, indem er sich der von Menschen ausgeübten tödlichen Gewalt ausgesetzt und „überliefert" hat. Darum konfrontiert die Feier der Eucharistie immer auch mit der grausamen Wirklichkeit menschlicher Gewalttätigkeit. Ihre rituelle bzw. sakramentale Form ermöglicht es, mit ihr in existentielle, innere Berührung zu kommen, ohne selbst ihr Opfer zu werden oder sie selbst auszuleben. Darin steckt eine therapeutische und kathartische Wirkung. Nur deshalb kann das Messopfer

mit der Aufforderung des Priesters schließen: „Gehet hin in Frieden!"
Es wäre weniger als die halbe Wahrheit, das in erster Linie als einen
sozialen und politischen Auftrag zu verstehen. „In Frieden gehen", bedeutet zunächst: Frieden in sich haben und tragen. Wahre Religion
trägt zum Frieden in der Welt bei, indem sie Menschen befriedet. Die
kirchlichen Sakramente, etwa der Eucharistie, der Buße oder Kranken-
salbung, sollen als sinnliche Zeichen der heilsamen Nähe Gottes die
Gläubigen nicht belehren und umerziehen, sondern sie innerlich verwandeln, gleichsam rundum erneuern. Gerade deshalb wird, wie die
Propheten einschärfen, das Leben außerhalb des Gottesdienstes zum
Prüfstein der Ernsthaftigkeit der rituellen Gottesverehrung. Wer Hass
schürt und Unversöhnlichkeit praktiziert, kann weder mit Gott noch
mit sich selbst im Frieden sein.

Es ist gerade diese Dimension, die der Zivilreligion fehlt. Im besten
Fall sagt sie den Bürgerinnen und Bürgern des Staates, was sie tun
oder lassen sollen, um das Gemeinwohl zu fördern. Aber sie sagt
nichts dazu, wie sie die Fähigkeit erlangen, den Interessen, Bedürfnissen und Leidenschaften zu widerstehen, die in ihnen selbst beständig
die Versuchung nähren, wider besseres Wissen und Gewissen zu leben
und zu handeln. Sie schweigt sich dazu aus, wie verhindert werden
kann, dass moralische Selbstgerechtigkeit jeden Zweifel an der Richtig-
keit des eigenen Tuns ausschließt. Sie schützt nicht vor der Gefahr, die
Menschheit manichäisch in Gut und Böse aufzuspalten und das ver-
meintlich Böse mit allen Mitteln der Gewalt zu bekämpfen. Der „Große Terror", den Robespierre befürwortete, bevor er ihm selber zum
Opfer fiel, wurde in Gang gesetzt im Namen revolutionärer Tugend-
haftigkeit. Stets fressen Revolutionen ihre eigenen Kinder, wenn sie
eine Neue Gesellschaft und einen Neuen Menschen herbeizwingen
wollen. Nicht erst unter iranischen Mullahs und afghanischen Taliban
drangsalieren „Tugendwächter" die Bevölkerung. Man kennt derlei zur
Genüge aus den Tagen der stalinistischen „Säuberungen" oder der chi-
nesischen Kulturrevolution. Gegen den Wahn, alle anderen Menschen
nach dem eigenen Bild umformen zu sollen, mobilisiert Religion, die
diesen Namen verdient, die Tugend der Demut, die die eigene mora-

lische Anfälligkeit kennt. Sie stärkt die Kräfte der Selbstreinigung, damit im Innern friedfertig wird, wer in der Welt Frieden stiften will.

Kaum jemand war sich der Unumgänglichkeit innerer, geistlicher Selbstprüfung stärker bewusst als die beiden Lehrer der Gewaltfreiheit im 20. Jahrhundert: Mahatma Gandhi und Martin Luther King. Gandhi beharrte hartnäckig darauf, jede politische Aktion müsse durch spirituelle Übungen vorbreitet und begleitet werden, vor allem durch Meditation, Gebet und Fasten. Er sah sehr klar, dass auch der gewaltfreie Kampf Menschenleben kosten würde. Menschen mussten dazu bereit sein, ihr Leben zu opfern, und darum ihre Angst vor dem Tod überwinden. Gandhi glaubte daran, dass dieser Todesmut der gewaltfreien Bewegung zum Sieg verhelfen würde. Und er war sich dessen gewiss, dass nur eine religiöse Verwandlung Menschen befähigen könnte, sich auf dem haarscharfen Grat zu bewegen, der die Bereitschaft zur Selbsthingabe von der Bereitschaft trennt, andere mit in den Tod zu reißen.

Mehr als Zivilreligion

Die meisten neuzeitlichen Staaten in Europa und Amerika haben sich gegen den konfessionalistischen Irrsinn auf zweifache Weise zu wehren versucht: Sie haben die christlichen Konfessionen entwaffnet und die Waffengewalt monopolisiert. Und sie haben im Zuge der Trennung von Kirche und Staat die Religionsausübung weitgehend privatisiert. Nur bei besonderen Anlässen wird auf die öffentliche Präsenz von Religion Wert gelegt. Dieser religionsneutrale moderne Staat wird heute herausgefordert durch einen religiösen Extremismus, der nicht nur sein Gewaltmonopol zu brechen versucht, sondern sich durch keine staatliche Gewaltandrohung abschrecken lässt. Auch ethische Einwände prallen von Menschen ab, die von ihrer moralischen Reinheit und Überlegenheit felsenfest überzeugt sind. Ihre Selbstgewissheit und ihre Todesbereitschaft lassen die wichtigsten Mittel, über die der Staat verfügt, um sie von ihrem mörderischen Handeln abzubringen, als untauglich erscheinen. Daher kann er zum Schutze seiner Bürgerinnen

und Bürger am Ende nichts anderes tun, als Terroristen einzusperren
oder umzubringen. Das allgemeine Erschrecken, das der Terrorismus
erzeugt, rührt von der Ahnung her, das reiche nicht, um die religiöse
Gewalt an der Wurzel zu bekämpfen. Und in der Tat: Wenn die
schlimmste Gefahr von der Fähigkeit ausgeht, durch Religion Menschen in lebende Bomben zu verwandeln, dann bedarf es der Religion,
um sie zu entschärfen oder, besser noch, gegen diese Mutation zu immunisieren. Solche Religion predigt weder Hass noch Heiligen Krieg
oder Kreuzzüge, sie betreibt in erster Linie Seelsorge. Sie hilft, die Motive der Gläubigen zu klären und zu läutern, die sich politisch ein-
mischen. Das mindert ihre politische Verantwortung keineswegs. Es
gibt Zustände, die zum Himmel schreien und keinen religiösen Menschen kalt lassen können. Nur ändert sich nichts, wenn sich der
Mensch nicht ändert.

Der säkulare Staat braucht Religion. Er ist auf die Opferbereitschaft
seiner Bürgerinnen und Bürgerinnen in vielfacher Hinsicht angewiesen, nicht allein in Fragen auf Leben und Tod. Gerade dann allerdings,
wenn er ihnen diesen höchsten Einsatz abverlangt, greift er gerne zum
religiös verbrämten Patriotismus („für Gott und Vaterland") oder zur
Pseudoreligion des Nationalismus. Aus Sicht der Religion ist das Götzendienst. Er hat mehr Menschenleben gekostet als alle Glaubenskriege; auch das lehrt die Geschichte. Will der säkulare Staat wirklich sä-
kular bleiben, muss er einerseits seine religiöse Neutralität wahren,
gleichzeitig aber authentische Formen der Religion respektieren. Da
er selbst weder das Recht noch die Kompetenz hat, die Authentizität
einer Religion zu beurteilen, wird er sich dabei an das Kriterium ihrer
Verträglichkeit mit den Menschenrechten halten, an die er selbst gebunden ist. Die Religionsgemeinschaften ihrerseits sind aufgerufen, religiösen Terroristen unmissverständlich zu sagen, was ihre Taten sind:
Keine gottgefälligen Opfer, sondern Gräuel in Gottes Augen. Kein hel-
denhaftes Martyrium, sondern Selbstmord. Kein Heiliger Krieg, sondern Massenmord. Mit Opfersinn als Sinn für die Notwendigkeit, im
Dienst am Nächsten und der Gemeinschaft notfalls selbst das eigene
Leben einzusetzen, hat der Terrorismus nicht das Geringste zu tun. –

Gleichzeitig müssen sich die Religionsgemeinschaften ehrlich ihrer eigenen Gewaltgeschichte stellen, die oft auch ihr Verhältnis zueinander belastet und den interreligiösen Dialog erschwert. Das Zeitalter der Kreuzzüge bietet dafür das vielleicht bekannteste, aber beileibe nicht das einzige Beispiel.

Mehr als Zivilreligion braucht der säkulare Staat die Religionsgemeinschaften als unverzichtbares Element der Zivilgesellschaft. Sie sind gefordert, wenn der Staat an seine Grenzen stößt. Zivilreligion verquickt Religion und Politik auf zweifelhafte Weise, auch deshalb, weil sie die Gewissensfreiheit derer gefährdet, die grundsätzlich nicht religiös sein wollen. Selbst die Trennung von Kirche und Staat kann dann nicht verhindern, dass sich in der Gesellschaft eine Tendenz zur Gesinnungsdiktatur breitmacht. Nicht nur der republikanische Präsident der USA und die ihm nahestehenden christlichen Kreise wären in ihrem „Krieg gegen den Terrorismus" gut beraten, sich auf die Grundlagen einer freiheitlichen und rechtsstaatlichen Republik zu besinnen. Das tut in Zeiten des Terrorismus uns allen not. Günther Anders hat Recht: „Was alle treffen kann, betrifft jeden."

Wie ist die Gewalt zu bändigen?
Jüdisch-christliche Optionen

Ein Gerücht geht um in unserer postmodernen Gesellschaft – das Gerücht, es seien die monotheistischen Religionen, die die Gewalt in die Welt gebracht hätten. Sie seien von ihrem Ursprung her unfähig zur Toleranz. Einen vernichtenderen Vorwurf kann man heute kaum erheben. Er brennt seit dem 11. September 2001 noch ganz anders in unserem zeitgenössischen Bewusstsein. Der blindwütige Akt des Terrors in New York zeigt, wozu Menschen in missbräuchlicher Berufung auf

den Namen des einen und wahren Gottes fähig sind. Ist solche Ent-
artung im Monotheismus selbst angelegt? Juden wie Christen sind
herausgefordert, sich von ihrem Glauben her der Gewaltfrage zu stellen. Was sagt unsere gemeinsame Tradition zur Bändigung der Gewalt?

Die Eindämmung der Gewalt durch das Recht

Die biblische Urgeschichte erzählt nicht das, was nur einmal am Anfang geschah. Hier wird wie auch sonst in solchen Anfangsgeschich-
ten dargestellt, was immer wieder der Fall ist. Im Vergleich zur Urgeschichte anderer Völker lässt die Bibel von Anfang an den
menschlichen Hang zur Gewalttätigkeit erkennen. Sie erscheint als
das zentrale Problem. Nachdem die Ursünde in der Paradieserzäh-
lung als Misstrauen des Menschen Gott gegenüber entlarvt wird,
bricht sie sofort anschließend noch einmal als zwischenmenschliche
Katastrophe herein: Mord des Bruders durch den Bruder. Die Erzählung von Kain und Abel will nicht einfach nur die Gewalttat am
Mitmenschen als die Urform der Sünde schildern. Sie setzt erst richtig ein, als Abel ermordet auf dem Acker liegt. In einem dramatischen Dialog zwischen Gott und Kain geht es um die Folgen, die
sich aus der Gewalttat ergeben. Gott versieht Kain mit einem Mal.
Er schützt ihn vor den Folgen seiner Gewalttat, indem er Rache an-
droht. Die ist zwar selbst wieder gewaltträchtig, aber in diesem Zusammenhang doch ein Schritt nach vorn.

Bevor die Mordahndung auf Gerichte verlagert wurde, hat die Rache durchaus ihre gesellschaftsgeschichtliche Bedeutung gehabt. Sie ist
eine vorstaatliche Rechtsinstitution, ein Versuch der Prävention. Da
sie dem Gewalttäter droht, verhütet sie chaotische Ausbrüche eigen-
mächtiger Gewalt. So entwickelt sich ein Raum latent vorhandener,
doch notdürftig durch erste Formen des Rechts gebändigter Gewalt.
In ihn ordnet die Bibel die menschliche Kultur ein. Kain und seine
Nachkommen bauen die erste Stadt, organiseren die Viehzucht, erfinden die Musik und beginnen mit der Metallverarbeitung. Die ganze
Kultur wird vom Menschen entwickelt in Verbindung mit dem Urele-

ment des Rechts, der Sanktionsdrohung für den Mord. Alles trägt mit bei zur Bändigung der Gewalt. Nichts an der menschlichen Entwicklung kommt in Unschuld auf uns zu: weder die Ausdifferenzierung der menschlichen Gesellschaft in der Stadt noch die Tierzucht noch die Industrie noch die Kunst. Alles soll den Drang zur Gewalt zähmen (vgl. Gen 4,17–22). Doch alles kann auch die Möglichkeiten des Gewaltgebrauchs von Neuem steigern. Die zur Bändigung eingesetzte Drohung mit Gegengewalt kann ja ebenso eskalieren. Schon in der sechsten Generation rühmt sich Lamech in einem Prahllied, er werde, wenn man ihn tötet, siebenundsiebzigfach gerächt werden (4,23f). So kann die ursprünglich gewaltverhütende Rechtsinstitution wieder zu einem Übermaß an Gewalt verkommen.

In diesem Zusammenhang ist die Sintflutgeschichte von Bedeutung. Solche Erzählungen finden sich auch sonst in der Umwelt Israels. Aber nur die Bibel begründet den Rückfall der Schöpfung ins Chaos mit der Gewalttätigkeit. Sie stellt nicht nur das menschliche Zusammenleben in Frage, sie gefährdet die ganze Schöpfung. Die Weltordnung nach der Flut ist nicht mit der ersten identisch. Die Gewalt bleibt zwar in der Welt in einem zumindest begrenzten Ausmaß gegenwärtig. Doch gibt Gott nach der Flut allen, die aus der Arche kommen, neue Weisungen (vgl. Gen 9,2–69). Das Leben des Menschen ist heilig. „Wer Menschenblut vergießt, dessen Blut wird durch Menschen vergossen. Denn: Als Abbild Gottes hat er den Menschen gemacht" (9,6).

Hier berührt die Sintfluterzählung die Kainsgeschichte. Gott droht mit Sanktionen durch rechtlich geordnete Gewalt, um Gewalttaten gegen Mitmenschen zu unterbinden. So muss er seine Schöpfung, selbst wenn Gewalt begrenzt in ihr vorkommt, nicht mehr ins Chaos zurücksinken lassen. Das ist im Bild eines „ewigen Bundes" zusammengefasst. Sein Zeichen ist der Regenbogen. Er ist in unserer Kultur deshalb zu einem Symbol des Friedens geworden. Gott sichert in einer eidlichen Selbstverpflichtung allen Lebewesen zu, er werde niemals mehr den Kosmos zerstören (9,8–17). Unsere Schöpfung, wie sie ist – nicht die, die Gott eigentlich möchte –, ist durch Gewalttat gezeichnet, doch fordert Gott von den Menschen, diese durch rechtliche Sanktionen zu verhindern. Die jüdische Tradition hat aus diesem Text das wichtigste der allen Menschen geltenden Gebote geschöpft: die Verpflichtung, ein geordnetes Rechtswesen einzurichten.

Es lohnt sich, wenigstens kurz auf die sogenannten noachitischen Gebote einzugehen. Denn hier verbinden sich Juden und Christen auf eigentümliche Weise. Die noachitischen Gebote sind ein uraltes Lehrstück der jüdischen Tradition. So verschiedenartig auch innerhalb des Judentums die Listen dieser Gebote sind, im Hinblick auf den Schutz des Lebens stimmen sie überein. Der Bund mit Noach ist ein Gottesbund mit der gesamten Menschheit, nicht nur für das Judentum. Am frühen Morgen der Christenheit stand die Frage an, ob alle Nichtjuden mit dem Christwerden das gesamte jüdische Gesetz beobachten müssten. Damals hat das Apostelkonzil von Jerusalem (vgl. Apg 15) entschieden, dass die Gläubigen aus den Völkern praktisch nur die noachitischen Gebote zu beachten hätten. Die Heiden, die Christen werden, bekommen Anteil am Segen Abrahams und an den Verheißungen Israels. Sie werden aber nicht in das jüdische Volk aufgenommen, sondern stehen unter den Geboten Noachs.

An die Sintfluterzählung vor allem knüpft das Gebot an, in jeder Gesellschaft ein Rechts- und Gerichtssystem zu schaffen. Es zeichnet sich auch dadurch aus, dass es schon in der Bibel gewissermaßen naturrechtlich begründet wird. Naturrechtlich – das heißt, die moralische und rechtliche Forderung wird nicht aus einer ausdrücklichen Willensäußerung Gottes, sondern aus der Natur der Sache abgeleitet. „Wer Menschenblut vergießt, dessen Blut wird durch Menschen vergossen werden. Denn: Als Abbild Gottes hat er den Menschen gemacht" (Gen 9,6). Die Würde des Menschen („Bild/Statue Gottes" innerhalb der Schöpfung zu sein) ist der Grund, weshalb er nicht getötet werden darf und der Mord auf geordnete Weise geahndet werden muss. Hier wird die Menschheit von Gott verpflichtet, ihr Zusammenleben von der Natur der Sache her und nach dem Maßstab der sich daran orientierenden Vernunft zu gestalten. Aus diesem Ansatz hat nicht nur das Judentum das Recht und die Pflicht abgeleitet, die Gebote vom Sinai immer neu mit Hilfe erleuchteter Vernunft auf die konkreten Verhältnisse zuzuspitzen. Auch die Christenheit hat von daher die Lehre vom „Naturrecht" entwickelt, die am Morgen der Neuzeit wesentlich zur Lehre von den Menschenrechten und zur Konzeption der modernen westlichen Demokratie beigetragen hat. Hermann Cohen hat aufgezeigt, wie Hugo Grotius und andere das rabbinische Konzept der noachitischen Gebote in ein naturrechtliches System überführt haben. Mag das Wort „Naturrecht" heute weithin einen schlechten Klang haben und abgelehnt werden – die gemeinte Sache ist unentbehrlich.

Wir rühren hier an etwas, das die Christenheit bis heute mit dem Judentum verbindet. Beide haben die Grundüberzeugung, es sei möglich, auch mit Gruppen, die nicht zur eigenen Gemeinschaft gehören, aufgrund der Vernunft und der gemeinsamen menschlichen Natur auf eine mit der Schöpfung gesetzte, gottgewollte Basis des Zusammenlebens zu kommen. Das mag nicht weiter führen als zu möglichst gerecht gestalteten politischen Systemen, in denen letztlich doch Gewalt durch legitime Gewalt gebändigt werden muss. Aber das ist schon sehr viel, auch wenn diese Systeme stets außerordentlich labil bleiben und kaum all das Schreckliche verhindern können, was täglich unsere Fernsehnachrichten füllt.

Nicht wegschauen, sondern hinschauen

Mit Abraham setzt Gott eine Bewegung in Gang, die auf eine andere, nicht mehr nur gewaltbewehrte Weise der Gewalt begegnet, nicht um sie abzulehnen oder sich hochmütig darüber hinwegzusetzen, sondern um sie zu überschreiten. Dieser Neuansatz soll der ganzen Menschheit zum Segen werden.

Israel muss einen langen und leidvollen Wandlungsprozess durchmachen, der es zu einem neuen Verhältnis zur Gewalt führt. Es muss zunächst sehen lernen, in welchem Ausmaß die Welt von der Gewalt durchwirkt ist. Die Bibel zerstört die Verschleierung der Gewalt. Da wird nicht weggeschaut, sondern hingeschaut, nicht mehr verdrängt und auf andere projiziert. Das ist möglich, weil Gott den Menschen trotz seiner Schuld nicht fallenlässt. Er steht zu ihm. So kann der Mensch auch die Abgründe seiner Gewalttätigkeit wahrnehmen. Die Gewalttaten werden keineswegs nur an anderen Völkern aufgedeckt, sondern an Israel selbst. Sie werden nicht beschönigt, sie werden beim Namen genannt. Kein menschliches Thema, weder Liebe noch Arbeit, weder Familie noch Natur noch Bildung, erscheint im Alten Testament so häufig und ist so drastisch dargestellt. So kann die Bibel als ein gewaltbestimmtes und bluttriefendes Buch erscheinen. Man ist versucht, sich anderen religiösen Büchern zuzuwenden, die lieblicher klingen – um den Preis, sich der Auseinandersetzung mit dem Gewaltthema zu entziehen. Dieser Zusammenhang wird in der derzeitigen Anprangerung des Monotheismus geflissentlich verschwiegen. Wir müssten als Juden und Christen wissen, welchen Stellenwert das Gewaltthema in unserem Glaubensverständnis hat. Deshalb können wir nur dankbar sein, wenn man uns darauf aufmerksam macht, wo wir die Gewaltüberwindung als zentrales Thema unserer Berufung preisgeben oder ihm zuwiderhandeln. Aber dass man uns unterstellt, vom Ansatz unseres Gottesglaubens her genau das Gegenteil zu wollen, können wir eigentlich nur als völlige Ignoranz oder als böswillige Unterstellung zurückweisen. Die Bibel steht dafür, dass die Gewalttat nicht verdrängt, sondern entlarvt, denunziert und verurteilt wird. Es wird zur Abkehr von Gewalt aufgerufen (vgl. die Propheten). Im Vordergrund stehen Recht und Gerechtigkeit, Erbarmen, Solidarität mit den Armen, Friede.

Es ist nicht möglich, den biblischen Einspruch gegen die Gewalt an dieser Stelle breiter zu entfalten – das ist das Thema der ganzen Bibel. Dabei ist zu bedenken, dass sie keine fertigen Thesen aufstellt. Sie bezeugt einen Prozess, der auch Israel selbst (und nicht weniger die Kirche!) erst langsam aus einer gewaltbestimmten Welt zu einem gewaltfreien Verhalten geführt hat. Das ist offen und ehrlich einzugestehen. Es liefert leider immer neu die Möglichkeit, aus den Stationen des Weges Belege herauszuholen für die gewünschte These von der Durchsetzung der Wahrheit durch Massaker. Lässt man derart fragwürdige

Deutungen beiseite und sieht aufs Ganze und auf die markanten Orientierungspunkte, dann eröffnet sich ein Friedensweg, der nicht mehr gewaltbewehrt ist, sondern gewaltlos Raum gewinnt.

Besser Opfer als gewalttätiger Sieger

An zwei prophetische Texte, die stellvertretend für andere stehen, sei erinnert. Die Friedensvision der Bibel kommt besonders anschaulich in jenem Prophetenwort zum Ausdruck, das in den vergangenen Jahren zum Leitwort der Friedensbewegung geworden ist.

„Er spricht Recht im Streit vieler Völker, er weist mächtige Nationen zurecht bis in die Ferne. Dann schmieden sie Pflugscharen aus ihren Schwertern und Winzermesser aus ihren Lanzen. Man zieht nicht mehr das Schwert, Volk gegen Volk, und übt nicht mehr für den Krieg. Jeder sitzt unter seinem Weinstock und unter seinem Feigenbaum, und niemand schreckt ihn auf" (Mi 4,3f; vgl. Jes 2,2–4). Diese Vision entstammt wohl einer Situation, die alles andere erwarten ließ als einen „Frieden ohne Waffen". Freilich auch keinen, der sich mit Waffengewalt hätte erzwingen lassen: Jerusalem und der Tempel sind zerstört, seine Bewohner getötet, unterjocht oder von den Siegern nach Babylon verschleppt. Der davidisch-salomonische Traum von einer Großmacht Israel ist ausgeträumt. Nicht aber die Vision eines dauerhaften und weltumspannenden Friedens.

Sie taucht gerade im Exil auf, als Gegenbild gegen eine Welt, die nur Gewalt und Gegengewalt kennt, Sieger und Besiegte, Herrschende und Beherrschte. Aus der Erfahrung einer katastrophalen Niederlage, des Scheiterns aller taktischen Winkelzüge einer machtorientierten Schaukelpolitik, aus der Erfahrung von Vernichtung und Vertreibung zieht die prophetische Theologie Israels keine depressiv-resignative oder zynisch-nihilistische Konsequenz. Sie formt ihr Gottes- und Weltbild um. Das Unterste wird zuoberst gekehrt, aus der militärischen Stärke wird Schwäche und aus der Schwäche eine unüberwindbare, unbesiegbare Kraft, die Kraft des Gewaltverzichts. Nicht als utopische Schwärmerei oder Vertröstung aufs Jenseits! Nichts wäre dem

geerdeten Geist der Bibel fremder. Ihre Hoffnung bezieht sich auf diese
Welt, keine „Hinterwelt", wie Nietzsche spottete. Und weil sich alles
um diese Welt dreht, die von Gewalt beherrscht wird, kann Gewaltverzicht nur heißen: Widerstandskraft und protestative Phantasie, ja auch
Bereitschaft, Gewalt zu erleiden, notfalls durch Gewalt zu sterben. Die
Wende geschieht nicht durch Aktionen, die Jerusalem unternimmt,
sondern durch die Faszination, die von der Stadt des Friedens ausgeht,
dem „Berg mit dem Hause des Herrn" (Mi 4,1).

Erst in der Gefangenschaft in Babylon wird Israel im Lernprozess
auf den Frieden hin die entscheidende Einsicht geschenkt: Es ist besser, Opfer zu sein als gewalttätiger Sieger. Jener Friede, der den gewalt-
bewehrten und immer wieder gefährdeten Frieden unserer Welt über-
trifft, wird eher von den Opfern her wachsen als von den Siegern. Gott
steht auf der Seite der Opfer.

Einer der größten Schrifttexte ist das sogenannte vierte Gottesknechtslied (Jes 52,13–53,12). Es ist der Höhepunkt der Friedenstheo-
logie Israels – wie ein erratischer Block innerhalb der Hebräischen
Bibel. Die Völker der Welt haben sich gegen den Gottesknecht zusam-
mengerottet. Sie schlagen und foltern ihn, schließlich töten sie ihn.
Aber wie die Klagenden der Klagelieder birgt er sich bei Gott. Er
schlägt nicht zurück. Er stellt sich der gegen ihn rasenden Gewalt
und weicht ihr nicht aus. Der Weg der Gewaltlosigkeit führt durch
den scheinbaren Sieg der fremden Gewalt zum Ziel.

Das vierte Gottesknechtslied enthält ein erstaunliches Bekenntnis
der anderen Völker und der Könige der Welt. Sie erkennen, was mit
ihrer eigenen Mitwirkung geschehen ist. Dieser Getötete ist zum Sün-
denbock der Welt geworden. Aber Gott hat ihn gerettet und durch ihn
den wahren Frieden in die Welt kommen lassen. Durch ihn wird sein
Geschichtsplan gelingen. Von diesem Gottesknecht Israel her ist es
nun auch den anderen Völkern der Welt möglich, einen neuen Weg
der gewaltlosen Gerechtigkeit einzuschlagen.

Der Text ist offen einerseits auf eine individuelle Heilsgestalt, andererseits auf das Volk Israel als Ganzes. Vermutlich ist er polysem, beides ist in ihm als Sinnmöglichkeit enthalten. Wenn wir Christen in

diesem Lied die Gestalt und das Geschick Jesu von Nazareth vorentworfen sehen, ist dabei vorausgesetzt, dass er in seiner Person gewissermaßen eine Verkörperung des Volkes Israel ist.

Unter Brüdern

Wir können als Christen nicht an alldem, was wir den Juden in 2000 Jahren Christentum angetan haben, vorbei von der biblischen Kultur der Gewaltlosigkeit reden und die beiden zuletzt zitierten Schrifttexte auslegen. Im Spiegel ihrer Botschaft steigt uns die Schamröte ins Gesicht. Hier liegt der Anstoß, mit dem viele in und außerhalb der Kirche heute nicht fertig werden. Wie konnte es dazu kommen, dass die Kirche – gegen all das, was ihr eingestiftet ist – in diesem Ausmaß selber gewalttätig geworden ist? Sie ist ihrem eigenen Ursprung untreu geworden, nicht zuletzt nach ihrer Ehe mit dem Staat (Konstantinische Wende). Wir müssen die lange Geschichte der Gewalt beim Namen nennen, die hinter uns liegt, angefangen bei der ersten von Christen im Jahre 388 in Kallinikon am Euphrat niedergebrannten Synagoge (der Kaiser wollte die Brandstifter bestrafen, Bischof Ambrosius von Mailand nahm sie in Schutz) über die vielen Pogrome im Mittelalter und in der Neuzeit bis zu den furchtbaren Verbrechen des vergangenen Jahrhunderts, die vielfach von Christen begangen wurden und zu denen die Kirchen weithin geschwiegen haben. Dabei haben ihre historischen Voraussetzungen durchaus auch christliche Wurzeln. Der christliche Antijudaismus mit seinen abgründigen Folgen bleibt eine Schande. Er wiegt umso mehr, als er sich unter Brüdern im Hause Abrahams entwickelt hat. Die Gottesfrage holt uns Christen ein: „Wo ist dein Bruder Abel?" Wir können uns nicht herausreden: „Ich weiß es nicht. Bin ich der Hüter meines Bruders?" (Gen 4,9). Wir sind es, wir hätten es sein sollen, vor siebzig Jahren. Zu wenige haben sich damals zu dieser Bruderschaft bekannt. Daran hat die Kirche als ganze zu tragen. Es geht nicht an, dass wir sie auf der Sonnenseite christlicher Toleranzgeschichte erstrahlen lassen und die langen Schatten nur einzelnen Christen anhängen.

Was ist aus der jüngeren Geschichte in einer kirchlichen, gemeindlichen und auch persönlichen Gewissenserforschung zu lernen? Jedenfalls ist bei der Entstehung von Feindbildern den Anfängen zu wehren. Jede judenfeindliche Äußerung und Handlung sollte unseren entschiedenen öffentlichen Einspruch und Protest erfahren. Wie können wir dazu kommen, mehr voneinander zu wissen und mehr miteinander zu tun? Wir können nur dankbar sein, dass sich Juden mit Christen in Gesellschaften für christlich-jüdische Zusammenarbeit zusammenfinden und zeigen, wie es aussieht, wenn wir den Mut haben, aus unseren gemeinsamen Wurzeln zu leben.

Die Botschaft der Texte, die wir bedacht haben, lässt uns nicht zur Ruhe kommen, sie sendet uns – Juden wie Christen – in die Geschichte. Diese Geschichte hat nicht das Ziel, alle Menschen zur Überzeugung zu bringen, dass es nur einen Gott gibt. Vielmehr soll sie dem Ziel des einen Schöpfergottes dienen, dem Frieden. Die Anwendung von Gewalt steht diesem Ziel im Wege – wenn auch das gewaltbewehrte Recht bis auf Weiteres unverzichtbar ist, um die Gewalttätigkeit in Grenzen zu halten. In all dem sind Juden und Christen beisammen, so sie zu ihren grundlegenden Traditionen stehen. Wenn man fragt, was sie denn unterscheide, dann im Wesentlichen die Entscheidung darüber, wo wir im Gang der Geschichte Gottes mit den Menschen inzwischen angekommen sind. Die Juden sind im Gehorsam zu ihrer Tora weiter auf das Ziel hin unterwegs; die Christen – auch sie Menschen des Weges – sind überzeugt, dass mit Jesus von Nazareth schon die Stunde angebrochen ist, in der die Wallfahrt der Völker zum Zion einsetzt.

So wichtig diese Unterscheidung ist – sie darf auf keinen Fall den breiten Boden der Gemeinsamkeit schmälern. Gemeinsamkeit in der Einsicht, dass die Gewalt zentrales Problem der Menschheit ist, Gemeinsamkeit in der Überzeugung, dass die Gewalttätigkeit durch das gewaltbewehrte Recht gebändigt werden muss, doch vor allem darüber hinaus die gemeinsame Hoffnung, dass Gott sich in der Geschichte ein Volk schafft, das nicht durch Gewalt, sondern durch gewaltlose Faszination den Frieden ausbreitet. Wir können der Welt keinen besseren Dienst tun, als dass wir diesen unseren Traditionen treu bleiben. Nicht der Trend zur Softreligion wird uns in dieser kritischen Weltenstunde weiterbringen, sondern der Glaube an den einen Gott Abrahams, Isaaks und Jakobs. Er ist der Weg, auf dem Jerusalem endlich Stadt des Friedens werden kann.

Das Ende der Vergeltung

„Ihr habt gehört, dass gesagt worden ist: ‚Auge für Auge und Zahn für Zahn'. Ich aber sage euch: Leistet dem, der euch etwas Böses antut, keinen Widerstand, sondern wenn dich einer auf die rechte Wange schlägt, dann halt ihm auch die andere hin. Und wenn dich einer vor Gericht bringen will, um dir das Hemd wegzunehmen, dann lass ihm auch den Mantel. Und wenn dich einer zwingen will, eine Meile mit ihm zu gehen, dann geh zwei mit ihm. Wer dich bittet, dem gib, und wer von dir borgen will, den weise nicht ab" (Mt 5,38–42).

Das Problem

Alexander Solschenizyn erzählt in *Der Archipel GULAG* (erhältlich als Rowohlt-Taschenbuch) aus den Straflagern Stalins. Das dichtmaschige Spitzelsystem raubte den Inhaftierten die letzten Freiräume. Erst von dem Augenblick an besserte sich die Situation, als die Spitzel nachts umgebracht wurden. Die Tyrannei der Lagerkommandanten kam ins Schleudern – durch Gegengewalt! Solschenizyn bemerkt in Anspielung auf die Bergpredigt und auf Mt 26,52: „Den Spitzeln das Messer in die Brust bohren! Messer schmieden und auf Spitzeljagd gehen! – Das ist es! Jetzt, da ich dieses Kapitel schreibe, türmen sich auf den Regalen über mir humanitätsschwere Bücher und blinken mir mit ihren mattschimmernden, gealterten Einbänden vorwurfsvoll zu, wie Sterne durch Wolkenstreifen: Man darf nichts in der Welt durch Gewalt zu erreichen suchen! Wer zum Schwert, zum Messer, zum Gewehr greift, wird nur zu rasch seinen Henkern und Bedrückern gleich. Und der Gewalt wird kein Ende sein … Hier am Schreibtisch, im warmen, sauberen Arbeitszimmer bin ich völlig einverstanden. Doch wer grundlos zu fünfundzwanzig Jahren Lager verdammt wird, wer seinen Namen verliert und vier Nummern angeheftet bekommt, die Hände immer auf dem Rücken halten muss, jeden Morgen und Abend gefilzt wird, täglich bis zur Erschöpfung robotet … für den hören sich alle Reden der großen Menschenfreunde wie das Geschwätz satter Spießer an … Nicht umsonst hat das Volk aus langer Bedrückung die Lehre gezogen: Mit Güte kommt man gegen das Böse nicht an."

Im Jahre 1975 erschien in der Schweiz ein *Katholischer Katechismus.* Darin heißt es: „Sind die Anweisungen in der Bergpredigt (Mt 5.–7. Kap.) wörtlich zu nehmen? Die Anweisungen in der Bergpredigt sind nicht wörtlich zu nehmen, weil das sowohl im privaten wie im öffentlichen Leben zu unhaltbaren Zuständen führen würde."

Der Katechismus spricht aus, was viele denken und wie wir uns in der Regel verhalten: Wir antworten auf Gewalt mit Gewalt, wir zahlen heim mit gleicher Münze: „Wie du mir, so ich dir!" „Auge um Auge, Zahn um Zahn …" Aber – das „Auge um Auge" macht schließlich alle blind. Jesus hat anders gedacht und gehandelt.

Das Prinzip der Vergeltung und des Ausgleichs

Der erste Evangelist zitiert zunächst das bekannte *ius talionis,* jenes Gesetz, das die Vergeltung regelt. Es will nicht (wie man zunächst vermuten könnte) zur Rache reizen, sondern die zügellose Rache eindämmen: Die Strafe darf die Größe der Tat nicht überschreiten, Gleiches darf nur mit Gleichem vergolten werden: „Auge für Auge, Zahn für Zahn …" Das ist in der Entwicklung der Menschheit ein großer Schritt nach vorn gewesen zur Humanisierung des Zusammenlebens.

Die Rache ist von ihrer inneren Tendenz her maßlos und wird über Generationen nachgetragen. Im ersten Buch der Bibel heißt es in einem alten Rachelied: „Einen Mann erschlage ich für eine Wunde und

einen Knaben für eine Strieme. Wird Kain siebenfach gerächt, dann
Lamech siebenundsiebzigfach" (Gen 4,23f). Der Preis für eine Wunde
ist ein Menschenleben. Ein harmloser Schlag führt schließlich zu
schrankenloser Blutrache. Am Ende steht das absolute Chaos. In diese
Situation hinein sagt das ius talionis: Keine Eskalation! Vielmehr: „Auge für Auge, Zahn für Zahn …" Gleiches mit Gleichem! „Vergeltung
ist die elementare … Generalisierung des Rechts; sie ist gleichsam das
zuerst einfallende Rechtsprinzip" (Niklas Luhmann). Der Grundsatz
der Verhältnismäßigkeit ist bis heute in der Rechtsprechung wirksam
geblieben. Die Strafe muss der Tat angemessen sein – nach der Devise:
„Wie du mir, so ich dir." Nicht mehr, aber auch nicht weniger. Da
herrschen geordnete Verhältnisse. Es scheint, als sei allein auf diesem
Weg ein gedeihliches Zusammenleben der Menschen zu gewährleisten.
Nur so viel darf ich dir nehmen, wie du mir genommen hast. Nur so
viel muss ich dir geben, wie du mir gegeben hast. Das ist ein austarier-
tes System, bei dem jeder die Folgen seiner Handlungen einkalkulieren
kann. Nichts zu viel und nichts zu wenig. Liebt, die euch lieben, und
hasst, die euch hassen. Berechenbarkeit und Ausgeglichenheit sind die
Merkmale des Vergeltungsprinzips.

Seit der Antike symbolisiert Justitia, die Dame mit den verbundenen Augen und der Waage in der Hand, in unserem Kulturkreis die
Gerechtigkeit. Wird das Prinzip des Ausgleichs den Menschen gerecht?
In der Regel kann es die menschlichen Leidenschaften und Begehrlichkeiten einigermaßen in Schach halten. Wenn, wie bei Solschenizyn, die
sichere Androhung des Todes jemanden davon abhält, anderen den
Tod zu bereiten, zeigt das Prinzip seine unbestreitbaren Stärken.

Diese Stärke kommt jedoch von außen: Hier die Macht der Spitzel,
dort die Macht der nächtlichen Meuchler. Sie halten sich in Schach –
solange die äußeren Gewaltmittel gleichgewichtig verteilt sind. Sobald
einer der Beteiligten seine Machtmittel vergrößern kann, muss der andere nachziehen. Die Schraube der Gewalt beginnt sich zu drehen.
Messerstich gegen Faustschlag, Gewehre gegen Messer, Panzer gegen
Gewehre, Bomben gegen Panzer, Atombomben gegen Wasserstoff-
bomben … Das Ideal des Ausgleichs wird in der Wirklichkeit immer

wieder von der archaischen Maßlosigkeit ins Wanken gebracht. Politik ist in diesem Paradigma die Kunst der Gewaltenteilung. Sie verteilt die Machtmittel so, dass sich alle gegenseitig in Schach halten. Kann man mehr verlangen von der Politik, als dass sie die Menschen vor ihren maßlosen Begehrlichkeiten und Machtgelüsten schützt?

Der entscheidende Mangel des Ausgleichsprinzips ist dieser: Es baut auf dem äußeren Gleichgewicht der Machtmittel auf, die dahinterliegenden Sehnsüchte, Aggressionen und Begierden bleiben unbearbeitet. Eine Ehe, die auf dem Prinzip aufbaut, dass er ihre Schönheit durch sein gutes Aussehen erwidert, dass sie seine berufliche Position durch ihr gesellschaftliches Ansehen honoriert, dass sie seine Schlagfertigkeit durch ihren Witz wettmacht, wird solange bestehen, wie diese Eigenschaften vorhanden sind. Was aber wird sein, wenn der eine seine berufliche Stellung verliert oder der andere krank wird? Was wird sein, wenn der eine vom anderen mehr Zeit und Sorge verlangt, als er selber zurückgeben kann?

Und was geschieht, wenn sich zwischen gesellschaftlichen Gruppen oder Staaten die Machtgleichgewichte verschieben? Was, wenn durch wirtschaftliche oder ökologische Probleme der eine schwächer wird als der andere? Was wird dann aus der Völkerfreundschaft oder dem Gleichgewicht des Schreckens? Darf man dann den Machtgelüsten, dem Gewinnstreben und den Besitzansprüchen freien Lauf lassen? Wird dann hemmungslos leichte Beute gemacht und geteilt? Was zählt dann noch der andere? Das sind Situationen, in denen wir mit dem „Wie du mir, so ich dir" bald am Ende sind.

Die „weit größere Gerechtigkeit"

Jesus ist nicht beim Ausgleichs- und Vergeltungsdenken stehen geblieben. Er hat – vor allem in der Bergpredigt – einen neuen Weg eröffnet, seinen Weg. Er baut nicht auf die äußeren Machtmittel, sondern auf das innere Vermögen des Menschen, auf seine Liebesfähigkeit und seinen Glauben. Er baut nicht zuletzt auf seine Möglichkeit, in unausgeglichenen, unabgegoltenen Verhältnissen zu leben. Er traut dem

Menschen zu, in Verhältnissen zu leben, in denen die Waage nicht waagerecht, sondern schief hängt, und das zu seinen Ungunsten. Leicht wird eine solche Haltung mit Dummheit und Schwäche gleichgesetzt. Äußerlich betrachtet, kann sie danach aussehen. In Wirklichkeit jedoch verrät sie nicht Schwäche, sondern Stärke. Die Ethik der Bergpredigt beginnt nämlich nicht damit, sich schlagen zu lassen, sondern sich lieben zu lassen. Ihr Fundament ist der Glaube an Gott den Vater, der weiß, was wir brauchen, und der hinter uns steht. Wer sich auf ihn einlässt, der muss sein Leben nicht selbst sichern. Er hat den Rücken frei. Wem Gott die Realität seines Lebens ist, der muss keine Angst mehr um sich selber haben. Er kann sich angstfrei den Menschen zuwenden. Er kann auch Schläge einstecken, ohne dass sein Fundament dadurch ins Wanken kommt.

So wenig wie das Einstecken von Schlägen der Beginn der Ethik Jesu ist, so wenig ist es ihrer Weisheit letzter Schluss. Jesus rät nicht etwa nur dazu, sich rein passiv zu verhalten, keinen Widerstand zu leisten. Vers 39a: „Leistet dem, der euch etwas Böses antut, keinen Widerstand ..." ist erst durch den Evangelisten eingefügt. Er soll darum in der Auslegung zunächst zurücktreten, damit der Blick auf die folgenden Verse, in denen sich nach weitgehendem Konsens der Exegeten die ursprüngliche Intention Jesu ausspricht, nicht eingeengt wird. Jesus genügt es nicht, keinen Widerstand zu leisten. Er redet erst recht nicht einem müden Sich-gefallen-Lassen von Unrecht und Gewalt das Wort. Er ermuntert und ermutigt zu einer neuen Initiative, zu einer neuen Aktion. Wie das aussehen kann, zeigt er an vier Fällen:

– Jemand wird geschlagen, und zwar (besonders beleidigend und entehrend) mit dem Handrücken auf die rechte Backe. Nun heißt es nicht: ,Ertrag den Schlag, halt die Backe hin.' Jesus will mehr als den Verzicht auf Vergeltung: „Wenn dich einer auf die rechte Backe schlägt, dann halt ihm auch die andere hin" (39b). Er rät zu einer neuen Initiative, die eine neue Situation schafft.

– Jemand ist verschuldet. Es wird ihm der Prozess gemacht. Der raffgierige Gläubiger will das Hemd pfänden. In dieser Situation lautet die Forderung nicht etwa nur: ,Lass ihm das Hemd', sondern: „Lass

ihm auch den Mantel" (40). Das sprengt jeden Rahmen. Nach Ex
22,25f kann der Mantel gar nicht gepfändet werden, weil der
Arme ihn nachts als Decke braucht. Er gehört zum Existenzminimum, das niemandem genommen werden darf. Nun sagt Jesus:
‚Gib den Mantel dazu, gib das Letzte, was du hast.'

– Der dritte Fall kommt aus der Besetzungssituation: Die römischen
Kohorten oder die Soldaten des Herodes zwangen bei ihren Mär-
schen über Land Leute von den Straßen, für sie Lasten zu schlep-
pen, so wie sie Simon von Zyrene gezwungen haben, Jesus das
Kreuz zu tragen (vgl. Mk 15,21 par). Nun heißt es nicht: ‚Geh eine
Meile mit!' Jesus sagt vielmehr: ‚Wenn der Erpresser dich zu einer
Meile zwingen will, dann geh zwei Meilen weit mit ihm, den dop-
pelten Weg' (vgl. Vers 41).

– Im vierten Fall geht es um Alltäglichkeiten: Wer um irgendeine Sache
oder um Geld angegangen wird, soll sich der Bitte nicht verschließen.
Gerade hier wird deutlich, dass es mit dem geduldigen Hinnehmen
allein nicht getan ist: „Wer dich bittet, dem gib …" (42).

Ihre besondere Schärfe erhalten diese vier Aussagen gerade dadurch,
dass sie keine außergewöhnlichen Fälle schildern, sondern aus dem
Alltag der Menschen um Jesus genommen sind. Sie sind also keineswegs rein metaphorisch zu verstehen (wenn auch der Text metaphori-
sche Elemente enthält). Sie zielen auf reale Verhaltensweisen. Man
kann sie am besten als Verhaltensmodelle bezeichnen, die „zwischen
konkreten Anweisungen zum Handeln und normativen Weisungen"
stehen und „an einem konkreten Beispiel das über den einmaligen genannten Fall hinaus zu Tuende" deutlich machen (Heinz Schürmann).
Gemeinsam ist ihnen, dass nicht nur danach gefragt wird, wer Recht
oder Unrecht hat. Die Rechtsebene wird nicht aufgelöst, sondern
überschritten, hin auf die „weit größere Gerechtigkeit" (Mt 5,20).
Hier ist die schöpferische Liebe am Werk, die das Böse in der Wurzel
zu überwinden versucht (vgl. Röm 12,21: „Besiege das Böse durch das
Gute") „und die Kette von Unrechtserwiderungen zerreißen will. Solche Liebe nimmt das Böse an das Herz und zerdrückt es" (H. Schürmann). Sie findet sich nicht ab mit all dem, was die gegenseitige Ver-

teufelung fördert und festschreibt. Sie belässt es nicht beim alten Gesetz des Zurückzahlens und Zurückschießens. Sie lässt sich Neues einfallen, Alternativen zum Normalverhalten. Sie kommt auf die Idee, dem Angreifer nicht auf der gleichen Ebene zu begegnen (nicht nur zu re-agieren). Sie ermutigt zu neuen Initiativen, die eine neue Situation schaffen. Sie setzt auf die Gegenkraft des Guten und vertraut darauf, so das Böse aus den Angeln zu heben.

Von daher ist zu fragen, inwieweit Matthäus mit seinem Zusatz „Leistet dem, der euch etwas Böses antut, keinen Widerstand …" (5,39a) die Intention des Abschnittes voll aufnimmt. Nicht, dass er sie verdunkelt (das Standhalten und Ertragen ist eine Grundhaltung Jesu und seiner Jünger), aber er lenkt sie doch in eine ganz bestimmte Richtung. Er interpretiert die Aussagen von seiner Tendenz zum Gewaltverzicht her (vgl. 26,52). Diese Interpretation schränkt, wie die Auslegungsgeschichte zur fünften Antithese bestätigt, die Jesus-Worte auf die Gewaltlosigkeit ein und lässt ihre innere Dynamik nicht voll zur Geltung kommen. Jesus geht es nicht etwa nur darum, keinen Widerstand zu leisten; er verlangt ein neues Handeln, das sich an den vier genannten Modellen orientiert.

Die Verhaltensmodelle der fünften Antithese gehen davon aus, dass der Gegner nicht Gegner bleiben muss (er ist ja Sohn/Tochter Gottes). In Gottes Namen wird das aufgebaute Feindbild zertrümmert. Die Jünger Jesu setzen alles daran, den Feind für den gemeinsamen Friedensprozess zu gewinnen. Sie machen sich mit ihm auf den Weg. Sie fragen: Was kann ich tun, damit der Gegner nicht Gegner bleibt, sondern Friedenspartner wird?

Der Garant des Wortes: Jesus

Wir können Jesu Wort nur dann richtig verstehen, wenn wir ihn selbst im Auge haben. Seine Weisung hängt an seiner Person. Die Antithesen der Bergpredigt sind nicht ein Summarium allgemeiner Sentenzen und Weisheitssprüche, kein abstraktes Moralprinzip, sondern Wort Jesu. Dieses Wort bildet eine Einheit mit seiner Person. Wie die Gottesherrschaft in ihm anbricht, so ist er die Ermöglichung zu einem Leben im Zeichen dieser Herrschaft. Seine Weisung ist von seiner Person nicht zu trennen. Ihr Sinn wird entstellt, wenn man einzelne Sätze als Parolen missbraucht und damit den eigenen Karren ausstattet, unabhängig vom Bekenntnis zu Jesus Christus. Es geht in der Stellungnahme zu den einzelnen Aussagen nicht etwa nur um einen Satz, sondern um die Entscheidung gegenüber ihm selbst.

Die Bergpredigt ist nicht nur ein abgegrenztes Kapitel der Botschaft Jesu, er hat sie gelebt. In seinem Leben offenbart sich Gott den Menschen gegenüber als ganz und gar entgegenkommend. Jesus hat nicht auf Gegenseitigkeit bestanden, sondern den ersten Schritt getan – zuvorkommend, wie er ist. Er hat Grenzen überschritten zu den Heiden, zu den Sündern und Sünderinnen, zu den Aussätzigen und den verlorenen Söhnen. So ist er, so ist Gott: grenzenlos in der Vergebung („sieben mal siebzigmal"), entwaffnend in der Liebe. Dabei ist er geblieben bis zum Letzten. Als er die Macht der Mächtigen am eigenen Leib zu spüren bekam, umgab er sich weder mit Schwertern noch mit Engeln (vgl. 26,51f). Er schlug nicht zurück, er beantwortete Gewalt nicht mit Gewalt. Er ging wehrlos auf die Angreifer zu, bar aller Macht. Machtlos ist er am Kreuz gestorben. So hat er durch seinen Tod und seine Auferstehung die Gewalttätigkeit aus den Angeln gehoben und die große Wende herbeigeführt.

Jesus ist sich und seinem Weg bis zur letzten Konsequenz treu geblieben. Er hat sich nicht „um des lieben Friedens willen" in einen „faulen Kompromiss", in einen „faulen Frieden" geflüchtet. Er hat Farbe bekannt und mit Entschiedenheit zur Entscheidung gedrängt. „Denkt nicht, ich sei gekommen, um Frieden auf die Erde zu bringen. Ich bin nicht gekommen, um Frieden zu bringen, sondern das Schwert" (Mt 10,34). Er gibt seinen Jüngern damit nicht das Schwert in die Hand (er hat dem Petrus ausdrücklich verboten, das Schwert zu ziehen). Aber er kann nicht verhindern, dass seine Gegner zum Schwert greifen.

Der Konflikt, der in die Passion führt, ist nicht irgendeine Auseinandersetzung, die per Malheur mit dem Tod endet. Es ist der Konflikt zwischen „alter" und „neuer" Schöpfung (Gal 6,15; 2 Kor 5,17), zwischen dem sich selbst verfallenen Leben, das sich mit Macht behaupten will, und dem „Sein für die anderen". Diesem Konflikt ist Jesus nicht ausgewichen. Er hat sich ihm bewusst und mit Entschiedenheit gestellt. Das Kreuz ist Zeichen dieses Konfliktes. Es ist das Zeichen, wie Gott sich der gewalttätigen Selbstbehauptung, die den Unfrieden in der Welt gebiert, stellt und sie überwindet. Es ist nicht Sache Jesu und seiner Jünger, Streit zu führen. Aber es kann um seinetwillen zu Konflikten und zum Leid kommen. Damit ist sogar zu rechnen. Das sind – blickt man auf Jesus – die unvermeidlichen Folgen eines konsequenten Lebens für andere. Der Friede ist nicht selbstverständlich und alles andere als harmlos: „Habt Salz in euch, und haltet Frieden untereinander" (Mk 9,50).

Praxis der Bergpredigt

In der Stellungnahme zu den einzelnen Aussagen der fünften Antithese (wie überhaupt der Bergpredigt) geht es nicht etwa nur um die Entscheidung gegenüber einem Satz, sondern gegenüber Jesus. Es geht um eine Entscheidung des Glaubens. Die „Logik" der Weisungen erschließt sich dem, der an Jesus glaubt. Sie ist Ausdruck unbedingten Gottvertrauens und einer von daher geschenkten Angstlosigkeit im Umgang mit anderen Menschen, die die „weit größere Gerechtigkeit" ermöglicht.

Die Ethik der Bergpredigt hebt die Gerechtigkeit, die sich am Gleichheitsgrundsatz orientiert, nicht auf. Im Zeichen der Waage als Symbol für Gerechtigkeit begegnen Christen sich mit anderen Gruppen. Auch Christen können das Prinzip „Wie du mir, so ich dir" als Hilfe für menschliches Zusammenleben anerkennen. Aber sie können dabei nicht stehen bleiben. Sie sind herausgefordert zu schöpferischer Liebe, die dem anderen entgegenkommt, wo er es nicht erwartet, ihn beschenkt, wo er es nicht erhofft, und ihm vergibt, wo er es nicht verdient hat.

Hier hat das Christentum in der Geschichte der Menschheit deutlich sichtbare Spuren hinterlassen und gesellschaftliche Verhältnisse verändert. Es hat die Armen ins Bewusstsein der Menschen gehoben, ist gegen das Unrecht des Menschenhandels angegangen, es ist für die Schwachen, die Kinder und die alten Menschen eingetreten. Dabei dürfen wir nicht verschweigen, dass uns in der Kirche das „Wie du mir, so ich dir" wie anderen tief in den Knochen sitzt und wir es zu oft dabei belassen, gegen den ausdrücklichen Willen Jesu.

Christen verfügen als solche nicht über ein Mehr an politischem Sachverstand und Sachwissen (das wird durch die Bergpredigt nicht suspendiert). Was sie einzubringen haben, ist der Glaube an Gott, dessen Treue „Schild und Schutz" ist (Psalm 91,4), so dass sie sich „ungeschützt" und entwaffnend entwaffnet anderen zuwenden können. Gott ist ihnen Schutz genug, er eröffnet im Namen Jesu Christi die Alternative zum gängigen Verhalten der Menschen.

Ist diese Alternative auch eine politische? Kann man mit diesem Glauben außerhalb der Familie und der persönlichen Beziehungen „Staat machen"? Viele sagen: Unmöglich! – Wir haben erlebt, dass das, was lange Zeit als politisch unmöglich galt, in der unblutigen Revolution 1989 Wirklichkeit geworden ist. Der Geist der Bergpredigt ist spürbar gewesen. Er hat vor unseren Augen Geschichte gemacht. Wir könnten von daher einen anderen Maßstab an die Politik legen als die Kalkulation, was durch sie in unsere Tasche gewirtschaftet wird. Wir müssen unseren Blick nicht allein darauf richten, dass wir nicht zu kurz kommen. Nicht jede Forderung muss mit einer Gegenforderung beantwortet werden.

Als Christen sind wir davon befreit, immer nur auf den eigenen Teil sehen zu müssen; wir könnten uns um das Ganze (Gemeinwohl) kümmern. Das hört nicht an den Grenzen eines geeinten Deutschlands und Europas auf. Es geht um die Eine Welt. Mit großer Sorge stellen viele Länder der Südhalbkugel fest, dass durch die deutsche und europäische Frage ihre Fragen in den Hintergrund des Weltinteresses getreten sind. In einer eng miteinander verflochtenen Welt kann christliche Nächstenliebe nicht nach Kilometern berechnet werden. Wer seinen Fernsehsatelliten in Afrika startet, seine Kleider in Südostasien nähen lässt und seine Bananen in Südamerika kauft, kann nicht sagen, dass ihm die Probleme der dort lebenden Menschen zu weit weg seien. Für Jesus gab's ohnehin keine Aufspaltung in Nächsten- und Fernstenliebe, sondern seine Frage lautete: „Was hast du dem geringsten meiner Brüder und Schwestern getan?" (vgl. Mt 25). Das ist die Frage, die sich auch heute an uns richtet. An ihrer Beantwortung wird sich entscheiden, ob das europäische Haus bewohnbar wird und ob das Gebäude der Welt nicht aus den Fugen gerät, sondern ein solides Fundament hat.

Wer auf dem Fundament der Bergpredigt baut, wird den eingangs erwähnten Einwand Solschenizyns nicht einfach vom Tisch wischen. Der Fels, auf dem der kluge Mann baut (vgl. Mt 7,24–27), erweist sich in der Lebensgeschichte Jesu zugleich als der Felsen von Golgota. Auf ihm wird mehr bezahlt, als im Leben jemals erstattet wird. Auf ihm werden unschuldig Schläge und Unrecht erlitten, für die niemals ein irdisches Gericht Genugtuung spricht (wie für die meisten Opfer der Geschichte). Kein leichtes Bauen also.

Der Geist der Gewaltlosigkeit, aus dem Jesus gelebt und gewirkt hat, kann in einer von Gewalt durchdrungenen Welt nicht davor bewahren, in Situationen zu geraten, die zum Schutz von Leib und Leben nach Gegengewalt rufen. Niemand hat das Recht, den Gewaltverzicht anderer zu fordern, wenn es um ihr Leben geht. Doch der Abscheu gegenüber Gewalt und Blutvergießen muss auch die noch prägen, die im Notfall zur Gewalt greifen. Er kann verhindern, der Faszination der Gewalt zu erliegen, die als Macht über Leben und Tod besonders verführerisch ist. Er hält das Gespür dafür wach, dass auch die hindernde und schützende Gewalt als das kleinere Übel ein Übel bleibt, ein schmerzlicher Makel an der Gestalt der Welt.

Illusion oder Wirklichkeit

Die Geschichte zeigt, wie die Christenheit über weite Strecken ihres Weges wieder zu dem zurückgekehrt ist, was den „Alten" gesagt worden ist. Arnold Angenendt hat das in einem aufschlussreichen Beitrag über *Das Gesetz des Ausgleichs* für das Frühe Mittelalter nachgewiesen, nicht nur im Bereich des Rechtes, sondern auch der Theologie (Gnadenlehre), der Frömmigkeit (Bußpraxis). Das Vergeltungsdenken dominiert: Gleiches mit Gleichem! Das Evangelium ist kaum zu vernehmen. Hat der „gesunde Menschenverstand" sich schließlich durchgesetzt? Kann man überhaupt anders leben als nach dem Gesetz des Ausgleichs? Ist es nicht naiv zu meinen, so die Welt verändern zu können?

„Brüder", sagt Franz von Assisi auf dem Generalkapitel von Santa Maria in Portiunkala, „Gott hat mich auf den Weg der heiligen Einfalt und Demut gerufen ... Und der Herr sagt mir, dass ich ein Narr sein solle in dieser Welt; er wolle uns auf keinen anderen Weg als den Weg dieser Weisheit führen." Reinhold Schneider legt dem Bruder Elias das Urteil in den Mund: „Wir können ein Kind nicht zum Haupt nehmen. Wohl hat der Prophet gesagt, dass ein Knabe Panther und Lamm weiden werde. Aber das gilt vom anderen Ufer, nicht von der Zeit." Aber wie, wenn wir schon unsere Anker ausgeworfen haben zum anderen Ufer hin, dort fest verankert sind, wie der Glaube sagt? Müsste das nicht Konsequenzen haben in der Gemeinschaft der Glaubenden?

Die Christen sind aufgerufen, Schritte zu tun in die Richtung, die die fünfte Antithese weist. Das Zurückschrecken, das Stolpern und Stürzen wird ihnen nicht erspart bleiben. Sie werden sich nicht beirren lassen durch die, die meinen, es sei doch nichts zu machen, die jeden Neuansatz in Gleichgültigkeit, Lethargie oder Brutalität ersticken. Sie werden sich neu auf den Weg machen, auf den Exodus aus der alten in die neue Welt, aus der Welt zerstörerischer Vergeltung in die schöpferische Liebe. Schritte auf diesem Weg sind dem möglich, für den Jesus Christus Wirklichkeit ist.

Der Preis der Toleranz

Der Weltraumfahrer blickt auf die Erde – Sie kennen das Bild: Unser blauer Planet mitten im schwarzen All. Zum ersten Mal in der Menschheitsgeschichte haben wir die ganze Erde vor Augen, nicht nur in Nachbildungen aus Pappmachee, nicht nur in unseren Träumen und Phantasien, sondern real: Der Blick auf den Globus! Das prägt unsere Weltsicht. Alle sprechen von „Globalisierung". Globale Handelsbeziehungen, globale Politik, globale Kommunikation – eine Welt.

Mit dem Trend zur Globalisierung steigt die Pluralisierung. Beide sind Signaturen dieser Zeit. Sie widersprechen sich nicht, sondern gehören zusammen. Die Globalisierung vereinheitlicht nicht nur, die sozialen Verhältnisse werden vielgestaltiger. Wie rasch das geschieht, kann man in Großstädten wie Frankfurt oder Berlin erleben. Neben Kirchen stehen Moscheen (in Frankfurt über 30), neben der Fastenzeit praktizieren Menschen den Ramadan. Gasthäuser oder Gemüseläden wechseln ihre Besitzer und tragen plötzlich fremdländische Namen. Über Nacht sehen ganze Stadtviertel exotisch aus. Global und plural – Einheit und Vielfalt kennzeichnen unsere Welt. Sie ist in Bewegung geraten, nicht wenige fürchten: aus den Fugen. Das verunsichert, ängstigt, birgt in jedem Fall Konfliktstoff in sich, sogar Sprengstoff.

Einheit und Vielfalt des Menschengeschlechts als Herausforderung zur Toleranz

Das friedliche Zusammenleben von Menschen unterschiedlicher Kulturen und Religionen ergibt sich nicht von selbst. Unbedarfte Multi-Kulti-Träume zerplatzen an der rauen Realität. Die globale Perspektive des Universalismus sitzt uns nicht in Fleisch und Blut. Da sitzt etwas ganz anderes, wie Soziobiologen und Verhaltensforscher lehren. Das stammesgesellschaftliche Erbe eicht uns darauf, dem Anderen und mehr noch dem Fremden mit Misstrauen oder gar mit Feindseligkeit zu begegnen. Wir gewinnen unsere individuelle und auch kollektive Identität zunächst auf dem Wege von Abgrenzung und Ausgrenzung. Der Universalismus eines weltweiten Gleichheitsprinzips – so der Biologe und Anthropologe Christian Vogel – ist uns nicht angeboren, er bedeutet eine Kulturleistung höchsten Grades. Sie muss einer ständig widerstrebenden Natur des Menschen abgetrotzt werden. Hierbei hat die jüdisch-christliche Tradition bahnbrechend gewirkt. Sie hat das Verhältnis von Einheit und Vielfalt des Menschengeschlechtes (Globalisierung und Pluralität) in unserer Kulturgeschichte nachhaltig geprägt.

In den alten Kulturen unseres Lebensraumes gestaltet sich dieses Menschheitsthema religiös: Die polytheistische Weltsicht geht von der Vielfalt der Völker und der verehrten Götter aus; die Einheit dagegen ist oft das nachträgliche Ergebnis religionsphilosophischer Deutung oder vertraglicher Regelung nach gewaltsamen Eroberungen. Anders die Konzeption des Monotheismus, wie er sich in der Bibel durchsetzte. Er versucht von vornherein Einheit und Vielfalt zu verbinden, wie das Buch Genesis zeigt. Die Genealogien und die sogenannte Völkertafel stellen klar, dass alle von einem Urelternpaar abstammen, dass alle Söhne und Töchter des einen Gottes sind. Die biblischen Autoren kennen durchaus Völker, die schuldig werden und die dann die Geschichte bestraft. Aber gerade in der Völkertafel nutzen sie das sonst charakteristische Abstammungs- oder Stammbaumdenken nicht, um den Vorrang eines bestimmten Volkes, sondern um im Gegenteil die ursprüngliche Gleichheit und Zusammengehörigkeit aller Völker zu begründen. Die Grundaussage des Monotheismus lautet: Ein Gott – eine Menschheit, sie lautet nicht: Ein Gott – ein Reich – ein Kaiser, und schon gar nicht: ein Gott – ein Volk – ein Führer. ‚Gott‘ ist auf die ganze Menschheit bezogen – anders ist er kein Thema. Götter sind pluralisierbar und regionalisierbar, nicht aber Gott. Der ist nur ‚mein‘ Gott, wenn er auch ‚dein‘ Gott ist, er ist nur ‚unser‘ Gott, wenn er auch der Gott aller Menschen ist. Der biblische Monotheismus hat seinen Sinn nicht nur in der Behauptung, dass es nur einen Gott gebe statt vieler, „sondern in seiner Bestimmung der menschlichen Welt: Dass sie nicht gespalten sein soll im Widerstreit göttlicher Mächte und in der Verteilung unterschiedlicher Herrschaftsregionen, nicht zerrissen in einem unüberwindbaren Dualismus von Licht und Finsternis, von gutem und bösem Sein, nicht endgültig pluralisiert in der antagonistischen Selbstbehauptung der Völker" (Hans Zirker).

Die Geschwisterlichkeit aller Völker und Menschen wird in der ersten Schöpfungsgeschichte mit der Gottebenbildlichkeit verbunden. Das ist revolutionär. Es sind eben keine Tiere oder Statuen, die als wirkmächtige Repräsentationen Gottes in der Schöpfung gelten, auch keine Priester oder Könige. Der Mensch ist es, jeder Mensch, Adam und Eva, Mann und Frau. Mit Recht wird diese biblische Grundaussage als Fundament der Demokratisierung sozialer und politischer Beziehungen bezeichnet. Sie setzt radikaler an als das altgriechische Demokratie-Modell. Das betrifft nur den kleinen Kreis freier und begüterter Männer. Die jüdisch-christliche Tradition duldet keine Ausnahmen, sie ist anti-elitär. Jeder Mensch ist Mensch; nicht der eine mehr, der andere weniger; nicht der eine wertvoll, der andere unwert. Dass gerade die Kranken, die Armen, die Verlierer in ihrer Würde unantastbar sind, das ist jüdisch-christliches Erbe.

Der biblische Universalismus hat die Überwindung von Stammesdenken, Rassismus, Nationalismus und Reichsideologie möglich gemacht. Er hat die Idee der Menschenrechte inspiriert, lange bevor sie in Gesetzen und Verfassungen ihren Ausdruck gefunden hat. Wachsamkeit ist angesagt, damit dieses Pfand nicht auf dem Markt postmoderner Beliebigkeiten verschleudert wird. Dort wird polytheistisch das Lob der Vielfalt gesungen und behauptet, der universalistische Monotheismus bedeute Gewalt, sei im Prinzip intolerant und latent totalitär. Dabei ist er jedenfalls faktisch der Wegbereiter der abendländischen Toleranzgeschichte. Er hält die Spannung zwischen Einheit und Vielfalt des Menschengeschlechtes aus und stellt sich der damit gegebenen Verantwortung der Menschen füreinander durch die Tugend der Toleranz.

Tolerare heißt „durchtragen"

Der lateinische Begriff „tolerantia" taucht erstmals in der stoischen
Philosophie auf, vor allem bei Cicero, allerdings nicht in der uns ge-
läufigen Bedeutung. Darauf hat Rainer Forst *(Toleranz im Konflikt)*
aufmerksam gemacht. Wenn wir ‚Toleranz' hören, denken wir an soziale Beziehungen. Der stoische Begriff ‚tolerantia' betrifft das Verhältnis des Menschen zu sich selbst, die Fähigkeit etwa, ein schweres
Schicksal zu tragen. Dass die Bedeutung des Wortes sich in unserem
Sinne verändert hat, ist den altlateinischen Bibelübersetzern, vor allem
der Paulusbriefe, zu verdanken. „Nicht die römischen Klassiker, sondern die Kirchenväter und frühmittelalterlichen Theologen haben aus
‚tolerantia' eine soziale Tugend, einen Leitbegriff zwischenmenschlichen Verhaltens und christlicher Gemeinschaftsbildung gemacht"
(Lexikon *Geschichtliche Grundbegriffe*). „Die Liebe (er)trägt alles" (1
Kor 13,7). „Einer trage des anderen Last" (Gal 6,2).

In der gegenwärtigen Diskussion über die Toleranz als politischer
Kardinaltugend ist dieser nüchterne Ursprungssinn des Wortes in Erinnerung zu rufen. Von Toleranz zu sprechen, wenn man das Andere
in seiner Vielfalt als Bereicherung erfährt, verharmlost das Wort. Schö-
nes und Bereicherndes aufzunehmen, bedarf nicht der Toleranz. Welche Frau würde sagen, sie toleriere ihren Mann? Eher schon, sie liebe
ihren Mann, deswegen toleriere sie seine Schlamperei. Die Toleranz
steht zwischen Ablehnung und uneingeschränkter Bejahung. Sie hält
dazu an, etwas zu ertragen, was eigentlich unerträglich erscheint. Forst
spricht von einer „Ablehnungs-Komponente". Ohne sie verliert der
Begriff seinen Sinn. Toleranz bedeutet die Fähigkeit, eine andere Überzeugung oder ein anderes Verhalten – mitunter zähneknirschend –
auszuhalten, durchzutragen, hinzunehmen.

Das hat eine wichtige Konsequenz: Zwar eröffnet Toleranz einen
sozialen Raum, in dem Zusammenleben möglich ist. Aber dieser
Raum ist begrenzt. Es ist ein Unding, grenzenlos tolerant zu sein.
Eine Gemeinschaft oder Gesellschaft, die keine Grenzen der Toleranz
kennt und alles erlaubt, zerstört sich selbst. Das ist zwangsläufig so,

weil unbegrenzte Toleranz auch ihren Feinden freie Hand lassen müsste. Paulus sagt zwar, die Liebe ertrage alles. Wenn er aber die Wahrheit und Freiheit des Evangeliums bedroht sieht, also die Grundlage der Toleranz, dann kennt er kein Pardon. Tolerant kann nur sein, wer einen Standpunkt hat. Die Toleranz rät nicht, dass wir im Zeitgespräch, im Gespräch mit anderen Religionen und Kulturen Unterschiede kaschieren, sondern dass wir sie aushalten im Respekt voreinander. Sie verlangt Entschiedenheit, verbietet dabei aber jede Form innerer oder äußerer Pression und Gewalt. Simone Weil, eine jüdische Grenzgängerin zwischen den Religionen, sagt: „Der falsche Gott macht aus dem Leiden Gewalt. Der wahre Gott macht aus der Gewalt Leiden." Wer hätte das in seiner Geschichte mehr zu spüren bekommen als das jüdische Volk?

Die Last kirchlicher Intoleranz

Man kann sich als Christ, Katholik und Bischof drehen und wenden, wie man will, am Ende kommt man doch nicht um das ehrliche Eingeständnis herum, dass auf der Geschichte des Christentums eine schwere Hypothek lastet. So berechtigt es ist, gegenüber vorschnellen Urteilen auf größere historische Genauigkeit und Gerechtigkeit zu drängen, am Kern der Schuld ändert das nichts: Der christliche Antijudaismus mit seinen abgründigen Folgen bleibt eine Schande. An dieser schweren Last hat die Kirche als ganze zu tragen, das trifft nicht nur einzelne Gläubige.

Nicht zur Entschuldigung, sondern zur Schärfung unserer heutigen Verantwortung sei gleichwohl dieses zu bedenken gegeben: Die schrecklichsten Verbrechen sind nicht selten in bester Absicht verübt worden, sogar aus Liebe. Steckt nicht oft hinter theologischer Streitsucht und Rechthaberei zugleich eine Leidenschaft für die Wahrheit, hinter brutalem Zwang und roher Gewalt auch die Sorge um Wohl und Wehe und das Heil von Menschen? Heiliger Eifer – und die unseligen Folgen! Wir haben allen Grund, solche Perversionen zu verurteilen. Aber wir sollten nicht unterschätzen, wie nah uns selbst diese Versuchung ist, jeder und

jedem persönlich und in der großen Politik. „Und willst du nicht mein
Bruder sein, dann schlag' ich dir den Schädel ein" – dieses schreckliche
Sprichwort bringt die Sache auf den Punkt. Einen Mitmenschen zu seinem Heil zwingen zu wollen, ist immer gefährlich und in der Regel zer-
störerisch. Am schlimmsten kommt es, wenn wirtschaftliche, politische
oder militärische Macht zur Verfügung steht und zu diesem Zweck eingesetzt wird. Das spricht entschieden für die Trennung von Religion
und Staat. Sie tut der Religion gut, die soll in ihrem Heilsauftrag auf
nichts anderes vertrauen als auf Gottes Wort. Aber sie tut nicht nur der
Religion gut. Das 20. Jahrhundert hat auf höllische Weise gezeigt, was
geschieht, wenn der Staat sich anmaßt, seine Bürgerinnen und Bürger
erlösen zu wollen.

Von kirchlicher Seite ist häufig argumentiert worden, es sei eine
heilige Pflicht, die Menschen zu lieben und gerade deswegen Irrtum
und Sünde zu bekämpfen. Das ist wahr. Aber zugleich zeigt die Geschichte, dass der Kampf gegen Irrtum und Sünde nur dann nicht
zum Kampf gegen irrende und sündige Menschen wird, wenn die
Würde jedes Menschen, selbst die des Verbrechers, das Richtmaß des
Handelns bleibt, für Staat und Religion gleichermaßen. Selbst das geringste Zugeständnis an unsere Neigung, der Freiheit zu misstrauen
und um des Menschen willen Grundrechte – voran das Recht auf Ge-
wissens-, Meinungs- und Religionsfreiheit – zu beschneiden, hat in aller Regel gefährliche Konsequenzen. Irren ist menschlich … Darum
müssen Menschen irren dürfen, auch in Sachen Religion. Es gibt
schwerwiegende und folgenreiche, manchmal fatale Irrtümer. Sie stellen unsere Toleranz auf eine harte Probe. Gegen sie anzukämpfen, ist
Sache des Arguments und der Aufklärung, nicht der Gewalt.

Darf man das als wahr Erkannte denen aufnötigen oder gar aufzwingen wollen, die sich weigern, sich überzeugen zu lassen? Die Frage
ist nicht allein damit schon beantwortet, dass man die unsägliche Li-
tanei kirchlicher Untaten von den Ketzerverfolgungen bis zu den
Hexenverbrennungen, von der Zwangsmission bis zu den Kreuzzügen
herauf- und herunterbetet. Schließlich vergisst man darüber, dass wir
heute gesamtgesellschaftlich/politisch mit aller aufgeklärten Vernunft

denselben Versuchungen erliegen können. Stehen wir nicht unter dem Leitbegriff „Humanitäre Intervention" vor dem gleichen politischen, rechtlichen und moralischen Problem, allemal dann, wenn das Völkerrecht übergangen wird? Selbst der Einsatz für die Menschenrechte kann zum Menschenrechtsimperialismus entarten, wenn zu ihrer Durchsetzung menschen- und völkerrechtswidrige Mittel und Methoden eingesetzt werden.

Toleranz im Postmodernismus

Einer der schönsten Filme mit Charlie Chaplin trägt den Titel *Moderne Zeiten*. Inzwischen ist Chaplin tot, und wir leben, so sagen die Deuter des Zeitgeistes, in postmodernen Zeiten. Genaueres darüber zu erfahren, ist nicht ganz leicht. Eines scheint immerhin klar: Die Postmoderne unterscheidet sich von vormodernen und modernen Zeiten dadurch, dass ihre Repräsentanten jeden allgemein verbindlichen Wahrheitsanspruch ablehnen, gleich ob er religiös, moralisch, philosophisch oder politisch begründet wird. All das, heißt es, sei totalitäres Denken und damit intolerant. Umgekehrt findet der postmoderne Mensch alles erlaubt und irgendwie aufregend. „Anything goes". Der Soziologe Peter L. Berger hat diese Geisteshaltung aus seinen Erfahrungen in Amerika mit liebenswürdiger Bissigkeit so charakterisiert: „Die Kinder aufrechter, durch und durch protestantischer Durchschnittsbürger werden zu libertären Bohemiens, die alles tolerieren außer Intoleranz: ‚Ach, Sie sind Kannibale? Wie interessant! Ich glaube, wir würden allesamt viel gewinnen, wenn wir Ihren Standpunkt besser verstünden.'" Berger vermerkt, die Kinder dieser Bohemiens schlössen sich mit Vorliebe jeder Art von Fanatismus an, die ihnen begegne. Eine grenzenlose Toleranz mündet nicht nur politisch, sondern auch psychologisch in einen zerstörerischen Selbstwiderspruch.

Der Umschlag grenzenloser Toleranz in fanatische Intoleranz geschieht nicht plötzlich und unvermittelt, er hat seinen Grund. Das Leben erlaubt keine absolute Beliebigkeit, so oder so erzwingt es Festlegungen. Der Postmodernismus ist der verzweifelte Versuch, stets alle Möglichkeiten offenzuhalten, ohne sich wirklich zu entscheiden. Er ist bis in die Knochen flexibel (vgl. Richard Sennett, *Der flexible Mensch*). Man vertritt Positionen, wie jemand Staubsauger oder Handys vertritt und immer mal Produkt und Firma wechselt – ohne sein Herz daran zu hängen, geschweige denn sein Leben. Auf der Strecke bleibt dabei jene Entschiedenheit, mit der man nur so und nicht auch anders denkt und handelt. Das dient nicht der Toleranz, es macht sie überflüssig, weil alles gleich-gültig ist.

Niemand kann gleichzeitig schwimmen und fliegen. Es gibt keine „menschenfreundlichen Menschenfresser" (Octavio Paz), keine Täter ohne Opfer. Deswegen ist es unmöglich, zugleich dem Moloch zu dienen und Gott, dem „Freund des Lebens" (Weish 12,6). „Anything goes" geht nicht. Fanatische Intoleranz lässt sich nicht durch grenzenlose Toleranz überwinden; die ist entweder blind oder zynisch, sie bahnt faktisch dem Fundamentalismus den Weg. Das Leben hat seinen eigenen Ernst, der lässt sich nicht ungestraft überspielen. Wenn alles geht, kommt es schließlich auf nichts mehr an. Wenn nichts mehr zählt, zählt am Ende nur noch, was sich auszahlt.

Ein letztes Mal also: Was macht Toleranz im Sinne dieses Wortes aus? Worin besteht ihr Preis? Unter „anständigen Leuten" gehört es sich nicht, immer nur die anderen die Zeche zahlen zu lassen, schon gar nicht gegen deren Willen. Darin freilich stimmen absolute Toleranz und Intoleranz überein, berühren sich auf seltsame Weise die Extreme: Immer sind es andere, meist Unschuldige, die zahlen, die bluten müssen. Auch Toleranz im Sinne dieses Wortes kostet ihren Preis, und zwar für den, der sie übt. Sie schmerzt, daran führt kein Weg vorbei. Noch mal: „Tolerare" heißt „durchtragen". In einer Gesellschaft, die kaum etwas mehr fürchtet als Leiden, verbirgt sich hinter dem Deckmantel grenzenloser Toleranz die Weigerung, die Last des Schmerzes durchzutragen. Nur der leidensfähige Mensch ist zur Toleranz fähig.

Das sagt sich leicht, und gerade Christen tun mitunter so, als liebten sie das Leiden über alles, als bestünde darin der Gipfel christlichen Glaubens. Gott bewahre! Leiden müssen kann nur gut finden, wer

krank ist. Wir fürchten das Leiden zu Recht. Darum braucht es einen
guten Grund, den Schmerz der Toleranz auf sich zu nehmen. Sie muss
diesen Preis wert sein, und sie ist es. Sie schafft mitten in einer unvoll-
kommenen Welt einen Lebensraum, Luft zum Atmen. Da wir weder
im Paradies leben noch im Himmel, tut Toleranz not. Denn mitten
im Weizen – sagt das Gleichnis – wächst Unkraut. Es bringt uns keinen
Schritt weiter, das Unkraut im fundamentalistischen Übereifer vor der
Zeit auszureißen, geschweige denn den Unterschied zwischen Unkraut
und Weizen postmodernistisch zu leugnen.

Die bunte Vielfalt grenzenloser Toleranz macht Spaß, sagt der Postmodernismus. Wer sich an den Sinn des Wortes Toleranz hält und ihre
Kosten (ihren Preis) auf sich nimmt und durchträgt, mag leicht als
Spaßverderber gelten. Zudem gerät er scheinbar in eine Zwickmühle:
Er will tolerant sein und doch der Toleranz Grenzen setzen. Das alles
verleiht in religiöser Hinsicht dem Polytheismus heute weithin einen
fast unwiderstehlichen Charme. Zeitgleich mit seiner Friedenspreis-
rede schrieb Martin Walser in der *Neuen Zürcher Zeitung:* „Da war in
jedem Baum, in jeder Quelle und in jedem Bach ein anderer Gott. Un-
vorstellbar, dass unterm Schirm einer über Wiesen und Wälder hingestreuten Göttervielfalt dem Planeten je hätte Gefahr drohen können." Zugegeben, gemessen an diesem bunten polytheistischen Idyll
wirkt der eifersüchtige Gott Israels, der fürs Ganze steht und es zusammenhält, auf den ersten Blick erschreckend und fremd. Zugegeben
auch, dass kein Monotheismus sich logisch mit „einer über Wiesen
und Wälder hingestreuten Göttervielfalt" verträgt. Gott im Plural
gibt es da nicht. Um des einen Gottes und der einen Menschheit willen
scheut der monotheistische Glaube keine Überzeugungskonflikte, die
sich aus seinem Wahrheitsanspruch ergeben; er provoziert sie, wenn
es darauf ankommt. Trotzdem nötigt er weder im Judentum, noch
im Christentum noch im Islam dazu, Andersgläubige und ihre Religion auszugrenzen oder gar auszurotten. So denken neben den Gegnern
und Feinden der Frommen nur die Frömmler aller Couleur und arbeiten sich darin gegenseitig in die Hände. Doch man muss nur den
Glauben an Gott gemäß den drei abrahamitischen Religionen zu

Ende denken, um zu begreifen, warum die Gerechten unter den Frommen es getrost eben diesem Gott überlassen, die Spreu vom Weizen zu
trennen. Den übrigen sei ein visionärer Text des Propheten Micha in
Kopf und Herz geschrieben – in unserem Stammbuch steht er –: „Am
Ende der Tage wird es geschehen: Der Berg mit dem Haus des Herrn
steht fest gegründet als höchster der Berge; er überragt alle Hügel. Zu
ihm strömen die Völker ... Ja, der Mund des Herrn hat gesprochen.
Denn alle Völker gehen ihren Weg, jedes ruft den Namen seines Gottes
an; wir aber gehen unseren Weg im Namen des Herrn, unseres Gottes,
für immer und ewig" (Mi 4,1–5).

Auch der Monotheismus hat seine Träume. Ich wünschte mir von
Herzen, Michas Vision würde heute die politische Phantasie im Nahen
Osten beflügeln. Denn gerade die monotheistischen Religionen wollen
die Welt verändern auf die Einheit in Vielfalt hin. Sie vergessen über
ihren Träumen nicht, in welcher Welt wir jetzt leben. In ihr hausen,
um in Walsers Bild zu bleiben, in den Wiesen und Wäldern, Bächen
und Quellen nicht nur Götter und Nymphen, sondern auch Kobolde,
Dämonen und gefräßige Götzen. In dieser Welt überleben und dabei
menschlich bleiben kann nur, wer zwischen den einen und den anderen Wesen zu unterscheiden weiß, nur so kann er den zerstörerischen
Mächten widerstehen. Scheinbar ist der Falle, zwischen grenzenloser
Toleranz und fundamentalistischer Intoleranz wählen zu müssen,
nicht zu entrinnen. Der Glaubende lässt sich durch die verführe-
rischen Lockrufe zur Linken wie zur Rechten nicht beirren. Er wapp-
net sich mit der bloßen (nackten) Toleranz und trägt deren Last durch.
Und siehe da, in dem Moment, da er sich ein Herz fasst und mit
„brennender Geduld" (Antonio Skarmeta) einer besseren Welt ent-
gegengeht, die zu schaffen seine Kräfte übersteigt, da fällt auf seine
schmerzhafte Sehnsucht, auf das Leid seiner unerfüllten Liebe ein
Glanz, matt noch, aber dennoch wundersam. Das ist der Preis, den
die Toleranz empfängt, ein Geschenk des Himmels. Es wiegt alle Kosten tausendfach auf.

Toleranz in Zeiten des Terrors

Islamistische Terroristen haben „dem Westen", voran Nordamerika als westlicher Führungsmacht, den Krieg erklärt, und die USA haben ihrerseits den „Krieg gegen den Terrorismus" ausgerufen. In solchen Situationen scheint nichts dringlicher, als klar Stellung zu beziehen und sich auf die eine oder andere Seite zu schlagen. Schon der Versuch, einen kühlen Kopf zu bewahren, wird leicht als Verrat an der guten Sache denunziert. Neutralität wirkt feige, über Toleranz nachzudenken wirklichkeitsfremd.

Toleranz hat Grenzen

In der Tat wäre es widersinnig, dem islamistischen Terrorismus mit Toleranz zu begegnen. Den Feinden der Toleranz gegenüber tolerant zu sein, ist Selbstmord. Toleranz, die den Namen verdient, hat Grenzen; sie schließt die Bereitschaft ein, diese Grenzen entschlossen zu verteidigen. Nur ihre Gegner verwechseln sie mit Schwächlichkeit und verkennen, dass sie auf innerer Stärke beruht. Zu dieser Stärke gehört es, sich nicht von den Feinden die Bedingungen des Kampfes diktieren zu lassen. Das beginnt schon mit der Weigerung, sich ihre Definition des Konflikts zu eigen zu machen. Es hatte seinen guten Grund, dass sich in den Tagen des blutigen RAF-Terrors die politisch Verantwortlichen in der Bundesrepublik Deutschland und die bundesdeutschen Gerichte beharrlich dem Verlangen widersetzten, die inhaftierten Terroristen als „politische Gefangene" anzuerkennen. Terroristen sind gefährliche Kriminelle, nicht weniger, aber auch nicht mehr. Ihnen den Krieg zu erklären bedeutet, ihnen auf den Leim zu gehen. Verbrechern gegenüber ist Toleranz fehl am Platz. Es liegt auf der Hand, dass der Staat, dem es in erster Linie obliegt, Verbrechen zu ahnden und möglichst zu verhindern, sich bei der Erfüllung dieser Aufgabe niemals mit den Verbrechern gemein machen darf, weder in

der Wahl seiner Mittel noch gedanklich oder sprachlich. Nichts
kommt Terroristen gelegener, weil es ihnen die Möglichkeit bietet,
sich als gleichwertige Gegner zu fühlen, deren Gewalttaten auf der
gleichen Ebene angesiedelt sind wie die Gewalt des Staates. Der demokratische Rechtsstaat führt gegen Terroristen und Terrorismus ebenso
wenig Krieg wie gegen Drogenhändler, Waffenschieber oder Wirt-
schaftskriminelle. Er bekämpft kriminelle Machenschaften in jeder
Form. Wenn es sich um international organisierte Kriminalität handelt, muss auch der Kampf gegen sie international organisiert werden.
Terroristische Organisationen sind kriminelle Vereinigungen, die es
nach Maßgabe nationalen und internationalen Rechts zu verfolgen
gilt. Werden Mitglieder oder aktive Unterstützer gefasst, sind sie nach
rechtsstaatlichen Standards zu behandeln und gegebenenfalls zu verurteilen. Sie sind nicht als Kriegsgefangene zu betrachten. Aber auch
als Verbrecher sind sie keineswegs vogelfrei. Nicht einmal der Krieg
schafft einen rechtsfreien Raum, in dem der Zweck die Mittel heiligt.
Wo der „Krieg gegen den Terrorismus" dazu verführt, gegen das Recht
zu verstoßen oder es zu missachten, nimmt er selbst terroristische
Züge an. Unter bestimmten Umständen mag der Einsatz militärischer
Gewalt im letzten Fall notwendig sein. Gerade dann muss die völker-
rechtliche Legitimität sichergestellt und in der Auseinandersetzung
deutlich werden, dass das Militär vorübergehend die Aufgabe einer internationalen Polizei übernimmt, die es leider noch nicht gibt.

Fanatischer Totalitarismus

Aus dem kriminellen Charakter des Terrorismus ergibt sich die Notwendigkeit, unbeirrbar an der Vorrangigkeit nicht-militärischer Mittel
festzuhalten. Dabei ist zu beachten, dass er in der Regel mit politischem Anspruch auftritt. Es kennzeichnet die Logik des Islamismus,
unter den Bedingungen massenmedial vermittelter (Welt-)Öffentlich-
keit den Sturz islamischer Regime und die Beseitigung der westlichen
Staatsformen herbeiführen zu wollen, um sie durch eine islamistische
Herrschaft zu ersetzen. Mit seinem gezielten Griff nach der Staats-

macht, in der Absicht, jedes Hemmnis rücksichtslos aus dem Wege zu räumen und danach jede Opposition auszuschalten, gleicht der Islamismus den totalitären Ideologien des 20. Jahrhunderts. Deswegen ist es zwar richtig und wichtig, seine Verbrechen anzuprangern und ihm vorzuhalten, er erhebe völlig zu Unrecht den Anspruch, den wahren Islam zu repräsentieren. Noch mehr jedoch kommt es darauf an, ihm politisch entgegenzutreten. An diesem Punkt ist größtmögliche Klarheit und Entschiedenheit vonnöten. Angesichts des Terrors verbietet sich jede klammheimliche Freude. Es rächt sich bitter, Verständnis mit Akzeptanz zu verwechseln. Denn es irrt gewaltig, wer meint, Terroristen durch Sympathie für ihre Motive von ihrem Weg abbringen zu können. Sie hassen ihre Feinde und noch mehr Abweichler und Abtrünnige aus den eigenen Reihen. Sie verachten die wohlmeinenden Gut-Menschen, die ihre Ziele einfühlsam mittragen, als nützliche Idioten. Getrieben von einem fanatischen Reinheits- und Vollkommenheitswahn, dulden sie keine Halbherzigkeiten und inneren Vorbehalte, sondern verlangen den totalen und kompromisslosen Einsatz für die „heilige Sache".

Aus eben diesem Grund verhalten sich Terrorismus und Toleranz zueinander wie Feuer und Wasser. Toleranz setzt Standpunkt und Standfestigkeit voraus. Sie gewinnt daraus die Fähigkeit, Spannungen zu ertragen, die bis hart an die Grenze unvereinbarer Gegensätzlichkeit reichen. Sie hat die Kraft, mit Unzulänglichkeiten und Ungerechtigkeiten zu leben, ohne sich damit abzufinden. Dazu sind Terroristen weder willens noch fähig, weil ihr ideologischer Purismus und ihr moralischer Rigorismus sie in jeder Form der Duldsamkeit und in selbstreflexiver Distanz eine tödliche Gefahr wittern lässt. Fanatiker leiden an paranoiden Ängsten und neurotischer Zwanghaftigkeit. Das erklärt den im wahrsten Sinne des Wortes tödlichen Ernst, der die totalitäre Propaganda charakterisiert, ob sie nun konkret im Gewande kommunistischer, nationalsozialistischer oder religiös geprägter Couleur auftritt. Stets verrät er sich durch das konstitutionelle Unvermögen, über sich selbst und andere herzhaft zu lachen. Das verträgt sich im Übrigen bestens mit der Lust an höhnischem Gelächter über die

Dummheit und die Schwäche „toleranzduseliger Weicheier". Das Entsetzen, das der Terrorismus als politische Strategie hervorruft, kommt nicht nur vom Ausmaß seiner Massaker, sondern vom Empfinden, mit der Abwesenheit jeglichen menschlichen Mitgefühls konfrontiert zu sein. Diese Bösartigkeit entspringt einer abgründigen Feindseligkeit, die in einem bedingungslosen Vernichtungswillen zum Ausdruck kommt. Dahinter steckt blanker Hass.

Abgründiger Hass

Die Abgründigkeit menschlichen Hasses besteht darin, dass seine Wurzeln viel tiefer liegen, als alle rationalen Erklärungsversuche es ahnen lassen. Angenommen, die Amerikaner würden von heute auf morgen ihr Verhalten gegenüber der arabischen Welt ändern, würden sich als Partner präsentieren und das Selbstbestimmungsrecht der Völker ernst nehmen. Wünschenswert und im wahrsten Sinne des Wortes notwendig wäre dies allemal. Doch wer glaubt im Ernst, dass die al-Quaida-Kämpfer dann von sich aus den Terror einstellen und sich zu friedlichen Aufbauhelfern wandeln würden? Man muss eher vermuten, dass viele von ihnen mit aller Macht ihr Feindbild aufrechterhielten und in den positiven Gesten nur ein Zeichen der Verlogenheit und Hinterhältigkeit des Westens sähen.

Zweifellos liegen die Wurzeln des abgründigen Hasses in tiefergehenden seelischen Deformationen. In unseren Genen steckt beides: der Trieb zur Selbsterhaltung und der Trieb zur Zerstörung. Das Ziel einer reifen menschlichen Entwicklung besteht darin, die gegenläufigen Impulse zu integrieren. Eine „erwachsene" Persönlichkeit vermag den Aggressionstrieb so einzusetzen, dass er eigenem und fremdem Wohle mehr dient als schadet.

Doch das setzt eine hohe Toleranz gegenüber den Zumutungen des Lebens voraus. Die Welt ist nicht so, wie sie sein sollte. Die Erfahrung von Kränkung, von Ungerechtigkeit und Leid gehört unausweichlich zum Leben dazu. Wer sich auf dieses Leben einlässt, wer es gar liebt und anderen mit Liebe begegnet, dem bleiben Enttäuschungen, Trauer und Ängste nicht erspart. Menschen, die aufgrund ihrer psychischen Disposition nicht bereit oder in der Lage sind, sich dem auszusetzen, reagieren mit Aggression gegen alles und jeden. „Wer nicht leiden will, muss hassen", sagt der Psychoanalytiker Horst-Eberhard Richter. Hass bedeutet Flucht in einen Zustand des vermeintlichen Geschützt-Seins, in eine vermeintliche Stärke, die in Wahrheit Schwäche ist.

Wahrscheinlich waren die meisten von uns schon einmal in einer Situation, in der sie der Gedanke überkam, eine Bombe zünden zu wollen. Nur ganz wenige tun es tatsächlich. So schwierig es ist, die individuellen lebensgeschichtlichen Zusammenhänge zu erahnen, durch die Menschen zu Terroristen werden, so aussichtslos ist es, ihnen gegenüber an die Vernunft oder an die Fähigkeit zur Selbstreflexion zu appellieren. Die Eigenart des Hasses ist es, dass er sich unablässig um Rechtfertigung bemüht, indem er in wortreichen Erklärungen Gründe aufzählt, die ihm den Schein der Legitimität verleihen. Doch was immer für Gründe genannt werden – sie treffen in gleicher Weise auf unzählige andere Menschen zu, die auch leiden oder gegen ihr Leiden aufbegehren und für eine bessere Welt kämpfen, ohne zu hassen.

Da Appelle an Terroristen wenig Sinn haben, besteht die vordringlichste Aufgabe von Staat und Gesellschaft darin, den Schutz jener Personen und Personengruppen zu gewährleisten, gegen die sich der Hass richtet. Terrorismus als hassgeleiteter Einsatz von Gewalt bedroht das Fundament freien und friedlichen Zusammenlebens, weil er unvereinbar ist mit der Toleranz als dem ethischen Kern einer bestimmten Form menschlichen Zusammenlebens. Sie beruht auf der Einsicht, dass kein Mensch rechtlich verpflichtet werden kann, andere Menschen zu lieben, sehr wohl aber darauf, jeden Menschen als Menschen zu respektieren. Deshalb bildet die unbedingte Achtung der Menschenwürde und der Menschenrechte die Basis einer vorrangig zivilgesellschaftlichen Auseinandersetzung mit der terroristischen Geißel der Menschheit.

Dem Recht vertrauen

Es liegt in der Natur des Terrorismus, dass die Auseinandersetzung mit ihm zwar zum Einsatz von Gegengewalt nötigen kann, jedoch nicht mit Gewalt zu gewinnen ist. Sie muss als Ringen um das Herz und die Seele der Menschen geführt werden, hängt also an der Vertrauens- und Glaubwürdigkeit derer, die Politik betreiben und politische Verantwortung tragen. Angesichts der Leichtfertigkeit, mit der die Regierung Bush in ihrem „Krieg gegen den Terrorismus" bei der Wahl ihrer Mittel verfährt, ist an die Zeit nach dem Zweiten Weltkrieg zu erinnern. Damals haben die westlichen Siegermächte der naheliegenden Versuchung widerstanden, die ungeheuerlichsten Verbrechen ohne Rücksicht auf Recht und Gesetz zu ahnden. Stattdessen pochte besonders Amerika darauf, dass selbst die übelsten Verbrecher nicht aus der menschlichen Rechtsgemeinschaft ausgeschlossen werden dürfen, wie es die Sowjets mit Rücksicht auf ihre 20 Millionen Kriegstoten forderten. Man garantierte ihnen einen fairen Prozess, ungeachtet der unverhohlenen Verachtung, mit der nicht wenige Angeklagte vor dem Nürnberger Tribunal auftraten. Mit dieser Selbstbindung an das Recht auch noch gegenüber himmelschreiendem Unrecht vollzog Amerika eine zivilisatorische Leistung von epochalem Rang. So und nicht anders entsteht politische Führungsmacht, die durch moralische Glaubwürdigkeit vertrauenstiftend wirkt statt zu demütigen. Wenn der Kampf gegen die totalitäre Bedrohung und ihre terroristischen Auswüchse im 20. Jahrhundert eine beherzigenswerte Lehre enthält, dann die, dass Terror außerstande ist, eine Gesellschaft ins Herz zu treffen, die kraft ihrer inneren Stärke nicht mit den gleichen Mitteln und Methoden zurückschlägt. Darum muss die Frage beunruhigen, weshalb immer weniger Menschen der amerikanischen Politik Vertrauen schenken, weshalb überall die Zweifel an ihren Beteuerungen wachsen, es ernst zu meinen mit der Demokratie, den Menschenrechten und dem Frieden. Das Schlüsselproblem im Kampf gegen den Terrorismus stellt nicht der Hass der Terroristen dar, sondern die lauthals herausgebrüllte oder still empfundene Sympathie mit ihnen trotz des allgemeinen Widerwillens gegen verbrecherische Gewalt. Sie bildet die sumpfige und stickige Atmosphäre, die der Terrorismus als Lebenselixier braucht. Ihn davon abzuschneiden, heißt den Sumpf auszutrocknen, aus dem sie in giftigen Blasen emporquillt.

Unbestechlichkeit

Was das bedeutet? Schluss mit einer Politik, die Menschen in die Knie zwingen will, statt ihnen auf die Beine zu helfen. Schluss mit einer Politik, die sich um wirtschaftlicher und politischer Interessen willen mit den schlimmsten Diktatoren und Regimen verbündet. Schluss mit einer Politik, die wirtschaftliche Entwicklung auf Kosten der ohnehin Benachteiligten vorantreibt und die Kluft zwischen Armen und Reichen national wie international verbreitert und vertieft. Es bedeutet schließlich, in beständiger Anstrengung die Tugend der Toleranz einzuüben, Toleranz jedem gegenüber, solange sein Denken und Tun im Einklang steht mit der Achtung der Würde und der unveräußerlichen Rechte der Mitmenschen. Es zählt zu den geläufigsten Irrtümern terroristischer Wirrköpfe, den durch Toleranz eröffneten Freiraum als die verwundbarste Stelle einer offenen Gesellschaft zu verstehen. Aber gerade sie lohnt allen Einsatz, sie gilt es zu verteidigen, im Alltagsleben und im Ernstfall, vor allem durch die Zivilcourage aller Bürgerinnen und Bürger, die Unbestechlichkeit der Beamtenschaft, die Tapferkeit der Polizei. Zu solcher tätigen Loyalität und Solidarität mit dem demokratischen Rechtsstaat müssen sich auch die Religionen verpflichten. Das schulden sie ihm als Gegenleistung für den Schutz der Religionsfreiheit, der traditionelle Modelle religiöser Toleranz im christlichen oder islamischen Staat überholt und ablöst. Religionsfreiheit setzt allerdings die neuzeitliche Trennung von Staat und Religion voraus, die der religiöse Integrismus jeglicher Spielart ablehnt. Religion in der Moderne indessen kann sie vorbehaltlos bejahen, schützt sie doch den Staat vor religiöser Anmaßung und die Religion vor dem Missbrauch staatlicher Macht. In einer Verlautbarung, die al-Quaida nach dem 11. September 2001 an die Adresse der Amerikaner gerichtet hat, heißt es: Wir „sind die Nation, die den Tod mehr liebt als ihr das Leben". Dieser eine Satz enthält die ganze perverse „Wahrheit" des – islamistischen – Terrorismus und in dichtester Form, worin er sich hinsichtlich westlicher Demokratien täuscht. Der Kampf gegen den Terrorismus entscheidet sich daran, ob es gelingt, hinreichend viele Menschen für die Erkenntnis zu gewinnen, dass niemand die nicht immer leicht zu ertragende Welt menschlicher gestalten kann, der den Tod mehr liebt als das Leben.

Der Islam in Deutschland

Bis in unsere jüngste Geschichte kannten wir in Deutschland den Islam nur als Teil unserer historischen und literarischen Überlieferungen. Im bekannten „Rolandslied" haben die Abwehrkämpfe der Franken unter Karl dem Großen gegen die Muslime im Norden Spaniens Eingang in die deutsche Dichtung gefunden. Ins kollektive Gedächtnis der Deutschen und unserer Nachbarvölker hat sich tief eingegraben, dass es osmanischen Heeren im 16. und dann noch einmal im 17. Jahrhundert beinahe gelungen wäre, Wien zu erobern. In den letzten Jahrzehnten indessen ist der Islam für die Deutschen aus der Historie ins alltägliche Leben gerückt, aus der Distanz in die Nähe, für viele in eine beängstigende Nähe.

Herkunft und Art der Präsenz

Heute leben schätzungsweise rund 3,4 Millionen Muslime in Deutschland, mehr als doppelt so viele wie vor zwanzig Jahren. Nach Frankreich und vor Großbritannien hat Deutschland unter allen Mitgliedsstaaten der Europäischen Union die zweitgrößte muslimische Bevölkerung. Während die Muslime in Frankreich vornehmlich aus

Nordafrika und die in Großbritannien vor allem aus Indien und Pakistan kommen, sind gut 75 Prozent der Muslime in Deutschland Türken oder Deutsche türkischer Herkunft. Damit ist der Islam in Deutschland in politischer, kultureller und religiöser Hinsicht primär türkisch geprägt. Das hat seine Gründe. Die relativ guten Beziehungen zwischen beiden Ländern gehen zurück bis zum Wirken preußischer Militärreformer im Osmanischen Reich im 19. Jahrhundert. Lange blieb in Teilen der türkischen Elite die Erinnerung an das Bündnis im Ersten Weltkrieg wach. Deutsche Wissenschaftler und Intellektuelle hatten in den 30er Jahren des vergangenen Jahrhunderts großen Einfluss in der Türkei. Einige von ihnen wirkten dort als Verfolgte des Nazi-Regimes.

Arbeitsmigration

Hauptursache für die islamische Präsenz ist die Arbeitsmigration, die in Deutschland Ende der 50er Jahre des vergangenen Jahrhunderts einsetzte und bis in die frühen 70er Jahre andauerte. Die ersten türkischen Arbeitskräfte stammten aus einem Kohlerevier an der Schwarzmeerküste. Sie und fast alle Nachrückenden brachten aus ihrer ländlichen, wirtschaftlich wenig entwickelten Heimat zwar Fleiß und Zuverlässigkeit mit, aber keine hinreichenden beruflichen Qualifikationen. Kaum hatten sie in den Jahren des Wirtschaftswunders in der deutschen Schwerindustrie als ungelernte Arbeiter ihr Auskommen gefunden, setzte dort ein tiefgreifender Strukturwandel ein. Er entzog ihnen nach und nach die materielle Existenzgrundlage. Ohne Ausbildung und mangels Sprachkenntnissen sind viele von ihnen bis heute weit weniger als deutsche Arbeitskräfte in der Lage, sich den neuen wirtschaftlichen Verhältnissen anzupassen.

Flüchtlinge

Eine zweite Ursache der islamischen Präsenz bedarf der Erwähnung. Deutschland war mit seinem aus den Erfahrungen der Nazidiktatur geborenen großzügigen Asylrecht jahrzehntelang ein begehrter Zufluchtsort für politisch, rassisch und religiös Verfolgte, für Flüchtlinge aus Krisengebieten. Bis in den letzten Jahren die Zugangsbarrieren er-

höht wurden, sind insbesondere aus den von Konflikten heimgesuch-
ten islamischen Ländern Hunderttausende zu uns gekommen, aus
Bosnien, Iran, Afghanistan, Libanon, Irak und Pakistan. Durch sie
präsentiert sich der Islam vor allem in unseren Großstädten in seiner
ganzen Vielfalt. Noch bunter als die nationale Mischung ist die religiöse und kulturelle. Neben den beiden Hauptgruppen der Sunniten und
Schiiten sind auch zahlreiche islamische und aus dem Islam hervor-
gegangene Sondergruppen vertreten.

Aus der türkischen Prägung des Islam in Deutschland erklärt sich,
dass hinter den Sunniten (etwa 75 Prozent) die anatolischen Aleviten
die zweitgrößte Gruppe bilden. Die Anhänger dieser weniger bekannten Gemeinschaft glauben an Allah und bekennen Mohammed als seinen Propheten, lehnen aber die Verpflichtung der Gläubigen auf die
Scharia ab. Sie machen in Deutschland knapp 20 Prozent der Muslime
aus. Die orthodoxen Sunniten erkennen die Aleviten in der Regel nicht
als wahre Muslime an. Wie in Afrika gibt es bei uns einen orthodoxen,
primär an den schriftlich überlieferten Quellen des islamischen Rechts
orientierten und einen eher spirituellen, mystisch geprägten Islam
(Sufi-Gruppen).

Dauerhafte Präsenz

Hierzulande dachte man – wie zunächst die muslimischen „Gastarbei-
ter" selbst –, sie würden bald in ihre Heimat zurückkehren. Das ist
nicht eingetreten. Die Türken haben im Laufe der Zeit ihre Frauen
und Kinder nachgeholt. Damit änderte sich die Situation grundsätzlich. Zunächst brauchte man nur Gelegenheiten zur Verrichtung der
alltäglichen Gebete. Nach und nach entwickelte sich eine vollständige
islamische Infrastruktur, die sowohl den Vollzug des islamischen Glaubens als auch seine Weitergabe ermöglicht.

Kristallisationspunkte der islamischen Präsenz in Deutschland sind
inzwischen die rund 2.500 Moscheen. Sie werden von muslimischen
Vereinen getragen. Vereine mit religiöser Zielsetzung können in
Deutschland – ganz anders als in der Türkei – wie jeder andere Verein
problemlos nach den Vorschriften des Bürgerlichen Rechts gegründet

werden. Voraussetzung ist lediglich, dass sich mindestens sieben Personen zusammenschließen und sich auf eine Satzung und die erforderlichen Vereinsorgane einigen. Schon bald sind im Umfeld der Moscheen Geschäfte für religiöse Literatur, für rituell reine Nahrung und für Kleidung gemäß der islamischen Tradition entstanden. Einige muslimische Vereine unterhalten vor allem Bildungseinrichtungen, die die von fast allen Moscheen betriebenen Koranschulen ergänzen. Letztere werden – bei wachsender Tendenz – von etwa zehn Prozent der muslimischen Kinder besucht.

Die meisten Moscheevereine haben sich zu regionalen Verbänden und landesweiten Dachverbänden zusammengeschlossen. In ihnen verknüpfen sich die unterschiedlichen nationalen und politischen Bindungen der Muslime mit ihren religiösen Anliegen. Aus der Rückbindung an die Herkunftsstaaten ergibt sich, dass gerade die großen muslimischen Organisationen die religiösen, politischen und kulturellen Differenzen, Spannungen und Konflikte der Heimatländer nach Deutschland bringen. Sie haben Mühe, sich zu einem Dachverband zu vereinen. Ein erster Schritt in diese Richtung ist mit der Bildung des „Koordinationsrates der Muslime" geschehen. Die vier wichtigsten Verbände haben ihn im Frühjahr 2007 gegründet, um ihre gemeinsamen Interessen gegenüber Staat und Gesellschaft besser vertreten zu können. Bislang haben sie aber weder ihre Eigenständigkeit aufgegeben noch ihre zum Teil sehr engen Bindungen an das Herkunftsland geändert.

Im Bereich islamischer Medien dominiert die türkische Sprache. Wer sich über das islamische Leben in Deutschland informieren will und weder Türkisch noch Arabisch spricht, kann auf deutschsprachige islamische Schriften zurückgreifen. Von weit größerer Bedeutung in dieser Hinsicht ist eine dynamisch wachsende Präsenz eines großen Teils der islamischen Vereine im Internet.

Herausforderungen für Gesellschaft und Staat

Integration durch Bildung

Bis heute steht unsere Gesellschaft vor den Spätfolgen der Arbeitsmigration. Da zunächst alle von einer baldigen Rückkehr in die Heimat ausgingen, hat man es unterlassen, Deutsch zu lernen und frühzeitig Bildungschancen wahrzunehmen. Die Ehefrauen wurden und werden noch immer viel zu häufig aus der Heimat vermittelt. Die Eingangsklassen unserer Grundschulen haben daher einen hohen Anteil muslimischer Kinder, die schulisch nicht zurechtkommen, weil sie die deutsche Sprache nicht verstehen. Ohne Bildung ist die Gettoisierung vorprogrammiert. Bildung schafft Integration.

Islamischer Religionsunterricht an öffentlichen Schulen

Ein Sonderproblem ist die religiöse Bildung der heranwachsenden muslimischen Jugend. Die von den Moscheegemeinden angebotenen Korankurse werden zumeist von Imamen aus den Herkunftsländern durchgeführt. Sie gelten – auch bei vielen Muslimen – als ungeeignet, weil sie mit den Korankenntnissen zugleich auch die zu Hause geltenden, an der Scharia und den lokalen Traditionen orientierten Verhaltensnormen vermitteln wollen.

Schon vor über zwei Jahrzehnten haben die Behörden hier und da begonnen, an öffentlichen Schulen für Muslime religiöse Bildung anzubieten. Das ist nur schwer zu vereinbaren mit dem ansonsten vom Staat respektierten und im Staatskirchenrecht festgeschriebenen Grundsatz, dass der Staat nicht selbst die Inhalte des Religionsunterrichts bestimmen kann. Das muss er vielmehr den jeweiligen Glaubensgemeinschaften überlassen. Die muslimischen Kinder und Jugendlichen müssen unter den gleichen, in der Verfassung verankerten Bedingungen Religionsunterricht erhalten wie christliche.

Das ist leichter gesagt als getan. Der Islam kennt keine kirchenähnlichen Strukturen. Bis heute erfüllt keine islamische Vereinigung die Kriterien, die erfüllt sein müssen, damit die deutschen Behörden sie als Religionsgemeinschaft im Sinne des Grundgesetzes betrachten können. So rivalisieren verschiedene islamische Organisationen vergeblich um das Recht, entsprechend den Vorgaben des Artikels 7 Abs. 3 des Grundgesetzes als Ansprechpartner der staatlichen Behörden die Inhalte des Religionsunterrichts zu definieren. Als Ausweg aus diesem Dilemma wird in mehreren Bundesländern im Rahmen von Schulversuchen „Islamunterricht" erteilt, obwohl die vom Grundgesetz für den Religionsunterricht in der öffentlichen Schule gesetzten Rahmenbedingungen nicht voll erfüllt werden. Die Versuche werden schrittweise auf weitere Schulen ausgedehnt. Es wird aber auf diese Weise kurz- bis mittelfristig auch dann nicht zu einem flächendeckenden islamischen Religionsunterricht gemäß dem Grundgesetz kommen können, wenn es einer ausreichenden Zahl örtlicher muslimischer Gemeinden gelingen sollte, sich als Ansprechpartner für die Behörden zu organisieren. Es fehlen nämlich die Lehrkräfte. In Münster wurde 2005, in Erlangen 2006 mit der universitären Ausbildung muslimischer Religionslehrer begonnen. Osnabrück hat bislang Fernkurse angeboten. Dort können Lehramtskandidaten ab Herbst 2007 als Erweiterungsfach „Islamische Religionspädagogik" belegen. Ähnliches ist ab Wintersemester 2007/2008 an drei Pädagogischen Hochschulen in Baden-Württemberg vorgesehen.

Dessen ungeachtet bleibt festzuhalten: Staat, Gesellschaft und Religionsgemeinschaft sind sich darin einig, dass wissenschaftliche theologische Bildung erforderlich ist und dass dies eine Aufgabe der Universitäten und Schulen sein muss.

Islamische Religionsausübung im säkularen Rechtsstaat

Die Gewährleistung der umfassend verstandenen Religionsfreiheit zählt in Deutschland zu den Grundlagen der staatlichen Ordnung. Der wertgebundene, aber in Sachen Bekenntnis neutrale Staat hat dafür Sorge zu tragen, dass auch Muslime ihren Glauben frei praktizieren können.

Kern der islamischen Religionsausübung sind die sogenannten „fünf Säulen". Sie führen kaum zu Problemen. Die tauchen aber regelmäßig auf, wenn es um den Bau von Moscheen geht. Die Muslime geben sich nicht mehr mit unauffälligen Gebäuden in Stadtrandgebieten zufrieden, sondern streben repräsentative Bauten an, oft nach osmanischen Vorbildern. Aus diesem Grunde empfinden nicht nur zahlreiche Christen die Moschee als Inbegriff religiöser oder kultureller Überfremdung. Steht der Bau, bricht nicht selten ein Streit darüber aus, wie oft und in welcher Lautstärke vom Minarett aus zum Gebet gerufen werden darf. Die katholische Kirche bejaht dessen ungeachtet das Recht der Muslime zum Bau von Moscheen und setzt sich für angemessene Lösungen ein. Das hat sich wiederholt als Ansatzpunkt für ein offeneres Miteinander erwiesen.

Ein weiterer Konfliktpunkt ist die Auseinandersetzung um die islamische Frauenbekleidung. Sie ist – anders als in der Türkei – in staatlichen Institutionen bei uns grundsätzlich nicht verboten. Um die Frage aber, ob eine muslimische Lehrerin um der gebotenen Neutralität willen während des Unterrichts in staatlichen Schulen ihr Kopftuch ablegen muss, hat es wiederholt gerichtliche Auseinandersetzungen gegeben. Das Bundesverfassungsgericht hat den Streit nicht geklärt, sondern an die Bundesländer verwiesen und ihn damit zu einem Thema gemacht, das uns noch lange beschäftigen wird.

Islamischer Extremismus

Eine verdeckt aufgenommene und im deutschen Fernsehen ausgestrahlte islamische Predigt hat im Sommer 2004 hohe Wellen geschlagen. Der Imam rief zum Dschihad gegen die Ungläubigen auf. Er predigte nicht in Pakistan oder im Irak, sondern mitten in Deutschland. Die betreffende Moschee gehört zu einer vom saudischen König finanzierten Botschaftsschule in der früheren Bundeshauptstadt Bonn. Die Untersuchungen brachten ans Licht, dass die meisten der in dieser Schule unterrichteten Kinder nicht aus saudischen Diplomatenfamilien stammten, sondern die deutsche Staatsangehörigkeit besaßen. Sie hätten die saudische Schule eigentlich gar nicht besuchen dürfen, weil sie der allgemeinen Schulpflicht unterliegen. Hinzu kamen Hinweise, dass die Schule als Anziehungspunkt für islamische Extremisten und als Forum zur Verbreitung ihrer Ideen diente. Deutsche Muslime hatten sogar ihren Wohnsitz gewechselt, um ihre Kinder in die nach König Fahd benannte Schule schicken zu können. Eine von den Behörden erzwungene pädagogisch-islamwissenschaftliche Analyse der verwendeten Unterrichtsbücher führte zu dem Ergebnis, dass die Kinder jahrelang im Geiste des wahhabitischen Islam erzogen und gerade nicht auf das friedliche Zusammenleben mit Menschen anderer Religionszugehörigkeit in Deutschland vorbereitet wurden.

Spätestens mit den Anschlägen des 11. September 2001 hat unsere Gesellschaft zur Kenntnis nehmen müssen, wie weit der islamische Extremismus sich gerade auch in den Ländern Westeuropas ausgebreitet hat. Bis heute haben wir keine überzeugende Antwort auf die Frage, wie Attentäter in einer deutschen Großstadt nicht nur ihren Studien, sondern auch ihren tödlichen Planungen unbemerkt hatten nachgehen können.

Seit den Bombenanschlägen vom 11. März 2004 bei Madrid und vom 7. Juli 2005 in London wissen wir, dass der islamische Extremismus nicht nur Israel oder die USA bedroht, sondern auch Europa. Anschlagsserien auf Synagogen, Bankhäuser oder Hotels in Tunesien, Istanbul oder Djakarta, auch die zwiespältige Rolle Saudi-Arabiens als verlässlicher Öllieferant des Westens und zugleich als Exporteur des Wahhabismus wie als Finanzier anderer Sparten des Extremismus, legen uns eine umfassendere Wahrnehmung und Neubewertung nahe. Sie müsste ausgehen von einer Lektüre der frühen Theoretiker des Islamismus, auf die sich viele Anhänger des gewaltbereiten Dschihadismus berufen.

Es kennzeichnet die Situation in Deutschland, dass der arabisch geprägte islamische Extremismus über wenige Anhänger verfügt. Die beiden größten islamischen Organisationen sind türkisch geprägt. Eine von ihnen wird quasi als Europaabteilung des türkischen Präsidiums für religiöse Angelegenheiten von der türkischen Regierung gesteuert. Die andere ist der deutsche Zweig der von dem türkischen Politiker Necmettin Erbakan gegründeten, weltweit aktiven Bewegung Milli Görüş. Ihr Mittelpunkt ist eine islamistische Partei, die in der

Türkei mehrfach verboten und unter neuem Namen wieder begründet wurde. Wie in der Türkei rivalisieren auch in Deutschland der moderatere türkische Staatsislam und der türkische Islamismus um Einfluss auf die Gläubigen. Das zeigt der grotesk anmutende und sehr bald gescheiterte Versuch, das von Kemal Atatürk aufgehobene Kalifat in Deutschland wiederzubegründen. Die innerislamische Auseinandersetzung um den von Atatürk begründeten säkularen Staat findet auch in Deutschland statt.

Herausforderungen für die Kirche

Säkulare Rechtsordnung

Das Verhältnis von Staat und Kirche ist in Deutschland auf eine spezifische, historisch gewachsene Weise geregelt. Anders als im französisch geprägten Laizismus ist die grundsätzliche Trennung beider offen für eine Zusammenarbeit zum Wohle der Menschen. Diese sind Bürger des Staates und zugleich mehrheitlich Mitglieder einer der großen christlichen Kirchen, die sich dem Gemeinwohl verpflichtet wissen. Deshalb hat der Staat den Kirchen bestimmte Rechte übertragen, für deren Erlangung die muslimischen Vereine bislang die Voraussetzungen nicht erfüllen.

Wiederholt und öffentlich haben die großen muslimischen Organisationen die deutsche Rechtsordnung anerkannt. Mehr oder weniger deutlich fordern sie aber zugleich von den Muslimen eine Lebensführung nach dem islamischen Recht (Scharia). Sie beschreiten immer häufiger den Rechtsweg, um unter Berufung auf die vom Grundgesetz gewährte Religionsfreiheit schariarechtliche Vorstellungen in die deutsche Rechtsordnung zu integrieren. Dies gilt für die Durchsetzung islamischer Kleidervorschriften ebenso wie für die von manchen Organisationen geförderte Abmeldung muslimischer Schülerinnen vom Sportunterricht. Auch hört man immer wieder von Fällen, in denen Eltern die Teilnahme ihrer Töchter an Klassenfahrten unterbinden.

Die katholische Kirche hält es grundsätzlich für legitim, dass islamische Organisationen sich auf dem Rechtswege im Namen der Religionsfreiheit für bestimmte religiös begründete Normen einsetzen. Voraussetzung dafür aber muss bleiben, dass die Säkularität der Rechtsordnung nicht in Frage gestellt und kein islamisches Sonderrecht für Muslime geschaffen wird. Dadurch könnten grundlegende andere Werte und Rechtsgüter gefährdet werden, die der demokratische Rechtsstaat zu schützen hat. So darf etwa die Gleichberechtigung von Mann und Frau nicht durch frauenspezifische Verhaltensnormen unterhöhlt werden.

Die Klärung des Verhältnisses von Staat und Religion wird dem Islam nicht erspart bleiben. Das Christentum ist in den vergangenen Jahrhunderten durch die harte Schule der Säkularisierung gegangen bis zur grundsätzlichen Trennung von Staat und Kirche. Jesu Wort ist da bahnbrechend: „Gebt dem Kaiser, was dem Kaiser gehört, und Gott, was Gott gehört" (Mt 22,21). Wenn man es auch Jahrhunderte anders versucht hat, so steht doch am Ende einer leidvollen und oft leidigen Geschichte die Einsicht: Es ist gut, dass die Kirche von politischer Herrschaft frei ist. Sie soll nicht Machthaberin sein, sondern Gewissen. Eine klare Unterscheidung zwischen Religion und Politik ist nicht nur für die Religionen lebensnotwendig, sondern auch für die Politik.

Das Erscheinungsbild des Islam ist durch eine enge Verbindung von Religion, Staat und Recht gekennzeichnet. Das göttliche Gesetz hat höchste Autorität. Die staatliche Gesetzgebung muss sich darauf beziehen, sie hängt daran. Gehört diese Verschmelzung von Staat, Recht und Religion zum Wesen des Islam? Atatürk hat versucht, die Türkei nach neuzeitlichen Prinzipien umzugestalten: Demokratische Strukturen, Gleichberechtigung von Mann und Frau, Trennung von Staat und Religion. Dieser Versuch führte bisher nicht in die Religionsfreiheit; in der Türkei wird die Religion bis heute durch den Staat kontrolliert. Wird der Islam sich dem Spannungsfeld von technischer Zivilisation und ethischem Freiheitsanspruch in der Moderne entziehen können? Mit ihr ist ja nach unserer (christlichen) Erfahrung nicht nur etwas verlorengegangen, es sind auch wichtige Einsichten neu gewonnen worden: Der Wert der Entflechtung von Religion und Politik, von Religion und Gewalt, die Entsakralisierung von Recht und Staat.

Wege zum Dialog

Schon in den 70er Jahren des vorigen Jahrhunderts wurden in deutschen Bistümern Kontaktstellen zum Islam eingerichtet. Die Deutsche Bischofskonferenz hat für den Interreligiösen Dialog eine eigene Unterkommission gegründet und die Trägerschaft des von den Weißen Vätern gegründeten Instituts CIBEDO übernommen, das den Dialog fördern soll. Unter dem nachhaltigen Schock des 11. September 2001 bemühen sich in Deutschland inzwischen auch staatliche und gesellschaftliche Einrichtungen um den „interkulturellen" Dialog mit dem Islam. Es kommt vermehrt zu offiziellen Besuchsreisen führender Vertreter des Islam aus allen Teilen der Welt. Die Bischofskonferenz nutzt solche Anlässe, den Gästen authentische interreligiöse Begegnungen anzubieten. Sie nutzt die Gelegenheit, Vorurteile auf muslimischer Seite abzubauen und über die tatsächlichen religionspolitischen Verhältnisse (Kirche und Staat) aufzuklären. Sie wirbt dabei für ihre Überzeugung, dass Religionsfreiheit als ein Menschenrecht nicht nur Muslimen in christlich geprägten Ländern gewährt werden muss, sondern auch Christen in islamisch geprägten Ländern.

Ein wachsendes Problem stellen die Katholiken dar, die ihren Glauben in religionsverschiedenen Ehen mit einem muslimischen Partner leben wollen. In der weit überwiegenden Mehrheit handelt es sich um die Verbindung eines muslimischen Mannes mit einer katholischen Frau. Die umgekehrte Konstellation widerspricht dem islamischen Recht und wird von den muslimischen Familienangehörigen nur in Ausnahmefällen toleriert. Nach allem, was wir wissen, sind religionsverschiedene Ehen in Deutschland weit häufiger Anlass für einen Übertritt des christlichen Partners zum Islam als umgekehrt. Die meisten Frauen, die eine religionsverschiedene Ehe mit einem Muslim schließen, tun dies nur vor dem Standesamt. Unsere Ehevorbereitungsangebote erreichen solche Frauen nicht.

Die Kindertagesstätten sind eine wichtige Kontaktstelle für das Miteinander mit den Muslimen. Inzwischen sind bei uns immer mehr Einrichtungen mehrheitlich von muslimischen Kindern besucht. Die Probleme, die sich damit stellen, liegen auf der Hand.

Nach dem Modell von Assisi kommt es zu gottesdienstlichen Begegnungen von Christen, Juden und Muslimen im Sinne eines Betens in Gegenwart des anderen. Dabei sollte nicht synkretistischen Tendenzen Vorschub geleistet werden. Es geht nicht an, aus falsch verstandener Rücksichtnahme zentrale christliche Glaubensinhalte hintanzustellen. Man kann den muslimischen Gesprächspartnern eine ernsthafte Auseinandersetzung mit den Teilen ihrer Tradition nicht ersparen, die mit dem friedlichen Zusammenleben verschiedener Religionen unvereinbar sind und gewaltbereiten Kräften eine fragwürdige Legitimation geben. Im Unterschied zum Christentum ist die Ursprungserfahrung des Islam durch aktive Gewalt gekennzeichnet. Mohammed war nicht nur ein großer Prophet, er war auch ein erfolgreicher Feldherr. Wer seiner Botschaft folgt, darf keine Bruderkriege führen. Andererseits verpflichtet der Prophet die Gläubigen ausdrücklich zum Kampf gegen die Ungläubigen. Der Islam ist eine kämpferische, wehrhafte Religion. Ist die Gewalt für ihn konstitutiv? Es gab und gibt eine mystische Tradition, die alle kriegerischen Texte des Koran im übertragenen Sinne versteht. Wirkt sich diese Tradition aus? Hier stehen klare Antworten aus im interreligiösen Dialog. Diesem Dialog mangelt es nicht an Themen. Er sollte mutig aufgenommen werden, ohne Berührungsangst und ohne Unterscheidungsangst. Eigene Maßstäbe zurückzustellen, um Konflikten aus dem Wege zu gehen, ist ebenso unverantwortlich, wie Zusammenarbeit im Dienst am Menschen zu unterlassen.

Ein Religionsgespräch mit dem Islam

Selten hat eine Vorlesung so viel Aufmerksamkeit gefunden in aller
Welt wie die des Papstes am 12. September 2006 in Regensburg. Genau
einen Monat später haben 38 muslimische Führer Benedikt XVI. in
einem offenen Brief geantwortet. Sie sprechen für einen nicht uner-
heblichen Teil des Islam, ihr Wort hat Gewicht. Sie halten sich nicht
bei unverbindlichen Höflichkeiten auf und scheuen bei allem Respekt
nicht Widerspruch und Kritik. Sie erinnern sehr zu Recht an die globale Verantwortung, die Christen und Muslimen schon aufgrund ihres
Anteils an der Weltbevölkerung zuwächst. Ihr können beide nur gerecht
werden, wenn sie sich zumuten, über das zu sprechen, was sie im Innersten religiös bewegt, in gesellschaftlicher Verantwortung. Fünf Bereiche sind in diesem Zusammenhang von besonderer Bedeutung.

Die Geschichtlichkeit der Heiligen Schrift

Nicht zufällig sagen Muslime seit alters über Juden und Christen aner-
kennend, sie seien wie sie selbst „Leute der Schrift". Diese Charakterisierung ist nicht falsch, doch sie bedarf aus christlicher Sicht einer
wichtigen Einschränkung: Zwar verstehen Christen die Bibel als „Wort
Gottes". Dennoch steht im Zentrum des Glaubens nicht die Heilige
Schrift, sondern die Person Jesu Christi. Das Christentum ist darum
erst in zweiter Linie eine Schriftreligion. *Die* Offenbarung Gottes ist
Jesus Christus, die Bibel enthält die Antwort der maßgebenden Glau-
benszeugen darauf. Sie ist für Christen Gottes Wort in Menschenwort,
während Muslime den Koran als direkte, von menschlichem Einfluss
freie Offenbarung Gottes glauben. Was für sie der Koran ist, ist für
Christen eher Jesus Christus als die Bibel.

Die menschliche Ausdrucksform des göttlichen Wortes darf nicht
mit diesem selbst gleichgesetzt werden. Dieser Vorbehalt erlaubt es, die
Geschichtlichkeit der Bibel ernst zu nehmen, ohne ihr spezifisches Ge-

wicht als Glaubensurkunde aufzugeben. Er ermöglicht es, zwischen dem bleibend verbindlichen Gehalt und der zeitbedingten Ausdrucksform zu unterscheiden, biblische Texte und Aussagen der Tradition von ihren Entstehungsbedingungen her historisch-kritisch zu analysieren und dadurch neu zu verstehen, durchaus im Horizont des Glaubens. Darin liegt ein Schlüssel zur Reformfähigkeit einer Religion, zur Eröffnung eines interreligiösen Dialogs, der mehr ist als eine höfliche Variante propagandistischer Überredungskunst. Das mag überraschen. Mancher mag denken, die dargelegte Unterscheidung im Schriftverständnis sei ein innertheologisches Problem ohne gesellschaftliche Relevanz. Dass dem nicht so ist, zeigt die Entstehung des Begriffs Fundamentalismus. Das Wort ist zunächst nicht, wie man denken könnte, zur Charakterisierung bestimmter Richtungen im Islam geprägt worden. Man hat damit bestimmte Kreise innerhalb des Protestantismus bezeichnet, die auf einem wortwörtlichen, zeitenthobenen Verständnis der Bibel bestanden. Im Schrift- und Traditionsverständnis werden die Weichen gestellt für die Reform- und Dialogfähigkeit einer Religion. Hier entscheidet sich die Vereinbarkeit von Religion und moderner Kultur, die Möglichkeit einer Inkulturation. Ohne Klärung der hermeneutischen Grundfragen wird eine Auseinandersetzung mit den Herausforderungen der modernen Welt nicht gelingen.

Von innen wie von außen ist der Islam gefragt, ob er eine historisch-kritische Betrachtung des Koran zulassen kann. Christen, speziell Katholiken, wissen sehr genau, dass das nicht einfach ist. Sie haben einen langen, leidvollen Weg zurückgelegt, bis die historisch-kritische Exegese offiziell akzeptiert wurde. Doch die Erfahrung lehrt, dass dieses Säurebad die Heilige Schrift nicht zerfressen muss, sondern den Zugang zu ihrem Verständnis reinigen kann, wenn sich die kritische Analyse nicht verselbständigt, sondern in den Glauben und die Tradition des Glaubens mit den unterschiedlichen Wegen der Schriftauslegung eingebunden bleibt. Die Muslime, die das Wagnis der historischen Kritik nicht scheuen, sind noch in der Minderheit und brauchen Ermutigung. Sie gehen einen beschwerlichen Weg, der keiner Religion erspart bleibt, den auch Christen längst nicht ausgeschritten haben. Solange man sich gegen ihn sperrt, wird man weiterhin mit einzelnen aus dem Zusammenhang gerissenen Schlagwörtern der heiligen Schriften aufeinander einschlagen oder Befreiungsschläge versuchen.

Gottesrecht und Menschenrechte

Muslime stehen im Verdacht, im Namen des göttlichen Rechts die Menschenrechte nicht anzuerkennen. Das ruft in der westlichen Welt Unverständnis und Sorge hervor. Nicht ohne Grund! Auch Christen haben die Idee der Menschenrechte lange Zeit bekämpft. Das Lehramt der katholischen Kirche zählte sie zu den unseligen Irrtümern der Moderne. Es verteufelte nicht wenige Theologen, die Kirche und Moderne auszusöhnen versuchten, als „Modernisten" und entzog ihnen die Lehrerlaubnis. Katholiken haben also keinen Grund, die muslimische Position heute mitleidig zu belächeln. Es dauerte immerhin bis zum Vatikanum II, dass die katholische Kirche ihre Ablehnung des Menschenrechtsdenkens grundsätzlich und verbindlich revidierte. Seither ist sie zu einer entschiedenen Befürworterin und Verteidigerin der Menschenrechte geworden, zumal durch Johannes Paul II.

Nicht wenige Katholiken empfanden diese Kehrtwende als Verrat an der überlieferten Lehre und warfen dem Konzil vor, sich dem Diktat des modernen Ungeistes unterworfen zu haben. Ihre Vorwürfe gleichen denen aus der islamischen Welt. Manches spricht dafür, dass sie auf ähnlichen Missverständnissen beruhen. Die Anerkennung der Menschenrechte bedeutet nicht, sie über das göttliche Recht zu setzen. Der vom Vatikanum II vollzogene Positionswechsel in dieser Sache kam nicht von ungefähr. In einer Neubesinnung auf die christlichen Quellen und unter dem Eindruck der Zeichen der Zeit erkannte man, dass die Menschenrechte nicht einfach nur menschliches Recht sind. Gott selbst hat sie dem Menschen eingestiftet. Deshalb vor allem verdienen sie unbedingten Respekt sowohl vonseiten des Staates als auch vonseiten der Kirche. Menschenrechte und göttliches Recht lassen sich nicht gegeneinander ausspielen. Die Menschenrechte bilden eine Mindestnorm, die die Würde des Menschen als Gottes Geschöpf wahrt. Sie anzuerkennen und zu achten, bedeutet also nichts anderes als Gehorsam gegenüber dem Willen Gottes. Nur mangelnde Einsicht kann befürchten lassen, Glaube und Menschenrechtsethos stünden zueinander im Widerspruch. Umgekehrt ist zu fragen, ob sich der unbedingte Geltungsanspruch der Menschenrechte ohne religiöse Verankerung durchhalten lässt.

Wenn Christen sich heute in aller Welt für die Achtung der Menschenrechte einsetzen und auch von den Muslimen ihre uneingeschränkte Anerkennung erwarten, dann nicht, um sie ihrer eigenen Kultur zu entfremden und sie zu verwestlichen. Sie tun das, weil sie dem Islam den gleichen Lernprozess zutrauen, den sie selbst leidvoll durchgemacht haben. Das Wort „Islam" bedeutet bekanntlich „Hingabe an den Willen Gottes". Wenn die Menschenrechte dem göttlichen Willen entsprechen, dann verpflichtet der Islam selbst dazu, sie gemeinsam mit allen Menschen guten Willens anzuerkennen.

Kein Religionsstaat

Im christlich-islamischen Dialog spielt die Frage nach dem Verhältnis von Religion und Staat eine wichtige Rolle. Dem Islam wird weithin die Fähigkeit abgesprochen, beide Bereiche zu trennen. Umgekehrt ist die Trennung ein ganz wesentliches Kennzeichen der westlichen Moderne und wird (wie die Menschenrechte) als ein zivilisatorischer Fortschritt gewertet, der auf keinen Fall preisgegeben werden darf. Wir haben aus der Geschichte bittere Erfahrungen gewonnen und gelernt, aus den Konfessionskriegen nach der Reformation und nicht zuletzt aus den totalitären Diktaturen des 20. Jahrhunderts. Beides liegt zeitlich weit auseinander, sachlich berührt es sich: Einmal werden der Religion Grenzen gesetzt, zum anderen dem Staat. Das geschieht aus der Überzeugung, diese wechselseitige Begrenzung diene beiden Seiten, vor allem dem friedlichen Zusammenleben der Menschen. Das Modell einer Staatskirche und des Kirchenstaates ist unter hohen Kosten gescheitert. Nichts spricht dafür, dass es islamischen Staaten anders ergehen wird.

Der springende Punkt dabei ist einmal mehr das Verständnis der Menschenrechte. Es kann aus christlicher Perspektive nicht nachdrücklich genug betont werden, dass weder Kirche noch Staat die Menschenrechte gewähren. Es handelt sich um angeborene und unveräußerliche Rechte der menschlichen Person, wie zu Beginn aller Menschenrechtserklärungen und -konventionen immer wieder betont wird. Die Anerkennung der Religions-, Gewissens- und Meinungsfreiheit meint deshalb mehr als die Duldung Andersgläubiger durch einen religiösen Staat. Der religiös und weltanschaulich neutrale Rechtsstaat hat die Freiheitsrechte aller Menschen nicht nur zu tolerieren, sondern zu achten und zu schützen. Er gewährt allen Weltanschauungen und Religionen Raum, ist aber selbst weltanschaulich neutral.

Von daher ist es zumindest ungenau, wenn es im Koalitionsvertrag vom November 2005 heißt, „ein interreligiöser und interkultureller Dialog" sei für die Bundesregierung ein wichtiger Bestandteil der Integrationspolitik. Der interkulturelle Dialog ist Sache des Staates, nicht aber der interreligiöse. Der moderne Staat vertritt als solcher keine religiöse Überzeugung. Es ist zu unterscheiden zwischen der Gesellschaft, die mehr oder minder stark religiös geprägt ist, und dem Staat, der das Zusammenleben aller Menschen regelt und darum an keine bestimmte Religion oder Weltanschauung gebunden ist. Er kann den interreligiösen Dialog fordern und fördern, er kann und muss mit den Religionen einen intensiven Dialog führen. In beiden Fällen jedoch hat er seine religiöse Neutralität zu wahren. Sie schützt ihn vor pseudoreligiöser Selbstüberschätzung und die Religionen davor, die staatliche Gewalt zu ihren Gunsten zu missbrauchen. Dass bei klarer Trennung von Staat und Religion mannigfache Kooperationsformen möglich sind zum Wohl der Bürgerinnen und Bürger, zeigt die Bundesrepublik Deutschland.

Christen wollen, dass Muslime sich in den westlichen Staaten heimisch fühlen können. Das erwarten sie aber auch für sich selbst, sie möchten in keinem Staat Bürger zweiter Klasse sein. Das sind sie in nicht wenigen islamischen Staaten derzeit leider immer noch, auch in der Türkei. Deswegen widersetzen sie sich den islamistischen und allen gleichartigen fundamentalistischen Staatsvorstellungen. Sie hoffen auf einen Islam, der den modernen Staat bejaht und ihn nicht nur als Übergangsphase zu einem islamischen Staat betrachtet. In diesem Punkt müssen die Muslime Farbe bekennen. Die Islamisten unter ihnen tun es auf ihre Weise ohnehin.

Gewalt im Namen der Religion

Die Stellung zur Gewalt ist in der Weltgesellschaft zur Gretchenfrage für alle Religionen geworden. Zu Recht! Denn es trifft zu, was Hans Küng seit Jahren unermüdlich anmahnt: „Kein Weltfriede ohne Religionsfrieden". Muslime beklagen sich immer wieder darüber, der Islam stünde ständig am Pranger und unter Generalverdacht. Das hat seinen Grund. Es ist leider so, dass die Seuche terroristischer Gewaltakte seit langem zum weitaus überwiegenden Teil von islamischen Gruppen ausgeht. Es sind islamische Staaten, in denen Christen benachteiligt oder gar verfolgt werden, nicht christlich geprägte Länder, die Muslime daran hindern, ihre Religion öffentlich zu gestalten. Der islamistische Terror fordert freilich die mit Abstand meisten Opfer unter den Muslimen selbst und richtet sich auch gegen islamische Staaten. Darum wehren sich Muslime zu Recht gegen die Gleichsetzung von Islam und Terror. Doch es bleibt da ein Problem, das bereits angedeutet wurde: Wie bewerten sie den islamistischen Griff nach der Staatsmacht? Verwerfen sie nur die Wahl der (terroristischen) Mittel, billigen aber das Ziel?

Christen können solche Fragen nicht redlich stellen, ohne sich der eigenen Gewaltgeschichte zu erinnern. Die Unterdrückung, Verfolgung und Ermordung von Juden bleibt auf immer eine Schande. Auf andere Weise belasten verhängnisvolle Gewalttaten der Geschichte auch die Beziehung zwischen Christen und Muslimen bis heute. Oft scheint es, als präge die traumatische Erfahrung der Kreuzzüge unauslöschlich die muslimische Identität. Auch im Westen gelten sie vielen als Symptom für die Gewaltträchtigkeit des Christentums. Nun gibt es an den Kreuzzügen nichts zu beschönigen, aber sie betrafen auch sla-

wische Völker, jüdische Gemeinden und christliche Abweichler. Mit
einem grundsätzlich antimuslimischen Hass haben sie wenig zu tun.
Die Muslime sollten nicht vergessen, dass lange vor dem ersten Kreuz-
zug arabisch-muslimische Heere jenes Land erobert hatten, das Christen als „Heiliges Land" galt und gilt. Damals fiel ihnen auch die Heilige Stadt Jerusalem mit ihren vielen heiligen Stätten in die Hände. Die
Frage muss erlaubt sein, wie Muslime damals und heute auf die Ein-
nahme Mekkas durch Christen reagieren würden. Wenn wir einen ehrlichen Dialog wollen, müssen wir uns an die Fakten halten und auf-
hören, sie mit zweierlei Maß zu messen. Man kann nicht das eigene
ideale Selbstbild mit der wenig idealen Wirklichkeit der anderen Religion vergleichen. Man kann nicht die Kreuzzüge verdammen und die
Heiligen Kriege glorifizieren.

Der interreligiöse Dialog wird nicht von abstrakten Wesen geführt,
sondern von Menschen und Gemeinschaften, die einander oft ein
Übermaß an Leid zugefügt haben. Keine Religion kann sich davon
freisprechen, dass in ihrem Namen Gewalt ausgeübt wurde oder wird.
Die dadurch entstehende Erblast erledigt sich nicht von selbst. Es gibt
Vergangenheiten, die nicht vergehen wollen, schon gar nicht ohne den
gemeinsamen Willen zu historischer Wahrhaftigkeit und Gerechtigkeit. Dazu gehört mehr, als sich über die Tatsachen zu verständigen,
so schwer das oft auch ist. Auf der Tagesordnung aller Religionen steht
die Aufgabe, in Anbetracht der Geschichte ihr Verhältnis zur Gewalt in
der Gegenwart für die Zukunft zu klären. Sie reicht weit über die Pro-
blematik des Heiligen Krieges hinaus. Wie geht eine Religion mit den
Menschen um, die sich von ihr abwenden? Wie mit solchen, die den
Glauben verfälschen oder verspotten? Im christlichen Abendland wurden jahrhundertelang Apostasie, Ketzertum und Blasphemie mit dem
Tode bedroht und geahndet. Das ist vorbei, hoffentlich für immer. Der
wichtige Grundsatz, niemand dürfe zum Glauben gezwungen werden
(vgl. Sure 2,256), kommt erst dann ganz zum Tragen, wenn er auch
die Freiheit garantiert, den Glauben aufzugeben, ihn anders zu verstehen oder gar zu verachten. Es ist allein Gottes Sache, das Gewicht eines
solchen Verhaltens zu beurteilen. Nur Er vermag in die Herzen der

Menschen zu schauen. Wir sollten uns hüten, Sein Gericht vorwegnehmen zu wollen. Tatsächlich gibt es für wahrhaft Fromme keine wichtigere Sache auf der Welt als die Religion. Was sie freilich von religiösen Fanatikern trennt, ist die Tugend der Demut. Die Ehrfurcht gegenüber Gott untersagt es kategorisch, sich seine Rolle anzumaßen. Er allein ist Herr über Leben und Tod, niemand sonst. Religion besteht darin, Gott zu ehren, nicht darin, Gott zu spielen. Das sollten nicht zuletzt auch Regierungen beherzigen, die einer Religion nahezustehen meinen. Wer Gott wirklich die Ehre gibt, dem steht der Sinn weder nach Heiligen Kriegen noch nach Kreuzzügen – schon gar nicht in deren moderner Variante.

Glaube und Vernunft

Der Glaube kann, wie der Papst immer wieder betont, nicht auf die Vernunft des Menschen verzichten, sie ist ein wesentliches Element seiner Gottesebenbildlichkeit. Also muss auch das Wesen Gottes von Vernunft geprägt sein. Wer das bestreitet, landet schließlich bei einem Willkür-Gott. Gegen die Vorstellung eines absolut freien, aber gerade in seiner Freiheit willkürlich handelnden Gottes richtet sich ein Gutteil der philosophischen Religionskritik zu Beginn der Neuzeit. Führende Köpfe der Aufklärung waren vom Recht und der Notwendigkeit überzeugt, um der Würde des Menschen willen eine solche Gottesvorstellung bekämpfen zu müssen und den Menschen auf seine eigenen Beine zu stellen. Wie anders könnte er sich gegenüber einem solchen Gott behaupten? Wie sollte der Mensch bestehen können, wenn er sich im Vollzug des Glaubens der Willkür Gottes ausliefern muss? Eine Religion, die das von ihm fordert, ist menschenunwürdig. Insoweit wirbt der Papst aus guten, sehr guten Gründen für eine Versöhnung von Glaube und Vernunft. Aber dieses Ziel unter neuzeitlichen Bedingungen anzustreben, bedeutet unabdingbar, die für das neuzeitliche Denken unverzichtbare Verbindung von Freiheit und Vernunft ernst zu nehmen. Das gilt für das Verständnis Gottes ebenso wie für das Verständnis des Menschen. In dieser Sache hilft das griechische Denken wenig. Vielmehr ist die christliche Theologie von ihrem ureigenen Glaubensverständnis her der Frage nachgegangen, wie sich Gottes Vernunft mit Gottes Freiheit vereinbaren lässt. Sie hat, anders als die griechische Philosophie, Gott als Ursprung und Quell aller Freiheit verstanden und den Glauben als Befreiung. So gesehen, stehen nicht die Freiheitsrechte des Menschen im Widerspruch zum Glauben, sondern deren Widersacher. Nicht nur Glaube und Vernunft gehören untrennbar zusammen, sondern Glaube, Vernunft und Freiheit. Es muss zu denken geben, dass die Gewalt, die von den meisten religiösen Fundamentalismen ausgeht, einem sehr konkreten Ziel dient: der Durchsetzung einer politischen Herrschaft, die alle modernen Freiheitsrechte beseitigt. Diesem Griff nach der Staatsmacht entgegenzuwirken, erfordert gewiss politischen Widerstand. Für die Religionen jedoch steckt darin eine theologische Herausforderung. Wenn, wie der Papst befürchtet, viele religiöse Menschen die Moderne als eine Gefahr für ihren Glauben erfahren, dann ist es Sache der Theologie, diese Besorgnis auszuräumen. Sie kann das, wenn sie die Verteidigung der Freiheit als ein gemeinsames Anliegen von Vernunft und Glaube einsichtig macht. Das führt nicht vom Glauben weg, sondern führt in sein Zentrum, in das Gottes-Verständnis. In diesem Sinne hat die Vision des Papstes einen Horizont eröffnet, den es im Dialog zwischen den Religionen und im Dialog der Religionen mit der modernen Philosophie erst noch abzuschreiten gilt, nicht nur von den Muslimen.

Der Dialog zwischen Christen und Muslimen steht erst am Anfang. Er braucht Geduld und Vertrauen, langen Atem und offene Herzen. Um des Friedens willen gibt es keine Alternative zu ihm, auch nicht um des Glaubens willen. Man könnte leicht meinen, wir seien zum Dialog verdammt. Doch das wäre nicht einmal die halbe Wahrheit. Wir sind es zuerst und vor allem uns selbst und unserem Glauben schuldig, trotz aller bedrückenden Erfahrungen miteinander zu sprechen. Das ist es, was Gott uns zumutet, der Gott, den Christen gemeinsam mit den Muslimen den Gerechten nennen und den Barmherzigen.

Wie werden Religionen friedensfähig?

Lehren aus dem Westfälischen Frieden

Das Thema ist für nicht wenige Religionsvertreter eine Zumutung. Für sie steht die Friedensfähigkeit der Religionen außer jeder Frage: Sie müssen nicht erst friedensfähig werden, sie sind es. – Im Prinzip sollen und wollen sie es sein. Aber in der geschichtlichen Wirklichkeit? Die sieht anders aus. Der Dreißigjährige Krieg belegt es. Im Text des Friedensvertrages von Münster und Osnabrück erklären die Vertragsparteien in Artikel V kurz und bündig die Vertreter der Konfessionen zu den Hauptverantwortlichen für den Krieg. Deshalb wird ihnen eine heilige Friedenspflicht auferlegt, „bis man sich durch Gottes Gnade über die Religionsfragen verglichen haben wird" (§ 1).

Der Weg zum Frieden ist ein langer Prozess, er dauert bis heute. Ihn haben die Religionen nicht immer schon hinter sich, er steht als Aufgabe vor ihnen. Der Westfälische Friede bietet dabei wichtige Orientierungspunkte. Er fordert die Christen heraus, sich einer durch die Pluralität der Konfessionen grundlegend veränderten Situation zu stellen. Um dazu fähig zu werden, mussten sie sich selbst ändern. Offenbarungsreligionen können das nur, indem sie sich auf ihren Ursprung besinnen. Die christlichen Konfessionen mussten also neu nach den Wurzeln ihrer Friedensfähigkeit fragen oder darauf gestoßen werden, um so die ureigene Friedenskraft ihres Glaubens wiederzuentdecken. Das möchte ich in vier Themenbereichen aufzeigen; die Konsequenzen für das Religionsgespräch heute sind dabei im Blick.

Das Verhältnis von Kirche und Staat bzw. Religion und Staat

Für die katholische Kirche ging 1648 eine mehr als tausendjährige Ära zu Ende. Seit der Konstantinischen Wende galt trotz aller Auseinandersetzungen zwischen geistlicher und weltlicher Macht das Prinzip der Reichskircheneinheit. Das ist mit dem Westfälischen Frieden vor-

bei. Er spricht allen Konfessionen die gleichen Rechte zu. Für die pro-
testantische Seite bedeutete das einen überlebenswichtigen Gewinn,
für die katholische einen als lebensbedrohlich empfundenen Verlust.
Erst allmählich wuchs die Einsicht, dass das Christentum nicht an
eine bestimmte Sozialgestalt gebunden ist, dass es sich in den ersten
Jahrhunderten ohne Staat und lange Zeit gegen ihn hatte behaupten
müssen. Erst 313 wurde es eine erlaubte Religion. Es ist ursprünglich
gerade nicht als staatsförmige Institution in die Geschichte eingetreten,
sondern als staatsunabhängige Zeugnisgemeinschaft. „Mein Königtum
ist nicht von dieser Welt" (Joh 18,36), sagt Jesus. Er bringt damit die
Eigenständigkeit des Glaubens auf den Punkt. Daraus spricht keine
Gegnerschaft zum Staat, Jesus markiert aber eine klare Unterscheidung
und Abgrenzung: „Gebt dem Kaiser, was dem Kaiser gehört, und Gott,
was Gott gehört" (Mt 22,21). Das heißt eben auch und nicht zuletzt,
dem Kaiser gebühre auf keinen Fall mehr, als ihm zusteht. Der Staat
darf nicht Kirche sein wollen, und die Kirche nicht Staat. Staatskirche
und Kirchenstaat haben sich als untauglich erwiesen. Diese Einsicht
schützt den Staat vor pseudoreligiöser Selbstüberschätzung; sie bewahrt die Religion davor, die staatliche Gewalt zu ihren Gunsten zu
missbrauchen. Es hatte seinen guten Sinn, dass die ökumenische Bewegung angesichts von Stalinismus und Nationalsozialismus in den 30er
Jahren des vergangenen Jahrhunderts die Devise ausgab: „Lasst die Kirche Kirche sein!" Das war kein Rückzug ins Unpolitische, sondern ein
hoch politischer Schritt im Kampf gegen einen Staat, der sich als Heils-
anstalt gebärdete, gegen eine zum Götzendienst entartete Politik. Die
jüdische, christliche und islamische Religion sind monotheistisch. Daher ist ihnen jede Form von Abgötterei zuwider. Es sind aber nicht immer nur die anderen, die um Goldene Kälber tanzen, vielmehr lauert in
den Religionen selbst die Gefahr der Selbstvergötzung und des Totalitären. Eine Religion, die sich mit Gott gleichsetzt, betreibt Götzendienst,
anstatt Gott zu dienen. Gottes Geheimnis übersteigt alle menschlichen
Formen, es zu erfassen und zum Ausdruck zu bringen. Nur Gott ist absolut, keine Religion. Religion besteht nicht darin, Gott zu spielen, sondern darin, Gott zu ehren.

Es kam zum Westfälischen Frieden, weil die erschöpften politischen Mächte nicht mehr willens waren, sich weiterhin rückhaltlos mit einer der Konfessionen zu identifizieren und deren Konflikt mit Waffengewalt zu entscheiden. Die durch ihn geschaffene politische Ordnung Europas, die auf eine Trennung von Staat und Kirche hinauslief, hat den Zugang der Konfessionen zur militärischen Gewalt drastisch reduziert. Das war ein bedeutender Beitrag zur Befriedung. Die wechselseitige Begrenzung von Staat und Religion dient beiden Seiten, vor allem dem friedlichen Zusammenleben der Menschen. Auf dieser Basis wird es durchaus notwendige und menschendienliche Kooperationen geben.

Demgegenüber ist allen fundamentalistischen Richtungen in den Religionen gemeinsam, dass sie zwar die technischen Möglichkeiten der Moderne nutzen, aber den modernen religionsneutralen Staat ablehnen. Daher streben sie auf unterschiedlichen Wegen danach, die Macht im Staat zu übernehmen und die jeweilige Religion zur Grundlage und zum Maßstab des gesellschaftlichen und staatlichen Lebens zu machen. Vor diesem Hintergrund sind die Religionen gefragt, ob sie den weltanschaulich neutralen Rechtsstaat bejahen oder ob sie ihn doch nur als Zwischenstation auf dem Weg zu einem religiös definierten Staat hinnehmen. Das Verlangen nach einem von einer Konfession oder Religion beherrschten Staat verstößt gegen die Pflicht zur weltanschaulichen Neutralität. Sie ist dem Rechtsstaat im Respekt vor den Menschenrechten aufgetragen. Es geht nicht um einen christlichen, einen katholischen, einen islamischen oder hinduistischen Staat, der sich gegenüber seinen Minderheiten tolerant verhält, sondern um einen Staat, der die Freiheit der Religion und Weltanschauung als Recht eines jeden garantiert. Ist das Konzept eines islamischen Staates für den Islam als Religion verzichtbar?

Die Menschenrechte als Weg zum Frieden

Der Westfälische Friede führt nicht unmittelbar zur Entkonfessionali-
sierung der Politik und zur konfessionellen Neutralität des Staates
oder zur Trennung von Staat und Religion. Noch existieren konfessio-
nelle Staaten. Aber die Signale zu einem neuen Staats- und Politikver-
ständnis sind gesetzt. Der Vertrag proklamiert zwar noch nicht formell
das Recht auf Religionsfreiheit, doch er schreibt vor, in Zukunft solle
zwischen den Konfessionen „vollständige und gegenseitige Gleichheit
herrschen, so dass das, was für den einen Teil Recht ist, auch für den
anderen Teil Recht sein und alle Gewaltanwendung ... zwischen beiden Parteien für immer untersagt sein soll" (§ 1). Der Friedensvertrag
geht damit über das Stadium der Toleranz hinaus. Nicht von wechsel-
seitiger Duldung ist die Rede, sondern von rechtlicher Gleichstellung
und Gleichbehandlung und vom Ende des Gewissenszwanges. Die
Menschenrechtserklärungen des 20. Jahrhunderts haben diese Linie
ausgezogen und verstärkt. Sie halten fest, dass Staat und Kirche gleichermaßen verpflichtet sind, die grundlegenden Rechte der Person zu
achten und zu schützen.

Die katholische Kirche hat lange gebraucht, bis sie auf diese Ideen
der Aufklärung eingehen konnte, obwohl das Menschenrechtsdenken
von der jüdisch-christlichen Tradition inspiriert ist. Der Sinneswandel
konnte vollzogen werden, weil kaum eine andere Religion die einzelne
Person so in die Mitte des Glaubens rückt wie die christliche. Jesus von
Nazareth, ein Mensch wie wir, ist das sichtbare Bild des unsichtbaren
Gottes (Kol 1,15). Im Glauben an ihn erkennen Christen: Jeder Mensch
ist Gottes Ebenbild (vgl. Gen 1,26f). Damit erhält er Anteil am Absolu-
ten. Kant hat das die Würde des Menschen genannt. Unser Grundgesetz
sagt von ihr, sie sei „unantastbar". Aus der Menschenwürde ergeben sich
die Menschenrechte. Sie bringen den unbedingten Respekt zum Ausdruck, der jedem Menschen einfach deshalb gebührt, weil er Mensch
ist, und nicht, weil er Staatsbürger oder Kirchenmitglied ist.

Gottesrecht und Menschenrechte können einander nicht widersprechen, weil Letztere nur in positives Recht umsetzen, was Gott

selbst dem Menschen zugesprochen hat. Der Staat gewährt die fundamentalen Menschenrechte also nicht kraft eigener Vollmacht. Er ist ihnen unterstellt und hat sie zu achten und zu schützen. Er hat sich in seiner Gesetzgebung an ihnen zu orientieren, sie ihrem Maßstab zu unterwerfen. Jede Religion, die gegen die Menschenrechte verstößt, gerät mit dem Rechtsstaat in Konflikt. In diesem Sinne gehört die Anerkennung der Menschenrechte zu den Grundbedingungen religiöser und staatlicher Existenz in der Moderne. An diesem Punkt ist größtmögliche Klarheit notwendig. Denn schon erheben religiöse Fundamentalisten lautstark Protest gegen den „westlich-christlichen" oder „säkular-liberalistischen Menschenrechtsfundamentalismus". Solche Begriffsverwirrung darf nicht dazu verleiten, hinsichtlich der in der Tat fundamentalen Menschenrechte Abstriche zu machen. Noch schlimmer ist es, wenn Menschenrechte verletzt werden, um vorgeblich Menschenrechte durchzusetzen oder zu schützen, wenn der Staat sich anmaßt, darüber zu entscheiden, ob und in welchem Maße solcher Rechtsbruch „notwendig" oder „gerechtfertigt" sein soll (wie im Fall der Folter und anderer Menschenrechtsverletzungen in Guantanamo). Menschenrechte sind in ihrem Anspruch unteilbar. Sie verpflichten jeden einzelnen Menschen, den Staat als ganzen und alle Gruppen und Gemeinschaften gleichermaßen. Der Staat darf die Loyalität aller Bürgerinnen und Bürger erwarten, denn er schützt die Rechte aller. Damit überschreitet er prinzipiell das Gebot der Toleranz. Er schuldet seinen Bürgerinnen und Bürgern Rechtsgleichheit, Rechtssicherheit und Rechtsfrieden.

Für die Religionen hat der Respekt vor der Religionsfreiheit zur Konsequenz, die Entscheidung derjenigen Menschen zu achten, die zu einer anderen Konfession oder Religion übertreten oder ohne Religionszugehörigkeit leben wollen. Kein gläubiger Mensch, der seine Religion und sich selbst ernst nimmt, kann einen solchen Schritt begrüßen. Er schmerzt, aber er muss akzeptiert werden. Die Religionsfreiheit erschöpft sich nicht in dem Grundsatz, niemand dürfe zum Glauben gezwungen werden. Jedem muss vielmehr die Freiheit eingeräumt werden, den Glauben aufzugeben, ihn anders zu verstehen oder gar zu verachten. Das ist ein neuralgischer Punkt in der Auseinandersetzung mit dem Islam.

Toleranz als Friedenskraft

Toleranz und Recht sind klar voneinander zu unterscheiden. In der sich mit dem Westfälischen Frieden anbahnenden Religionsfreiheit geht es nicht um Toleranz von des Staates oder der Kirchen Gnaden, sondern um die Rechte eines Menschen, sofern er Mensch ist. Die hat der moderne Rechtsstaat zu schützen. Seine Neutralität in Sachen Religion schafft einen Frei- und Schutzraum, innerhalb dessen sich unterschiedliche Religionen und Weltanschauungen entfalten können, sofern die Grundrechte anderer nicht verletzt werden.

Denke aber niemand, die Achtung der Menschenrechte und vor allem der Religionsfreiheit mache die Toleranz überflüssig. Das Gegenteil ist der Fall. Je vielfältiger das Spektrum von Überzeugungen und Kulturen sich darstellt, desto anfälliger ist das Zusammenleben für Konflikte. Eine multireligiöse und multikulturelle Gesellschaft braucht daher eine Art Basiskultur gegenseitiger Anerkennung. Das ist jedoch nicht als Toleranz zu bezeichnen. Wer das Wort in Anspruch nimmt, wenn das Anderssein des anderen als Bereicherung erfahren wird, verkennt und verharmlost das, worum es in der Toleranz geht. Es gibt Unverträgliches, das sich weder weg- noch schönreden lässt. Konfliktträchtige Differenzen zu leugnen oder zu kaschieren, hilft nicht weiter. Es ist zudem keineswegs sicher, dass sie verschwinden, sobald man sich näher kennenlernt und besser versteht. Nicht selten empören uns Eigenarten im Denken und Verhalten anderer umso mehr, je näher wir ihnen stehen. Nur Menschen, denen alles gleichgültig ist, werden sich nie ärgern oder empören. Mit Menschen verträglich zusammenleben, deren Eigenart uns ganz und gar widerstrebt, erfordert nicht Gleichgültigkeit, sondern Standfestigkeit. Es erfordert Toleranz. Denn diese Tugend ermutigt, etwas zu ertragen, was nur schwer erträglich ist, eine andere Überzeugung oder ein anderes Verhalten – mitunter zähneknirschend – auszuhalten und durchzutragen, ohne sich zu verbiegen oder schwächlich daran zu zerbrechen. Toleranz ist alles andere als Gleichgültigkeit, Prinzipienlosigkeit oder der Verrat an Überzeugungen. Sie fängt dort an, wo es schmerzt, etwas zu ertragen. Insofern lässt sich der Fundamentalismus verstehen als Flucht vor dem Schmerz. Er trifft sich auf seltsame Weise mit der von ihm gehassten postmodernen Gesellschaft in der Unfähigkeit, Leid zu ertragen. Gerade das ist aber der Preis der Toleranz.

Sie ist eine urchristliche Tugend. „Nicht die römischen Klassiker, sondern die Kirchenväter und frühmittelalterlichen Theologen haben aus ‚Tolerantia' eine soziale Tugend, einen Leitbegriff zwischenmenschlichen Verhaltens und christlicher Gemeinschaftsbildung gemacht" (Lexikon *Geschichtliche Grundbegriffe*). Der Apostel Paulus sagt es so: „Die Liebe (er)trägt alles" (1 Kor 13,7). „Einer trage des anderen Last" (Gal 6,2). Heute stehen wir vor der Aufgabe, diese Haltung der Duldsamkeit, die Anderes und Fremdes aushält und mit daran trägt, als politische Tugend zu begreifen und einzuüben. Ohne sie haben weder Religionsfriede noch Rechtsfriede Bestand.

Die Toleranz steht zwischen Ablehnung und uneingeschränkter Bejahung. Sie widersteht der Neigung, gewaltsam zu beseitigen, was uns stört und belastet. Indem Toleranz zum Gewaltverzicht anhält, hält sie den Weg des Dialogs offen und setzt auf Verständigung. Sie verhindert, dass eine Gemeinschaft wegen ihrer inneren Vielfalt auseinanderbricht. Das macht diese Tugend zu einem unverzichtbaren Lebenselement einer pluralen Gesellschaft. Religiöse Intoleranz stört nicht nur den Religionsfrieden, sie zerstört eine tragende Säule menschlichen Zusammenlebens überhaupt.

Das betrifft nicht zuletzt die christlichen Konfessionen. Im Friedensvertrag von Münster und Osnabrück wird ihnen eine heilige Friedenspflicht auferlegt, „bis man sich durch Gottes Gnade über die Religionsfragen verglichen haben wird" (Art. V § 1). Grundsätzlich ist von den christlichen Konfessionen in ihrem Verhältnis zueinander mehr erwartet als Toleranz, wenn sie vor dem Evangelium bestehen wollen. Aber es gibt Situationen, in denen es viel bedeutet, dass einer den anderen trägt und erträgt, und dass beide gemeinsam an der Last der

Spaltung tragen. Jedenfalls stellt die innerchristliche Ökumene den ersten und wichtigsten Testfall für die Friedensfähigkeit des Christentums dar. Auch deshalb dürfen wir sie nicht resigniert liegen lassen; es wird hohe Zeit, dass wir weiterkommen.

Das Verhältnis von Christentum und Gewalt

Keine Religion hat bisher die Gewalt aus der Welt schaffen können. Umgekehrt haben auch die neuzeitlichen Anstrengungen, die Religion aus der Welt zu schaffen, die Gewalt nicht gemindert, sie eher noch gesteigert. Nicht die Religionen, sondern moderne Ideologien wie Nationalismus, Rassismus oder Antisemitismus haben im 20. Jahrhundert Millionen Opfer gefordert. Das ändert freilich nichts an der Verantwortung für die Gewalttaten, die im Namen des christlichen Glaubens geschehen sind. So stark war die Furcht vor einem neuerlichen Ausbruch der konfessionellen Feindseligkeiten, dass im Westfälischen Frieden nicht nur eine immerwährende Friedenspflicht proklamiert und alle Gewaltanwendung zwischen beiden Parteien untersagt wurde; man vereinbarte zudem eine Art kollektives Sicherheitssystem, das alle Vertragsparteien verpflichtete, gemeinsam gegen Rechtsbrecher vorzugehen und notfalls „zur Unterdrückung des Unrechts zu den Waffen zu greifen" (Art. XVII, § 6). Man wollte gemeinsam Gewalttaten verhindern oder doch wenigstens eindämmen, notfalls durch die Drohung mit Gegengewalt. Es waren also die Staaten, die den Konfessionen Grenzen setzten, es waren die Staaten, die in der christlichen Ökumene eine unabdingbare Verpflichtung sahen. Aus sich selbst heraus haben die streitenden Konfessionen nicht die Kraft gefunden, der Gewalt abzuschwören. Das ist eine ernüchternde Bilanz, ein harter Brocken.

Denn keine der christlichen Konfessionen kann daran vorbei, dass Jesus einen gewaltsamen Tod erlitten hat. Für alle offenbart das Kreuz eine Grundhaltung, die lieber Gewalt erleidet als zufügt. Es steht für Gewaltverzicht, nicht aus reiner Ohnmacht, sondern aus Liebe zu Gott und den Menschen, bekräftigt durch die Bitte um Vergebung für die Peiniger und Henker. Diese Eindeutigkeit hat es Gewalttätern (gerade in der Kirche!) immer schwer gemacht, sich auf Jesus zu berufen. Ihm nachfolgen heißt von Anfang an, das eigene Kreuz auf sich zu nehmen, nicht andere im Namen Jesu ans Kreuz zu schlagen und Heilige Kriege zu entfachen. Es führt kein Weg vom Kreuz Jesu zu den Kreuzzügen. Der Verzicht auf Gewalt muss sich gerade dann bewähren, wenn der Glaube selbst durch Wort und Tat angegriffen wird. Glaubenskriege pervertieren das Christentum in seinem Kern. Der Glaube darf mit Gewalt weder erzwungen noch verteidigt werden. Legitime Formen, auf Angriffe gegen den Glauben zu reagieren, sind Argumente und Toleranz im Sinne des Ertragens. Wenn sie nichts ausrichten, dann wartet möglicherweise das Martyrium, sicher nicht der Heilige Krieg. In den ersten christlichen Jahrhunderten hieß es, die Kirche wachse aus dem Blut der Märtyrer. Deren symbolische Erkennungszeichen sind gefesselte Hände und Augenbinden, nicht Schwert und Speer. Sie sind als Blutzeugen des Glaubens die ersten Heiligen. Ein Bildwort dieser Zeit besagt, dass nicht nur die Schläge des Hammers das glühende Eisen formen, sondern auch der Amboss, der die Schläge auffängt. Gewiss, es gibt St. Georg, den Drachentöter hoch zu Ross, mit Helm und Lanze, und manchen ritterlichen Helden, der im Namen Christi in den Kampf gegen die Feinde des Glaubens gezogen ist. Doch im christlichen Gedächtnis hat ihre Verehrung nie die der Märtyrer erreicht. Und wer in den schweren Christenverfolgungen des 20. Jahrhunderts und in denen der Gegenwart nach Kreuzrittern sucht, wird kaum fündig.

Vivat Pax!

Wie werden Religionen friedensfähig? Die Frage hat es in sich. Auch deshalb, weil sie nicht nur die Religionen betrifft, sondern alle Menschen. Die Religionen haben nur zu oft Gewalt gutgeheißen und ausgeübt. Doch haben sie die Gewalt nicht erfunden, sondern vorgefunden. „Gesetzt den Fall, Sie haben noch keinen umgebracht, wie erklären Sie sich das?" Diese fast beiläufige, hintersinnige Frage im zweiten Tagebuch von Max Frisch deckt die abgründige Gewaltneigung auf, die in uns steckt. Niemand ist davor gefeit, ihr nachzugeben. Am meisten gefährdet sind die, die sich ihrer selbst ganz sicher sind. Sie bekämpfen das Böse nur in den anderen und ahnen nicht, dass sie ihm gerade so zum Opfer fallen.

Wer Frieden stiften will, muss selbst friedfertig sein. Die Erfahrung lehrt, dass Friedensvereinbarungen und -deklarationen wenig wert sind, solange nicht Menschen ehrlichen Herzens den Frieden wollen und mutig dafür einstehen. Keine Macht der Welt kann die, die den Frieden nicht oder ausschließlich zu ihren Bedingungen wollen, zum Frieden zwingen. Vom Kosovo bis zum Nahen Osten, von Afghanistan über den Irak, den Sudan bis zum Kongo bietet sich das Bild einer mehr oder minder brüchigen Waffenruhe. Keiner weiß, ob in ihr der Friede oder der nächste Krieg vorbereitet wird. Terroristen, die entschlossen sind, ihr Leben zu opfern, wird man kaum durch Todesdrohungen abschrecken können. Das Dilemma staatlicher Gewalt besteht darin, durch das Blut selbsternannter Märtyrer neue Gewaltbereitschaft zu wecken. Der Staat kann Terroristen einsperren oder töten; nur die Religion kann ihnen den Nimbus des Märtyrers nehmen und sie als das bloßstellen, was sie sind: Mörder. Dann muss sie das auch eindeutig ohne Wenn und Aber tun. Wenn die größte Gefahr von der abgründigen Verkehrung ausgeht, durch Religion Menschen in lebende Bomben zu verwandeln, dann ist die Religion herausgefordert, sie zu entschärfen, oder besser: die Menschen gegen diese Mutation zu immunisieren. Ihre Aufgabe ist nicht so sehr die politische Aktion, sondern die harte Seelenarbeit am inneren Frieden durch Askese, Meditation und Gebet. Auf diesem geistlichen Weg werden die Absichten derer, die politisch handeln, geklärt und gereinigt, bis es wirklich der Friede ist, der gewollt und angestrebt wird. Das ist kein unmittelbar politisches Handeln, und doch politisch hochbedeutsam (vgl. Franz von Assisi, Mahatma Gandhi, Martin Luther King, Dag Hammarskjöld). Es führt dazu, dass Friedfertigkeit das Denken, Fühlen und Wollen der Menschen bestimmt. Das ist die vorrangige Aufgabe der Religionen und zugleich die Nagelprobe für ihre

Friedensfähigkeit. Das ist der einzige Heilige Krieg, zu dem sie aufrufen darf und muss, der innere Kampf mit dem, was dem Frieden im Wege steht. In der Tradition des Islam unterscheidet man den „großen Dschihad" als den inneren Kampf vom „kleinen Dschihad", der gewaltsamen Auseinandersetzung. Aufgabe des Religionsdialogs ist es, das Band der inneren Friedenstradition zu stärken.

Es seien, so heißt es in der Schilderung eines Augenzeugen der Friedensfeier damals in Münster, vielerlei „Freudenzeichen celebrirt und vollzogen" und „von vielen tausent Menschen … Vivat Pax geruffen und geschrien worden". Vivat Pax! Die unstillbare Sehnsucht des Menschen trifft sich mit der tragenden Hoffnung des christlichen Glaubens, dass solcher Jubel schließlich und endlich die ganze Erde erfasst, ja den gesamten Kosmos, dass wie der Psalm 85 sagt, Gerechtigkeit und Friede sich küssen.

Unterwegs zur Weltkirche

Die Globalisierung hat ihren Preis

Globalisierung – das Wort hat Konjunktur, und die gemeinte Sache auch: globale Kommunikation, globale Wirtschaftszusammenhänge, globale Finanzmärkte. Die Schlagbäume sind gefallen. China und die Staaten des ehemaligen Ostblocks reden auf den Weltmärkten mit. Eine Welt!

Eine absurde Welt: 30.000 Kinder unter fünf Jahren sterben täglich an Krankheiten und Mangelerscheinungen, die man in wirtschaftlich entwickelten Ländern mühelos beheben könnte. Über eine Milliarde Menschen haben weniger als einen Dollar pro Tag und sind damit zu einem Leben in absoluter Armut verurteilt. Zugleich gibt es Einzelne, deren Vermögen das Einkommen von über einer Milliarde Menschen weit übersteigt. Eine absurde Welt: 20 Prozent der Weltbevölkerung in den reichen Ländern verursachen über 80 Prozent der globalen Umweltprobleme. Die Folgen bekommen vor allem die Armen zu spüren.

Aber wir erleben auch die andere Welt: Eine Welt, in der sich Menschen umeinander kümmern, nicht nur in der Nachbarschaft, sondern über den Ozean hinweg. Eine Welt auf dem Weg zur Solidarität! Immer mehr Menschen stellen sich der Ökonomisierung aller Lebensbereiche entgegen. Sie sind nicht mehr bereit hinzunehmen, dass die Politik ins Schlepptau der Ökonomie geraten ist. Sie sagen: Wir dürfen unsere Seele doch nicht an den Markt verkaufen! Und sie haben recht! Eine Welt auf dem Weg zur Solidarität: Dafür stehen die weltweiten Bemühungen der Entwicklungszusammenarbeit. Nicht zuletzt die vielen Initiativen aus der Zivilgesellschaft sind ein Hoffnungszeichen auf dem Weg zur globalen Solidarität. Es hat sich nicht alles zum Schlechteren entwickelt.

Januskӧpfig

Wenn von Globalisierung die Rede ist, denkt man zunächst an den ra-
pide gewachsenen wirtschaftlichen Austausch. Das ist eine Seite des
vielschichtigen Begriffes. Er hat sehr unterschiedliche Dimensionen
(wirtschaftliche, ökologische, soziokulturelle, politische). Die Globalisierung birgt Chancen und unübersehbare Risiken. Längst nicht alle
Globalisierung ist gut. Dass leicht verderbliche Lebensmittel unter hohem Energieverbrauch durch die ganze Welt geflogen werden, ist kein
Fortschritt, sondern sinnlose Verschwendung. Dass Finanzkapital in
gigantischer Größenordnung nahezu unkontrolliert in Sekunden-
schnelle von einem Ort der Erde zum anderen transferiert wird und
schließlich ganze Volkswirtschaften ins Trudeln bringt, ist kein Gewinn. Dass die Nationalstaaten immer mehr an Bedeutung verlieren,
ohne dass in gleichem Maße Instrumente einer Weltinnenpolitik entwickelt werden, dass mit dem schwindenden Einfluss der Nationalstaaten die soziale Kohärenz leidet, ist besorgniserregend.

Die Auswirkungen der Globalisierung sind zwiespältig. Es gibt Ge-
winner und Verlierer. Das herkömmliche Nord-Süd-Schema löst sich
zunehmend auf.

– Das gilt für die Staaten: Ehemalige „Entwicklungsländer" gewinnen
  weltweit Marktanteile und konkurrieren mit den Industrieländern.
  China wird 2008 „Exportweltmeister" sein. Nicht wenige Staaten
  Südostasiens, aber auch Länder in Lateinamerika (Brasilien, Mexi-
  ko, Argentinien, Chile) erleben einen bemerkenswerten wirtschaftlichen Aufschwung. Ihre Rolle auf dem Weltmarkt lässt erkennen,
  wie sehr sich die Handelsbeziehungen und internationalen Ver-
  flechtungen verändert haben. Dagegen sieht es in den allermeisten
  afrikanischen Ländern nach wie vor finster aus.
– Innerhalb der einzelnen Staaten gibt es Bevölkerungsgruppen, die
  von der Globalisierung profitieren und andere, die verlieren. So
  sind mit dem Aufstieg Chinas und Russlands die internen sozialen
  Unterschiede enorm gewachsen. Auch in den traditionellen Industrieländern wie Deutschland wird die Kluft zwischen Reich und

Arm größer. Globalisierungsverlierer und -gewinner leben in unmittelbarer Nachbarschaft.

Im Zuge der wirtschaftlichen Entwicklung werden viele Rohstoffe zu knappen Gütern. Das beeinflusst in erheblichem Maße die internationale Politik. China und der Westen wetteifern um die Gunst bestimmter afrikanischer Staaten. Statt als Motor der Entwicklung erweist sich der Rohstoffraubbau in Afrika oft als Fluch der Armen. Unsere Welt ist durch die Migration gekennzeichnet. Vor allem die westlichen Staaten wetteifern um qualifizierte Zuwanderer, mit denen sie den ökonomischen Wettbewerb bestehen können. Sie wehren zugleich nach Kräften den Zuzug der Armen ab. Die Diskrepanz zwischen offenen Märkten und eisenharten Abschottungsmaßnahmen gegenüber unliebsamen Migranten ist entlarvend und beschämend zugleich.

Der Zusammenhang zwischen der Verteilung des gesellschaftlichen Reichtums, den Regeln und Strukturen der internationalen Arbeitsteilung und der globalen Armut liegt auf der Hand. Er wird in den Medien kaum analysiert. Sondersendungen im Fernsehen oder Reportagen über den fairen Handel können nicht darüber hinwegtäuschen, dass die weltweite Armut in den modernen Gesellschaften weitgehend verdrängt wird. Reich und Arm sind sich fremd und existieren beziehungslos nebeneinander, es gibt keinen Austausch. „Nicht nur Armut, sondern auch Reichtum muss ein Thema der politischen Debatte sein", sagt das *Sozialwort* der Kirchen (220). Damit soll nicht der Sozialneid geschürt werden, sondern die soziale Gerechtigkeit Raum gewinnen. Im Bereich der Wirtschaft hören viele das Wort Umverteilung gar nicht gern. Wie anders soll ein Ausgleich aus der gewaltig gewachsenen Ungleichverteilung zwischen Arm und Reich in Gang kommen? Eine globalisierte Solidarität ist nicht einfach eine Ergänzung der gängigen ökonomischen, technologischen und politischen Globalisierung. Sie erlaubt sich, diese kritisch zu hinterfragen und sie aus ihrem oft kleinkarierten Eigennutz herauszuholen.

Politische Gestaltung

Die Globalisierung ist nicht eine Naturgewalt, die über die Welt hereinbricht, und die weltweite Ökonomie ist nicht ein einziges System von Sachzwängen. Beide sind immer auch das Ergebnis von Entscheidungen in ganz bestimmten Machtkonstellationen. Anders gesagt: Die Globalisierung ist politisch zu verantworten. Im Zeitalter der Globalisierung haben der Staat und die Staatengemeinschaft nicht ausgedient. Gerade wenn das rein ökonomische Denken überhandnimmt, schlägt die Stunde der Politik.

In den letzten Jahrzehnten überschlug man sich in der Entregelung wirtschaftlicher Prozesse. Die Devise lautete: Liberalisierung, Privatisierung, Deregulierung, Zurückhaltung des Staates im Bereich der Ökonomie. Der Bankrott des Staatssozialismus nach sowjetischem Muster beflügelte ein Denken, das von der ungehemmten ökonomischen Entfaltung der privaten Wirtschaft stets wachsenden Wohlstand und die Lösung der sozialen Probleme erwartete. Solche „neoliberalen" Vorstellungen haben inzwischen an Boden verloren. Offenkundig zerrüttet ein schrankenloser Wettbewerb den ohnehin fragilen sozialen Zusammenhalt – innergesellschaftlich wie weltgesellschaftlich. Eine neue Ordnung ist gefragt, die unter den Bedingungen der Globalisierung wirtschaftliche, soziale und ökologische Gesichtspunkte in eine tragfähige Balance bringt.

Papst Johannes Paul II. hat unermüdlich für einen dritten Weg jenseits von Kapitalismus/Liberalismus und Kommunismus plädiert. Die Kirchen in Deutschland haben diesen Weg in ihrem Wort *Für eine Zukunft in Solidarität und Gerechtigkeit* (= Sozialwort) beschritten. Die christliche Anthropologie kennt die Neigung zu Neid und Gier, zu Egoismus und Rücksichtslosigkeit. Der Mensch bleibt deshalb auf eine Ordnung angewiesen, die diese Antriebskräfte einhegt und zähmt. Nur so können die Schwachen davor bewahrt werden, unter die Räder zu kommen.

Die Kirchen können nicht mit einem neuen Sachverständigengutachten dienen; „ihren Auftrag und ihre Kompetenz sehen sie auf dem

Gebiet der Wirtschafts- und Sozialpolitik vor allem darin, für eine
Wertorientierung einzutreten, die dem Wohlergehen aller dient. Sie
betrachten es als ihre besondere Verpflichtung, dem Anliegen jener
Gehör zu verschaffen, die im wirtschaftlichen und politischen Kalkül
leicht vergessen werden, weil sie sich selbst nicht wirksam artikulieren
können: der Armen, Benachteiligten und Machtlosen, auch der kommenden Generationen und der stummen Kreatur" (*Sozialwort*, 4). Die
vorrangige Option für die Armen, die im Zweiten Vatikanischen Konzil Bischöfe bewegte, von der Befreiungstheologie entfaltet und vom
gesamtkirchlichen Lehramt weiter bedacht worden ist, stellt einen
wichtigen Maßstab dar. Sie ist „Ausdruck der Solidarität mit den Armen im Protest gegen die Armut. Diese Option ist nicht beliebig. Sie
bezeugt die Grundentscheidung Gottes, den Menschen unbedingt zu
bejahen, und zu verneinen, was Menschen behindert oder zerstört.
Sie bezeugt die Grundentscheidung Gottes, im Leben und Sterben an
der Seite des unterdrückten und alleingelassenen Menschen zu stehen
und für ihn Partei zu ergreifen" (*Gerechtigkeit für alle*, 49). Die vorrangige Option für die Armen konkretisiert sich nicht nur dem Samari-
tergleichnis gemäß in der zwischenmenschlichen Hilfe. Sie hat auch
die Strukturen im Blick, die als Ursache der Armut einer ganzheitlichen Entwicklung aller Menschen entgegenstehen. Es geht um einen
Perspektivenwechsel, darum also, sich auf die Sicht der anderen, der
anders Betroffenen (Armen), einzulassen und ihre Erfahrungen in die
Auseinandersetzung mit den Globalisierungsgewinnern einzubringen.

Beim UN-Gipfel im Jahr 2000 haben 189 Staats- und Regierungs-
chefs die Millenniums-Entwicklungsziele vereinbart, die bis zum Jahr
2015 die Anzahl der in extremer Armut lebenden Menschen halbieren
sollen. Sie können nur dann erreicht werden, wenn bis dahin entschlossen Schritte getan werden, die die Menschheit diesen Zielen näherbrin-
gen. Selbstverständlich tragen auch die nationalen Regierungen der Entwicklungsländer eine große Verantwortung, vor allem durch gute
Regierungsführung („good governance") die Armut im eigenen Land
zu bekämpfen. Aber von den internationalen Rahmenbedingungen
hängt wesentlich ab, ob dieser Kampf erfolgreich geführt werden kann.

Die Welt – lebensgefährlich?

Schon in den 70er Jahren des vorigen Jahrhunderts kam die ökologische Krise auf die Tagesordnung unserer Gesellschaft. Dann trat sie für zwei Jahrzehnte in den Hintergrund, andere Themen beherrschten das öffentliche Bewusstsein. In jüngster Zeit meldet sie sich auf der Basis neuer Forschungsergebnisse seriös und entschieden zurück. Dabei stehen die Auswirkungen des Klimawandels im Vordergrund. Aber auch die Verschmutzung der Umwelt, vor allem des Wassers und der Luft, kostet Millionen Menschen das Leben, vor allem Kinder unter fünf Jahren.

In einer sich globalisierenden Welt gewinnen die Umweltprobleme globale Ausmaße. Der UN-Klimareport *(Intergovermental Panel on Climate Change)* und der Stern-Report *(Stern-Review on The Economics of Climate Change)* haben solide und zugleich eindrucksvoll auf die dramatischen ökonomischen und sozialen Folgen des Klimawandels hingewiesen. Unser wirtschaftliches Handeln zerstört die ökologischen Grundlagen. Für Nicolas Stern ist „der Klimawandel das größte Versagen des Marktes, das die Welt je gesehen hat". Es treibt uns in einen Prozess der Verarmung. Die volkswirtschaftlichen Kosten der Klimaerwärmung sind gewaltig. Wenn wir nicht handeln, verlieren wir mindestens fünf Prozent des globalen Bruttoinlandsproduktes pro Jahr. Dieser Verlust kann sich schnell auf 20 Prozent des globalen Bruttoinlandsproduktes erhöhen, sagt Stern.

Die Umweltkrise wird sich erheblich auf die wirtschaftliche und soziale Situation auswirken. Sie ruft nach einem Umbau der Volkswirtschaft. Nachhaltiges Wirtschaften ist angesagt. Viele Produkte und Produktionsverfahren werden sich verändern. Dabei ist nicht zuletzt unsere Lebensweise in Frage gestellt (Auto, Flugverkehr).

Klimawandel und steigende Rohstoffpreise werden nicht alle Bevölkerungsgruppen in gleicher Weise treffen. Sozial benachteiligte Gruppen werden unter den Folgen stärker zu leiden haben als die, die materiell gut abgesichert sind. Die Umweltkrise ist also nicht zuletzt eine soziale Frage in globalem Ausmaß. Regen und der Anstieg des Meeresspiegels, Wasserknappheit und die Vertrocknung bisher genutzter land-

wirtschaftlicher Flächen sowie mit dem Klimawandel verbundene Ge-
sundheitsrisiken treffen vor allem die Armen, die geographisch und bei
der Vorsorge benachteiligt sind. „Es ist wie auf der Titanic: Die Klima-
katastrophe ist nicht demokratisch. Die Mehrzahl der Opfer sind in den
billigen unteren Decks und Kabinen gefangen, aus denen es kein Entrinnen gibt. Wer den Klimawandel vorantreibt, greift die Ärmsten der Armen an, bedroht ihre Lebensgrundlagen" (Ulrich Beck).

Maß halten!

Die Globalisierung fordert Christen heraus, sich politisch zu engagieren. Sie kann uns darüber hinaus anstoßen, unser Katholischsein als
Weltkirche besser wahrzunehmen. Während in der Vergangenheit die
individualethischen Normen bis in die letzten Verästelungen hoch-
getrieben worden sind, ist das sozialethische Gewissen oftmals unter-
entwickelt geblieben. Das gilt es zu schärfen, und zwar im Weltmaß-
stab. Ein solcher konkreter Einsatz bleibt nicht folgenlos, wie die
Erlassjahrkampagne in Sachen Schuldenkrise gezeigt hat.

Der Lebensstil hierzulande ist nicht universalisierbar. Der nach wie
vor große Ressourcenverbrauch und die damit einhergehende Um-
weltbelastung sind in hohem Maße unsolidarisch. Das Eigenheim im
Grünen, die große Reiselimousine und der kleine Stadtwagen in der
Garage, der jährliche Sommer- und Winterurlaub mit Auto oder Flug-
zeug, dieser Traum wird – von mehr als sechs Milliarden Erdenbür-
gern in die Tat umgesetzt – zum nackten Alptraum, zur Horrorvision.
Wie viele Jahre, Monate oder nur Tage würde unsere Welt das aushalten? Noch leben *wir* in diesem Traum einer bunten Warenwelt, in der
alles zu haben ist, soweit man nur Geld hat: der Wochenendausflug
nach Paris oder New York, die zweite, dritte oder vierte Wohnungsein-
richtung, das Heranschaffen von Lebensmitteln und Delikatessen aus
aller Herren Länder. Wenn es so weitergeht, dann geht's bald nicht
mehr so weiter. Wir sind mit aller Fortschrittsbesessenheit dabei, die
Bedingungen unseres eigenen Lebens auf der Erde zu zerstören. Am
Ende steht dann nicht eine neue Gesellschaft, sondern eine ver-

schmutzte, verwüstete Umwelt, eine ausgebeutete Erde mit einem
Loch im Himmel (Ozonloch), das Millionen auf Erden die Hölle be-
reitet. Der Fortschritt kann doch nicht in einem Wirtschaften liegen,
das nur dann gesund bleibt, wenn es die Umwelt und den Menschen
krank macht.

Bereits 1975 hat die Synode der Bistümer in der Bundesrepublik in
Würzburg erklärt: „Angesichts dieser Situation wird von uns – im Interesse eines lebenswürdigen Überlebens der Menschheit – eine einschneidende Veränderung unserer Lebensmuster, eine drastische
Wandlung unserer wirtschaftlichen und sozialen Lebensprioritäten
verlangt, und dies alles voraussichtlich noch innerhalb eines so kurzen
Zeitraums, dass ein langsamer, konfliktfreier Lern- und Anpassungs-
vorgang kaum zu erwarten ist. Es werden uns neue Orientierungen
unserer Interessen und Leistungsziele, aber auch neue Formen der
Selbstbescheidung, gewissermaßen der kollektiven Askese abverlangt.
Werden wir die in dieser Situation enthaltene Zumutung aggressions-
frei verarbeiten können? Jedenfalls wird diese Situation zum Prüfstand
für die moralischen Reserven, für die gesamtmenschliche Verantwor-
tungsbereitschaft in unseren hoch entwickelten Gesellschaften werden.
Wer wird die damit geforderte folgenreiche Wandlung unseres Be-
wusstseins und unsere Lebenspraxis in Gang setzen und nachhaltig
motivieren?" (*Unsere Hoffnung*, IV 4).

Die Kirche ist von ihrem Auftrag und ihrer Tradition her dazu berufen, diese Bewusstseinsänderung anzustoßen. Bildet sie ein Gegengewicht zur wirtschaftlichen Wachstumsbesessenheit, oder ist sie selbst
so sehr darin gefangen (etwa durch das Kirchensteuersystem), dass sie
zu zukunftsweisenden Alternativen unfähig ist? Die Wahrung des Maßes gilt seit der Antike als Kardinaltugend, als Eckpfeiler der Ethik. Sie
ist dem Menschen weder angeboren, noch stellt sie sich im freien Spiel
der Kräfte automatisch ein. Maß zu halten ist eine Tugend, die indivi-
duell und gesellschaftlich mühsam erlernt und bewahrt werden will. In
den zurückliegenden Jahrzehnten ist sie fast völlig aus der Übung gekommen, weil sie unserem Freiheitsideal zuwiderzulaufen scheint.
Wenn die Freiheit aber in Maßlosigkeit unterzugehen droht, ist zu ih-

rer Rettung neu nach dieser Kardinaltugend zu fragen. Schaffen wir es, unsere Grenzen zu sehen, das Maß wahrzunehmen, das unserer Natur entspricht und nicht ungestraft missachtet werden kann? Wenn Nachhaltigkeit unserer Lebensweise inzwischen zu einer Grundvoraussetzung für das menschenwürdige Überleben auf der Erde geworden ist, dann ist die Tugend des Maßes nicht länger zu verachten. Heil oder Unheil für die Zukunft hängen davon ab, ob sich in der Menschheit jene Haltung einbürgert, die im Respekt vor der Würde des anderen den eigenen Bedarf einschränkt, also Verzicht übt.

Carl Friedrich von Weizsäcker spricht in seinen Überlegungen zur Ethik der technischen Welt von einer asketischen Weltkultur. Er sieht einen wesentlichen Grund für die Unfähigkeit der heutigen Menschheit, mit den politischen und technischen Instrumenten, die sie sich selbst geschaffen hat, richtig umzugehen, „im zügellosen Verfolgen ökonomischer Ziele, im unbegrenzten, ja sogar ideologisch geforderten Wirtschaftswachstum". Er fragt, „ob nicht von uns allen eine grundsätzliche Verweigerung gefordert ist, eine radikale Abwendung von der konsumtiv-technokratischen zu einer asketischen Kultur". Der Preis, den eine demokratische Gesellschaft zu zahlen hat, besteht darin, dass mit dem Ethos der Freiheit und Gleichheit jene Haltung demokratisch gelebt sein will, die früher im Wesentlichen bestimmte Eliten sich zu eigen machten. Die Lösung dieses Problems ist dadurch erschwert, dass unser auf Wecken von Bedürfnissen zielendes, konsumorientiertes Wirtschaftssystem z. B. in der Werbung überlieferte asketische Tugend dauernd überrollt. Wir haben die paradoxe Situation, dass asketisch geprägte Personen in Leitungspositionen der Wirtschaft alles darauf anlegen, sich ein antiasketisches Publikum heranzubilden, also bewusst oder unbewusst die Askese unterlaufen. Können sie sich in ihrer volkswirtschaftlichen Verantwortung überhaupt anders verhalten? Die Massenarbeitslosigkeit lässt die komplizierten Wechselwirkungen deutlich erkennen: Würde eine asketische Kultur die Arbeitslosigkeit nicht noch vergrößern? Man kann Sachzwänge nicht einfach ignorieren, aber man kann auch nicht vor ihnen resignieren. Die Probleme, vor denen Unternehmer, Gewerkschaften und der Staat angesichts der Arbeitslosigkeit stehen, sind übergroß. Dennoch: Mittel- und langfristig wird nur eine Kultur der Askese uns national und international weiterbringen.

Der Preis des Katholischseins

Die Globalisierung stellt auch die Kirche als Institution vor einschneidende Herausforderungen. Innerkirchlich ist der Weg von der Westkirche zur Weltkirche konsequent zu verfolgen. Hier in Deutschland ist zu fragen, ob die kirchlichen Hilfswerke, die schon vor 40 Jahren Vorreiter einer gerechteren Welt waren und die weltweit geschätzt werden, als Antwort auf die neuen Herausforderungen der Globalisierung genügen. Es bedarf auch in den Bistümern und Gemeinden, in den kirchlichen Kindergärten, Schulen und Akademien neuer Initiativen, um den Blick über den Tellerrand zu schärfen.

Die Weltkirche verlangt einen Kommunikationsraum, in dem die disperaten Lebenswelten und die kulturell unterschiedlich imprägnierten Formen des Christenseins sich begegnen und so auch gemeinsames Handeln ermöglichen. Es muss zu einem gemeinsamen Tun der Ortskirchen kommen in Nord und Süd, in West und Ost. Dabei muss die klassische Rollenverteilung zwischen Gebern und Nehmern verschwinden. Begegnungen zwischen Bischöfen und Bischofskonferenzen, aber auch zwischen den Theologen und nicht zuletzt zwischen Diözesen und Pfarreien sind deshalb alles andere als Zeitvertreib. Sie sind von unschätzbarer Bedeutung für eine Weltkirche, die nicht vital wäre, wenn sie nur zentralistisch zusammengehalten würde. Sie bildet eine Lerngemeinschaft im Glauben, die auch der wechselseitigen Unterstützung beim Aufbau der Ortskirchen und bei der Suche nach den pastoralen Wegen in die Zukunft dient.

Die „institutionelle Prophetie" meint eine Kirche, die auch als Institution Zeugnis ablegt vom Evangelium, von der solidarischen Einheit aller Christen. Fair gehandelter Kaffee sollte da selbstverständlich sein; aber er ist lange nicht alles. Der Einfluss der Katholischen Soziallehre auf die Entwicklung der Sozialen Marktwirtschaft nach dem

Zweiten Weltkrieg ist nicht hoch genug zu veranschlagen. Die Zeiten haben sich seither deutlich verändert, die gesellschaftsprägende Kraft der Kirche hat abgenommen. Wir müssen neu lernen, wie Politikberatung und politische Meinungsbildung in Sachen christlicher Soziallehre betrieben werden kann: nicht nur als Lobby- und Bildungsarbeit, sondern mehr denn je auch als überzeugende Öffentlichkeits- und Kampagnenarbeit. Das macht Allianzen mit anderen gesellschaftlichen Kräften notwendig. Die Kirche braucht hier keine Berührungsängste zu haben, wenn sie den Mut besitzt, ohne Unterscheidungsangst ihr eigenes Profil deutlich zum Ausdruck zu bringen.

Heute stellen sich viele politische Aufgaben nicht mehr auf der nationalen, sondern auf der europäischen oder der internationalen Ebene. Das ist Teil der Globalisierung und ruft nach einer intensiveren internationalen Zusammenarbeit. Die katholische Kirche ist zwar weltweit vernetzt, in Sachen globaler Politikgestaltung lässt sie aber viele Möglichkeiten ungenutzt. Das muss sich ändern. Die Menschen im Süden sind auf diesen Dienst angewiesen. Auf sich gestellt, stehen sie den Entwicklungen oft machtlos gegenüber. Bestimmte Tendenzen der Globalisierung sind für sie wie eine Art ökonomischer Tsunami. Ihre Lebensumstände hängen mit ab von unserem Verhalten in den Industrieländern. Sich auf diese Herausforderung einzulassen und an einer gerechteren Welt mitzuarbeiten ist der Preis unserer Katholizität.

„Die Schleifung der Bastionen"

Als ich vor 55 Jahren mit dem Theologiestudium begann, schenkte mir ein Freund die kleine programmatische Schrift von Hans Urs von Balthasar, *Schleifung der Bastionen*. Der Titel sagt alles: Die weltfremden Kirchenmauern müssen fallen, die Kirche muss herabsteigen „in die Fühlung mit der Welt". Das Zweite Vatikanische Konzil hat sich dieser Herausforderung gestellt und nach den Zeichen der Zeit gefragt. Das bleibt eine beständige Aufgabe.

Unsere Gefahr heute ist wohl nicht so sehr, dass wir weltfremd sind, sondern, dass wir mitten in einer allgemeinen unverbindlichen Religionsfreudigkeit gottfremd werden. Was wir vor 50 Jahren in der Schleifung der Bastionen als Befreiung ersehnt haben, kann selbst wieder zur Fessel werden an den Lauf der Welt, und unter der Hand wird zum Maßstab kirchlichen Redens und Handelns, was allgemein plausibel ist. Die Welt aber braucht keine Verdoppelung ihrer Hoffnungslosigkeiten durch Religion; sie braucht das Gegengewicht gelebten Gottesglaubens. Wir müssen der Welt nicht Welt und der Erde nicht Erde geben, sondern das, was ihnen niemand sonst geben kann: das Salz, das Licht des Evangeliums (vgl. Mt 5,13–16).

Weltfremd – gottfremd. Dem weltlosen Gott korrespondiert eine gottlose Welt. Wie überwinden wir diese beiderseitigen Entfremdungen? Religionen wollen den Menschen einen Weg von der Welt zu Gott aufzeigen, und oft bleibt die Welt dabei auf der Strecke! Jesus Christus steht dafür, dass Gott einen Weg zur Welt und zum Menschen gebahnt hat. Gott ist zur Welt gekommen – bis zu den letzten Menschen, sie sind die Ersten! Er will nicht ohne seine Schöpfung Gott sein, sondern in ihr und mit ihr. In der Reich-Gottes-Botschaft zeigt sich, wie Gott und Welt im christlichen Glaubensverständnis zusammengehören. Sie ist der Maßstab für unseren Gottesglauben und unsere Weltverantwortung.

Reich Gottes

Nach dem Markus-Evangelium beginnt Jesus in der Öffentlichkeit mit dem Aufruf: „Die Zeit ist erfüllt, das Reich Gottes ist nahe. Kehrt um und glaubt an das Evangelium!" (1,15). Damit ist sein Wirken gleich zu Anfang auf den Punkt gebracht. Die Herrschaft Gottes ist der zentrale Inhalt seiner Botschaft und seines Handelns. Die hat er gegenüber allen menschlichen Autoritäten unnachgiebig zur Geltung gebracht: Gott zuerst! Glauben besteht nicht darin, Gott zu spielen, sondern darin, Gott zu dienen.

Ursprünglicher Ort der Verkündigung Jesu sind die Hecken und
Zäune draußen. Der Acker, auf dem der Sämann seine Saat ausstreut,
ist die Welt (vgl. Mk 4,1–9). Jesus hat auch im Tempel gelehrt. Er hat ihn nicht gemieden, er hat
ihn gereinigt, mit Berufung auf die Schrift (vgl. Jesaja, Jeremia):
„Mein Haus soll ein Haus des Gebetes für alle Völker sein" (Mk
11,17). Er hat die Zerstörung des Tempels kommen sehen und sie an-
gekündigt. Das war wohl der letzte Auslöser für seine Verhaftung. Bei
seiner Kreuzigung „riss der Vorhang im Tempel von oben bis unten
entzwei" (Mt 27,51). Schleifung der Bastionen! Jesus ist herabgestie-
gen „in die Fühlung mit der Welt" (v. Balthasar). Er hat seine Jünger
beauftragt, die Botschaft vom Anbruch des Reiches Gottes in aller
Welt auszurichten.

Der selige Papst Johannes XXIII. hat zehn Tage vor seinem Tod am
24. Mai 1963 seinen Glauben ausdrücklich erneuert und in einem Bekenntnis ausgesprochen, was ihm am Herzen lag: „In Gegenwart meiner Mitarbeiter kommt es mir spontan in den Sinn, den Akt des Glaubens zu erneuern … Mehr denn je, bestimmt mehr als in den letzten
Jahrhunderten, sind wir heute darauf ausgerichtet, dem Menschen als
solchen zu dienen, nicht bloß Katholiken, darauf, in erster Linie und
überall die Rechte der menschlichen Person und nicht nur diejenigen
der katholischen Kirche zu verteidigen. Die heutige Situation, die Herausforderung der letzten fünfzig Jahre und ein tieferes Glaubensverständnis haben uns mit neuen Realitäten konfrontiert, wie ich es in
meiner Rede zur Konzilseröffnung sagte. Nicht das Evangelium ist es,
das sich verändert; nein, wir sind es, die gerade anfangen, es besser zu
verstehen."

Der Gott, an den wir glauben, ist der Schöpfer aller Menschen. Pro-
grammatisch hat das Konzil verkündigt, der Sohn Gottes habe sich
durch seine Menschwerdung mit jedem Menschen gleichsam vereinigt
(GS 22) – nicht nur mit jedem Katholiken, nicht nur mit jedem Christen, sondern mit jedem Menschen. Die Kirche ist kein Paradies für
Privilegierte, keine Art Parteigründung oder Konfessionsbildung, es
geht ums Ganze – so wahr katholisch „allumfassend" bedeutet. Des-

halb heißt es gleich zu Anfang der Kirchenkonstitution des letzten Konzils: „Die Kirche ist ja in Christus gleichsam das Sakrament, das heißt Zeichen und Werkzeug für die innigste Vereinigung mit Gott wie für die Einheit der ganzen Menschheit" (LG1). Überall, wo die Communio-Theologie das nicht im Blick hat, sondern sich mit der Kirche oder gar nur mit bestimmten Gruppen in ihr begnügt, gerät sie auf Abwege. Die Hoffnung auf Gottes Herrschaft und Reich ist so anspruchsvoll, dass keiner ihr für sich allein treu bleiben kann, auch die Kirche nicht für sich allein ohne die Welt! Sie ist gesandt, die Herrschaft Gottes „anzukündigen und in allen Völkern zu begründen. So stellt sie Keim und Anfang dieses Reiches auf Erden dar" (LG 5), ohne es selbst schon zu sein.

In unserer Gesellschaft ist Religion zur Privatsache geworden: „Die einen brauchen das halt, die anderen brauchen's nicht mehr. Soll doch jeder sehen, wie er es damit hält." In diese Ecke dürfen wir uns auf keinen Fall abschieben lassen. Sonst wird aus der Kirche schließlich ein Verein. In den Augen vieler ist sie das schon: eine Veranstaltung für Kirchenleute, ein Verein neben anderen, der seine Jubiläen feiert und sieht, dass er aufs Ganze nicht zu kurz kommt; ein Nischenanbieter auf dem Markt der Möglichkeiten. Kirche als Interessenverein – das ist ihr Tod. So hat Jesus sich das nicht gedacht, als er die Herrschaft Gottes ankündigte. Die Kirche ist nicht ein Verein, sondern eine Bewegung im Dienste des Reiches Gottes in der Welt. Wir dürfen unsere besten Kräfte und Hoffnungsenergien nicht bei uns in der Kirche behalten und verpulvern, sie wollen zur Welt kommen. Wir sind gesandt, die Saat des Gotteswortes gerade auch auf den kirchenfremden Äckern auszusäen. Ein Brief aus dem dritten christlichen Jahrhundert an Diognet spiegelt das ursprüngliche christliche Selbstbewusstsein wieder: „Was im Leib die Seele ist, das sind in der Menschheit die Christen. Die Seele durchdringt alle Glieder des Leibes, die Christen alle Städte der Welt. Die Seele wohnt im Leib, ist aber nicht vom Leib. Die Christen leben sichtbar in der Welt und sind doch nicht von der Welt … Die Christen sind im Gewahrsam der Welt und halten doch die Welt zusammen."

Die Verheißung des Reiches Gottes findet sich nicht ab mit dem Grauen und Terror gewalttätiger Ungerechtigkeit und Unfreiheit, die das Antlitz des Menschen und der Erde zerstören. Sie besagt gerade nicht, dass es endlos so weitergeht wie bisher. So stellen es sich diejenigen vor, die schon in diesem Leben alles haben und trotzdem nie genug bekommen, die das, was sie haben, für immer haben wollen. Anderes fällt ihnen nicht ein als ihre private Seligkeit. Wer an das Kommen des Reiches Gottes glaubt, kann sich damit nicht zufriedengeben. Er hofft auf ein Glück, das nicht mit dem Unglück anderer bezahlt wird, auf eine Freude, die nicht Privatvergnügen weniger oder Gruppenprivileg bleibt, sondern alle erfasst. Wir erwarten „einen neuen Himmel und eine neue Erde, in denen die Gerechtigkeit wohnt" (2 Petr 3,13).

„Das Reich Gottes ist nicht indifferent gegenüber den Welthandelspreisen." Dieser heiß umkämpfte Satz der Synode der Bistümer in der Bundesrepublik (*Unsere Hoffnung* I 6) zeigt an, dass die Reich-Gottes-Botschaft nicht gefällig und politisch harmlos ist, sondern anstößig, provokativ. Es schreit zum Himmel, dass in unserer reichen Welt täglich 30.000 Kinder unter fünf Jahren an Hunger und Mangelkrankheiten sterben, dass der Abgrund zwischen Arm und Reich immer tiefer wird. Der Harmoniezwang im Trend unserer Gesellschaft, der bis in die religiöse Welle hinüberschwappt, ist gefährlich. Er lässt schließlich die vergessen, die die ersten Adressaten der Reich-Gottes-Botschaft sind: die Armen und die Geschändeten dieser Erde.

Die besondere Option für die Armen

Wenn im Mittelpunkt des Wirkens Jesu das Reich Gottes steht, dann sind die Armen die ersten, die dazugehören. So lautet die erste Seligpreisung nach Lukas: „Selig, ihr Armen, denn euch gehört das Reich Gottes" (6,20). Jesus ist Arm und Reich gegenüber nicht neutral gewesen. Sicher: seine Sendung galt allen Menschen. Er hat niemanden von seiner Liebe ausgeschlossen. Aber die Armen standen ihm besonders nahe. Er hat zu ihnen anders gesprochen als zu den Reichen: hier verheißungsvoll („Selig …"), dort warnend („Weh euch …"). Nirgendwo nennt er den Reichtum ein Zeichen göttlicher Erwählung. Er spricht von ersten und letzten Plätzen. Er kündigt an, dass Erste Letzte sein werden und Letzte Erste (vgl. Mk 10,31). Dabei ist er kein Asket gewesen wie Johannes der Täufer, erst recht kein Zelot, kein Klassenkämpfer. Was heißt das, wenn den Armen die Gottesherrschaft zugesprochen wird? Zu leicht wird das als Vertröstung auf den Sankt-Nimmerleins-Tag verstanden. Das entspricht nicht der Botschaft Jesu. Anders als die Apokalyptik, in der die Gegenwart als heillos gilt und Gottes Heil allein für die Zukunft erwartet wird, ist für ihn das Hier und Jetzt von der heilsamen Nähe Gottes geprägt. Er lebt und handelt aus der Gegenwart der Gottesherrschaft. Deren erwartete Zukunft ist mit der Gegenwart verbunden. In ihr ist die Nähe des Kommenden wahrzunehmen: „Blinde sehen wieder und Lahme gehen; Aussätzige werden rein und Taube hören; Tote stehen auf, und Armen wird das Evangelium verkündet" (Mt 11,5). Die Armen kommen jetzt zu ihrem Recht, sie sind Bürgerinnen und Bürger der Gottesherrschaft. Jesus vertröstet sie nicht auf spätere Zeiten jenseits von Welt und Geschichte. Er beginnt zeichenhaft mit dem, was kommen wird.

Die Option Jesu für die Armen ist beim letzten Konzil deutlich zu Wort gekommen. Sie hat danach vor allem in Lateinamerika einen starken Widerhall gefunden: Man denke nur an Medellin (1968), an die Befreiungstheologie, nicht zuletzt auch an Puebla (1979). Das Schlussdokument *Die Evangelisierung Lateinamerikas in Gegenwart und Zukunft* bezeichnet „den sich immer mehr auftuenden Abgrund zwischen Reichen und Armen als ein Ärgernis und einen Widerspruch zum Christsein. Der Luxus einiger Weniger wird zur Beleidigung für das große Elend der Massen … In diesen Ängsten und Schmerzen sieht die Kirche eine soziale Sünde, die umso schwerer wiegt, da sie in Ländern begangen wird, die sich katholisch nennen und die Fähigkeit haben, dies abzuändern" (28). Auch das Schlussdokument von Aparecida spricht an dieser Stelle eine deutliche Sprache. Bischof Oscar Romero sagte kurz vor seiner Ermordung 1980: „Die Welt, der die Kirche dienen soll, ist für uns die Welt der Armen … Und von dieser Welt sagen wir, dass sie der

Schlüssel ist zum Verständnis des christlichen Glaubens, des Handelns der Kirche – der Schlüssel zum Verständnis der politischen Dimension dieses Glaubens und dieses kirchlichen Handelns. Es sind die Armen, die uns sagen, was Welt und was kirchlicher Dienst an der Welt ist."

Heute steht die Frage des Gleichnisses vom Barmherzigen Samariter in einem globalen Kontext: „Wer hat sich als der Nächste dessen erwiesen, der von den Räubern überfallen wurde?" (Lk 10,36). Vermuten wir unseren Nächsten nicht immer noch fast ausschließlich im eng begrenzten Lebensumfeld und nicht wie selbstverständlich auch in der globalisierten Welt? Dabei konkretisiert sich die Option für die Armen nicht nur in der zwischenmenschlichen Hilfe. Sie hat auch die Strukturen im Blick, die als Ursache der Armut einer ganzheitlichen Entwicklung aller Menschen entgegenstehen. Die Synode der Bistümer in der Bundesrepublik hat es vor 35 Jahren so gesagt: „Wir dürfen im Dienst an der einen Kirche nicht zulassen, dass das kirchliche Leben in der westlichen Welt immer mehr den Anschein einer Religion des Wohlstandes und der Sattheit erweckt, und dass es in anderen Teilen der Welt wie eine Volksreligion der Unglücklichen wirkt … Die eine Weltkirche darf schließlich nicht in sich selbst noch einmal die sozialen Gegensätze unserer Welt einfach widerspiegeln … Hier müssen gerade wir in unserem Land handeln und helfen und teilen – aus dem Bewusstsein heraus, ein gemeinsames Volk Gottes zu sein, das zum Subjekt einer neuen verheißungsvollen Geschichte berufen wurde … Die Kosten, die uns dafür abverlangt werden, sind nicht ein nachträgliches Almosen, sie sind eigentlich die Unkosten unserer Katholizität, … der Preis unserer Orthodoxie" (*Unsere Hoffnung* IV 3).

Weltkirche in der Ortskirche

„Die Schleifung der Bastionen" – Wer hätte vor 50 Jahren gedacht, in welcher Weise dieses Wort uns derzeit einholt. Damals begann man, die Kirchen zu bauen, die heute in der Regel an erster Stelle zur Schleifung anstehen. Ein schweres Erbe! Wie wirkt sich diese Erfahrung auf unser weltkirchliches Denken und Handeln aus? Werden wir freier zu neuem

Aufbruch, oder werden wir uns ängstlich verschanzen in den verbleibenden Bastionen? Der Grad unseres Weltkirchenbewusstseins lässt erkennen, ob und wie wir unsere Weltverantwortung wahrnehmen. Es ist ein Segen, dass wir die Hilfswerke haben. Sie haben den partnerschaftlichen Austausch mit den Ortskirchen im Osten und Süden ganz wesentlich geprägt und uns daran erinnert, wo unsere Aufgaben sind in der Mitgestaltung der Weltgesellschaft (vgl. etwa MISEREOR: *Zukunftsfähiges Deutschland*). Ihre Kompetenz und ihr Auftrag für die Zukunft sind unbestritten. Gleichwohl sind sie einbezogen in die gesamtkirchlichen Krisenphänomene. Nicht nur führen der Rückgang der Kirchenmitglieder und Gottesdienstteilnehmer (und eine steigende Konkurrenz auf dem Spendenmarkt) zu erheblich weniger Einnahmen. Ebenso bedenklich ist eine andere Entwicklung: 1995 erschien eine aufschlussreiche Studie von Franz Nuscheler und Karl Gabriel über *Christliche Dritte-Welt-Gruppen*. Schon damals zeigte sich, dass die Eine-Welt-Arbeit statt in der Mitte vielfach nur am Rande der Pfarrgemeinden angesiedelt ist. Darüber hinaus geht ihr der Nachwuchs aus. War weltkirchliche Solidarität schließlich nur Sache einer bestimmten Generation?

Der mancherorts dramatische Einbruch in den kirchlichen Finanzen und der Um- und Rückbau pastoraler Strukturen in den Bistümern haben deutlicher erkennen lassen, wie es um das weltkirchliche Bewusstsein bestellt ist. Eine vor wenigen Monaten von der Deutschen Bischofskonferenz, den Bistümern und den Werken gemeinsam in Auftrag gegebene Studie soll genau das näher erforschen. Ihren Ergebnissen kann hier nicht vorgegriffen werden. Ich will nur einige eigene Beobachtungen weitergeben:

- In nicht wenigen Diözesen sind die weltkirchlichen Arbeitsstellen in den letzten Jahren so stark zusammengestrichen worden, dass es schwer sein dürfte, Aktivitäten in den Gemeinden anzuregen und fachlich zu begleiten. Wie wollen die Bistümer ihre im Konzil angemahnte gesamtkirchliche Verantwortung zukünftig wahrnehmen?
- Viele Kirchengemeinden sind angesichts der neuen pastoralen Strukturen so sehr mit sich selbst beschäftigt, dass die Verantwor-

tung für die Gesellschaft, gar für die Welt und die Weltkirche zunehmend aus dem Gesichtsfeld schwinden (man bedenke etwa die
entsprechenden Trends auf den Katholikentagen). Weltkirche ist
das, was übrig bleibt, wenn hier zu Hause alles geregelt ist.
– Die Kollekten der Werke werden nicht selten als lästige Pflicht-
übung betrachtet. Die Zeiten, in denen es zwischen Gemeinden einen regelrechten Wettbewerb um die besten Ergebnisse gab, sind
lange vorbei. Auf die Kollektentermine wird oft eher routinemäßig
oder auch gar nicht hingewiesen. Immer öfter veranstalten Gemeinden im zeitlichen Umfeld der weltkirchlichen Kollekten
Sammlungen für ihre eigenen Zwecke.
– Viele Kirchengemeinden pflegen Beziehungen zu Partnern in Osteuropa oder in Übersee, ohne die Werke einzubeziehen. Die gelten
nicht wenigen als anonyme Großorganisationen, die sie mit Papier
überfluten.

In diesen Beobachtungen zeigt sich ein doppelter Trend: das weltkirchliche Bewusstsein in den Diözesen und Pfarreien ist erheblich zu-
rückgegangen, und die Verbindung zwischen Werken und kirchlicher
Basis hat sich gelockert. Was tun? Das Gebot der Stunde ist ein neuer
Aufbruch zu einem dreifachen Miteinander:
– das Miteinander der Werke;
– das Miteinander von Werken und Diözesen/Gemeinden;
– das Miteinander mit den Ortskirchen im Süden und Osten.
Wir können unsere Probleme hier bei uns nicht lösen ohne unsere
Schwestern und Brüder in der Weltkirche. Und gemeinsam haben wir
einen Auftrag, an den Problemen der Welt mitzuarbeiten. „Wir müssen den Weg gemeinsam gehen", sagte Dom Hélder Câmara immer
wieder, gemeinsam mit den Armen und miteinander im Dienste der
Armen. Die Deutsche Bischofskonferenz, die Diözesen und die Werke
führen seit Oktober 2006 ein gemeinsames Projekt durch, das der Er-
neuerung weltkirchlicher Arbeit in Deutschland dienen soll.
    Hören wir in den oft irritierenden und schmerzhaften Veränderun-
gen der gegenwärtigen Kirchenstunde den Lockruf Gottes, der uns seine Verheißungen neu entdecken lehrt und uns – gewiss mit sanftem

Druck – zur Umkehr und Wandlung drängt. Der lebendige Gott ist stets unendlich mehr als unsere Bastionen und Kirchenstrukturen. Will er unserer konkreten Kirchengestalt die rote Karte zeigen? Eine Krise stellt uns. Manchmal erfahren wir erst dann, worum es eigentlich geht. Das kann befreiend sein, endlich zu sehen, was zu tun und was zu lassen oder zu verlassen ist. Krisenzeiten sind Chancen, das Evangelium neu zu entdecken und sich neu an ihm zu orientieren: Was bedeutet es, dass die Reich-Gottes-Botschaft das Zentrum der Verkündigung Jesu ist, dass die Armen in die Mitte gehören, dass Gott zur Welt kommen will und nicht nur in unserer Kirche zu Hause ist?

Mission und Toleranz

„Wir sind Missionsland geworden. Diese Erkenntnis muss vollzogen werden." Das Wort von Alfred Delp, mitten im Krieg gesprochen (1941), wird oft zitiert (wie die gleichlautende Aussage von Ivo Zeiger beim Mainzer Katholikentag 1948). Weniger bekannt ist die Konsequenz, die Delp damals aus seiner Diagnose gezogen hat: „Missionsland darf man nur betreten mit einem echten Missionswillen, das heißt mit einem Willen, an den anderen Menschen auf allen Wegen sich heranzupirschen und ihn zu gewinnen für Gott den Herrn. Defensive ist Verlust und Verzicht auf unser Eigentliches. Die Situation wird grundlegend nicht durch Verhandeln geändert, sondern durch die Bekehrung. Wer aber denkt über die Bewahrung des schwindenden Volkes hinaus an die Eroberung, an die systematische und planmäßige Gewinnung der anderen Menschen?" (*Schriften* I, 280).

Bestimmte Formulierungen Delps verschlagen einem heute fast die Sprache: „Sich an den anderen heranpirschen", „Eroberung". Die Pastoral der Nachkriegszeit trug deutlich solche Züge. 1959 kam ich als Neupriester in eine Stadtpfarrei in Münster. Wir arbeiteten noch

ganz in dem Bewusstsein: ,Viele hier leben in schwerer Sünde. Wir
müssen Ehen sanieren, im Zusammenhang der Erstkommunion die
Eltern wieder zur Kirche holen, speziell zur Beichte.' Volksmissionen
standen hoch im Kurs („Rette deine Seele!"). Pater Leppich brachte
mit seinen kämpferischen Parolen Abertausende in Bewegung.

Von der Eroberung zur Kapitulation?

Anfang 1959 kündigte Johannes XXIII. das Konzil an. Bald erschienen
die ersten Konzilstexte. Joseph Ratzinger interpretierte sie in Münster
als Konzilstheologe aus erster Hand: Zunächst die Liturgie- und die
Kirchenkonstitution, später die Pastoralkonstitution. Man kam aus
dem Staunen nicht heraus: nicht mehr das kriegerische Sich-Heranpir-
schen und Erobern, sondern Respekt vor der Würde des anderen;
nicht unter Druck setzen und drohen mit der ewigen Verdammnis,
sondern die freie Entscheidung zum Glauben; das Evangelium nicht
als Vorladung, sondern als Einladung.

Das Verhältnis zu den anderen Religionen änderte sich grundlegend. Sie galten nicht mehr einfach nur als Heidentum und Götzendienst, sondern bei aller Differenz und Kritik als Formen, in denen
Menschen und Völker ihre Arme zum Himmel erheben und ihrer Suche nach Gott Ausdruck verleihen, als „Saatkörner des Wortes" (AG
11), als „Strahlen der Wahrheit". „Die katholische Kirche lehnt nichts
von alledem ab, was in diesen Religionen wahr und heilig ist" (NA 2).

Wer vor wenigen Jahren noch das „extra ecclesiam nulla salus"
gründlich und grundsätzlich erklärt bekommen hatte (exklusivistisch,
versteht sich), der hörte jetzt von Ratzinger: „Dem modernen Bewusstsein drängt sich die Gewissheit göttlichen Erbarmens auch über
die Grenzen der rechtlich verfassten Kirche hinaus mit einer solch elementaren Wucht auf, dass darin letztlich gar kein Problem mehr liegen
kann; umso mehr wird aber dann eine Kirche fraglich, die über an-
derthalb Jahrtausende hin den Anspruch der Heilsausschließlichkeit
nicht nur geduldet, sondern zu einem wesentlichen Element ihres
Selbstverständnisses erhoben und zu einem Teil ihres Glaubens selbst

gemacht zu haben scheint. Fällt dieser Anspruch – und niemand erhebt ihn mehr ernstlich –, so scheint damit die Kirche selbst in Frage gestellt" (*Das neue Volk Gottes*, 339). Die Kirche erkennt, „dass außerhalb ihres Gefüges vielfältige Elemente der Heiligung und der Wahrheit zu finden sind" (LG 8). Sie schätzt diese Elemente als Gabe Gottes und als Vorbereitung für das Evangelium (LG 16). Wenn also in nichtchristlichen Religionen Wahrheit zum Heil erkannt wird, dann können Menschen, die Gott aus ehrlichem Herzen suchen, auch dort Heil erlangen, wenn sie dem Anruf ihres Gewissens folgen. Braucht man dann die Kirche überhaupt noch, wenn sie nicht unbedingt zum Heil notwendig ist? Die Antwort von Ratzinger lautete: „Sie ist nicht alles, aber sie steht für alle; ihr Dienst wird nicht von allen, aber für alle getan. Sie ist das universale Heilssakrament, das Sakrament des Reiches Gottes." Aus dem „extra ecclesiam …" wird das „extra Christum nulla salus".

Was aber wird aus der Mission? Ihre grundsätzliche Infragestellung ließ nicht lange auf sich warten. 1968 erschien die Fundamentalkatechetik von Hubertus Halbfas. Dort heißt es: „Nach allem … liegt es auf der Hand, dass es Mission als direkte Bekehrung Andersgläubiger nicht geben darf" (240). Es wird nur jene Form von Mission gelten gelassen, die sich als gelebter Glaube unter solchen Menschen legitimiert, „die der tätigen Hoffung und der tätigen Liebe bedürfen". „Solche Mission wird die Achtung vor der fremden Religion vertiefen und keine andere Sorge haben, als dass der Hindu ein besserer Hindu, der Buddhist ein besserer Buddhist, der Moslem ein besserer Moslem werde" (241). Kurze Zeit später sangen die Jugendlichen in einem neuen geistlichen Lied nach der Melodie von Peter Janssens:

> „Achtet andere Farben, hütet euch vor Krieg,
> lasst das Missionieren, Frieden heißt der Sieg."

Die pluralistische Religionstheologie bietet die Legitimation für solche Lieder. Sie bleibt nicht beim Weg vom Ekklesiozentrismus zum Christozentrismus stehen, sie greift weit darüber hinaus zum sogenannten Theozentrismus. Jesus sei zwar ganz Gott, aber er verkörpere nicht das

Ganze Gottes. Ihn als den einzigen Mittler und Retter für alle Menschen anzusehen, sei ein ungerechtfertigter Überlegenheitsanspruch, der den Dialog mit den anderen Religionen im Grunde unmöglich mache. Er sei *ein* Weg, nicht *der* Weg. „Weg" gebe es – wie die Religionen – nur im Plural. Entsprechend bleibt die Gottesvorstellung vage.

Eine solche Theologie kommt in ihrer konsequent relativistischen Ausprägung dem postmodernen Denken des „Anything goes" sehr entgegen. Sie kapituliert schließlich vor dem Wahrheitsanspruch. Sie kompromittiert nicht nur den Wahrheitsanspruch des christlichen Glaubens, sondern löst zugleich den des anderen auf. Die Frage ist, ob der Mensch überhaupt noch wahrheitsfähig ist. Alles wird am Ende gleich-gültig, egal. Mission erübrigt sich, es erübrigen sich im Grunde Glaube und Kirche (vgl. zum Ganzen die Internationale Theologenkommission, *Das Christentum und die Religionen*).

Mission – ein Unwort?

Kann man also heute noch von „Mission" sprechen – gar von Weltmission? Sie scheint allenfalls noch ein Thema für Schuldbekenntnisse. Andererseits ist Mission in unserer Gesellschaft bis in die Sprache der Wirtschaft ein gängiges Wort. Bringt man es mit Weltanschauung und Religion zusammen, wird es für die allermeisten zum Unwort. Dann bekommt es den Geruch von Fundamentalismus und Proselytenmacherei. Dann steht es für Intoleranz und gilt als Ausweis dafür, dass die Andersartigkeit des anderen missachtet wird. Religion ist ja, wie es heißt, Privatsache, da hat niemand den anderen zu behelligen.

Den grundsätzlichen Vorbehalt, den das Wort Mission auslöst, findet man nicht nur bei kirchenkritischen, säkularisierten Zeitgenossen. Er hat sich in unser kirchliches Denken hineingefressen. Jemanden missionieren zu wollen – in diesen Ruf will niemand kommen. Das war im 19. Jahrhundert und noch bis in die 50er Jahre des 20. Jahrhunderts anders. Die Päpstlichen Missionswerke in Deutschland wurden als Vereine von Laien initiiert. In ganz Mittel- und Westeuropa entstand eine Vielzahl von Ordensgemeinschaften, die Missionarinnen und Missionare in alle Welt entsandten. Sie hatten das eine im Sinn, das Evangelium vom Reich Gottes (vgl. Lk 4,43) aller Welt zu verkünden. Auf viele in der Kirche wirkt das heute eher abschreckend als nachahmenswert. Und bei aller zeitweiligen Begeisterung für die Weltkirche ist das missionarische Bewusstsein darüber, statt gereinigt zu werden, eher abhanden gekommen.

Die Krise der Mission ist vielschichtig. Es ist zu billig, mit dem Finger auf andere zu zeigen und allein die Entwicklung zur postmodernen Gleich-Gültigkeit dafür verantwortlich zu machen. Im eigenen Haus sind grundlegende Fragen nicht hinreichend geklärt. Die Kirche hat in Sachen Religionsfreiheit einen langen und mühsamen Lernprozess hinter sich. Erst das Zweite Vatikanum hat den Durchbruch ermöglicht: Religionsfreiheit ist Menschenrecht. Damit erhebt sich die Frage: Bedeutet ihre Anerkennung den Verzicht auf Mission, auf die Verkündigung des Glaubens an Anders- oder Nichtglaubende? Wie stehen die Wahrheit Jesu Christi und der Wahrheitsanspruch anderer religiöser oder weltanschaulicher Bekenntnisse zueinander? Das Konzil hat dieses Problem deutlich angesprochen, vor allem in den beiden wichtigen Erklärungen *Über die Religionsfreiheit* (DH) und *Über das Verhältnis der Kirche zu den nichtchristlichen Religionen* (NA). Es hat freilich die Spannung zwischen dem Respekt vor fremden religiösen Überzeugungen und dem klaren Auftrag, das Evangelium aller Welt zu bezeugen, theologisch nicht gelöst. Es hat nur deutlich gemacht, dass weder ein Relativismus in der Wahrheitsfrage noch ein blinder Fundamentalismus der Weg der Kirche sein kann. Die Erklärung der Glaubenskongregation *Dominus Jesus* (2000) hat das eindringlich bekräftigt. Es ist eine der großen Aufgaben der heutigen Theologie, Religionsfreiheit als Menschenrecht mit dem Auftrag zur Mission zusammenzudenken. Mit anderen Worten: die Wahrheit Christi an einem für uns bislang fremden Ort, nämlich dem der anderen Religionen, zu entdecken und im Dialog zur Sprache zu bringen.

Was will Gott uns sagen mit der Mischung der Kulturen heute und damit auch der Religionen? Wie bringen wir uns in diese Begegnung ein? Betrachten wir die interreligiöse Globalisierung primär als Gefahr für unsere Identität oder als Herausforderung, tiefer in den Glauben hineinzuwachsen und das Evangelium für alle Völker neu zu entdecken? Wird unser Bekenntnis zur Katholizität und die daraus erwachsende Gemeinschaft und Verantwortung für die Ökumene im Ganzen in der Begegnung mit anderen wachsen? Dass die Gefahr des Synkretismus und damit auch des Fundamentalismus groß ist, darf nicht aus den Augen verloren werden. Aber stets war es eine schlechte Apologetik, wenn die Kirche in bloßer Gegenabhängigkeit auf Fehlformen reagiert hat, statt den Reichtum des Eigenen gesprächsfähig zu machen und ihn durch Vernunft und Glaube zu vermitteln. In Zeiten, in denen die Bestreitung der Wahrheitsfähigkeit des Menschen in der Gesellschaft einen breiten Widerhall findet, ist es doppelt wichtig, das Spezifische des christlichen Glaubens zur Geltung zu bringen. Aber eben nicht defensiv, sondern offensiv, missionarisch.

Mission im Zeichen der Toleranz

Toleranz und Mission – geht das überhaupt zusammen? Ist das nicht wie Feuer und Wasser? Toleranz enthält die Bereitschaft, andere in ihrem Anderssein zu respektieren; und in der Mission geht es darum, andere vom christlichen Glauben zu überzeugen. Wie soll man das zusammenbringen? Wichtig ist zu wissen, worum es in den beiden unterschiedlichen Begriffen geht. Alle sprechen von Toleranz (zur Toleranz s. S. 49 ff). Jeder nimmt sie für sich in Anspruch. Man kann heute kaum einen vernichtenderen Vorwurf erheben, als wenn man jemanden als intolerant bezeichnet. Das disqualifiziert ihn in unserer Gesellschaft.

Viele berufen sich heute auf Toleranz, wenn sie sich über die Vielfalt der Menschen mit ihren unterschiedlichen Lebensweisen und Kulturen freuen und das als Bereicherung erfahren. Sie denken: Jeder soll sehen, wie er fertig wird, jeder macht seins; anything goes. Das läuft auf eine Gesellschaft hinaus, in der alles geht, es aber auf nichts ankommt. Mit Toleranz hat das nichts zu tun. Das Wort kommt aus dem Lateinischen (tolerare) und meint zu Deutsch „tragen". Als Tugend im Sozialverhalten ist es christlich geprägt: „Die Liebe erträgt alles", heißt es im Hohenlied der Liebe (1 Kor 13,7). Toleranz gründet in der Kraft, das Anderssein des anderen auf sich zu nehmen und durchzutragen, ohne sich zu verbiegen oder schwächlich daran zu zerbrechen. Sie meint alles andere als Gleichgültigkeit oder Verrat an Überzeugungen. Sie fängt dort an, wo es schmerzt, etwas zu ertragen. Tolerant kann nur sein, wer standhaft ist.

Diese Haltung trifft sich mit unserer Mission als Christen in der postmodernen Gesellschaft. Deren unüberschaubare Pluralität ruft nach Entschiedenheit, nach klaren Standpunkten. Die Grundaussage des Christentums ist die, dass Gott in Jesus zur Welt gekommen ist. In diese Mission Gottes in die Welt ist die Kirche hineingenommen. Gott hat sein Heil allen Völkern zugedacht. Alle Menschen haben ein Recht, zu erfahren, dass sich Gott der Menschheit aller Epochen und Kontinente in Jesus Christus unwiderruflich zugewandt hat. Die Mission ist also nicht ein Anhängsel der Kirche, nicht in ihr Belieben gestellt, sie betrifft ihr Wesen, ihr Sein oder Nichtsein. Das Christentum gibt es nur, weil es die Mission gibt, sonst wäre es beim Judentum geblieben.

Mission ist ein konflikthaltiges Geschehen. Sie drückt sich nicht vor der Wahrheit, nicht vor ihrer Konkretheit in den alltäglichen Zusammenhängen unseres Lebens, auch und gerade dort nicht, wo sie in der Haltung unaufdringlicher Solidarität, Demut und Toleranz gelebt wird. Wenn jemand sich bekehrt, muss er einsehen, dass sein bisheriges Leben unzureichend oder gar falsch gewesen ist. Dieser Konfliktcharakter des christlichen Glaubens ist in der jüngeren Vergangenheit sicher viel zu sehr entschärft worden. „Den Glauben vorschlagen" – ja, aber es steckt durchaus Offensives und auch Anstößiges in der Behauptung, in Jesus Christus allein sei das Heil offenbart. Mission ist immer auch Zumutung, sie nimmt teil am Ärgernis des Kreuzes. Auch deswegen wohl scheint sie fast abhanden gekommen in einer allzu harmoniesüchtigen Zeit. Vielleicht haben wir uns den gesellschaftlichen Systemen und Trends „zu sehr anpassen lassen, indem wir weitgehend jenen Platz und jene Funktion eingenommen haben, die uns

nicht einfach der Wille Gottes, sondern der geheimnislose Selbsterhal-
tungswille unserer totalen Bedürfnisgesellschaft und das Interesse an
ihrem reibungslosen Ablauf zudiktiert haben" (Würzburger Synode,
Unsere Hoffnung III 1). Der christliche Glaube scheut keine Überzeugungskonflikte, die sich aus seinem Wahrheitsanspruch ergeben; er
provoziert sie sogar. Wenn man das nicht mehr merken kann, ist er
belanglos geworden und dient weder Gott noch den Menschen.
Heißt das: zurück zum eingangs zitierten Eroberungsdenken? Das
nicht! Wohl aber gilt, dass man Missionsland nicht ohne einen entschiedenen Missionswillen betreten darf, also nicht ohne eine ent-
schiedene Option für die Mission. Die stand in der Vergangenheit
nicht selten im Zeichen des Feuers der ewigen Verdammnis. Lebt sie
von diesem dunklen Hintergrund? Lohnt sie sich nur, solange die Hölle droht? Der Ernst der Lebensverantwortung kann sich doch nicht in
Drohgebärden erschöpfen. Die Reich-Gottes-Botschaft ist Evangelium. Sie will freimütig verkündet werden und zugleich in großer
Dringlichkeit – im Wissen darum, dass es um Heil und Unheil geht.

Religion ist heute so sehr Privatsache geworden, dass sie geradezu
zur Intimsphäre gerechnet wird: Darüber spricht man nicht. Das
muss nicht so bleiben. Man muss nicht trendgemäß und folgenlos im
Bedenken und Ausprobieren verharren. Wir müssen auch nicht darauf
warten, dass die Menschen von sich aus das Gespräch über Gott und
die Welt suchen. Wir können auf sie zugehen und mit der Botschaft
Jesu in ihrem Leben gegenwärtig sein. Der Glaube lebt vom Weitersa-
gen: Was hält uns auf dem Weg Jesu? Warum bin ich Christ? Warum
bleibe ich es? Was lässt mich glauben und hoffen? Besser noch ist es,
wenn wir so leben, dass wir gefragt werden: Warum machst du das
eigentlich so? Nicht Drängelei ist gefragt, wohl aber eine dringliche
Einladung. Wir sind gesandt, den Menschen das Evangelium nahe-
zubringen, ohne ihnen zu nahe zu treten.

Mission und Toleranz schließen sich nicht aus, sie sind miteinander
verbunden. Tolerant kann nur sein, wer einen Standpunkt hat und
sich traut, diesen offen zu vertreten. Heutige Mission macht sich die
Tugend der Toleranz zu eigen, nicht um sich nach außen einen libera-

len Anstrich zu geben, sondern aus innerer Überzeugung: Nur in Achtung und Respekt gegenüber dem Anderssein des anderen kann es gelingen, Menschen zu überzeugen. Die Achtung vor dem anderen ermöglicht es, Türen zum christlichen Glauben aufzustoßen.

HIV/AIDS und die katholische Kirche

Das Problem

In Sachen HIV/AIDS steht die katholische Kirche in der Öffentlichkeit meist unter einem Generalverdacht: ‚Die Kirche verbietet die Kondome, die vor AIDS schützen. Also behindert sie AIDS-Prävention, ja sie begünstigt sogar die Verbreitung der Krankheit. Sie ist daher mitverantwortlich für das unsägliche Leid und Elend hunderttausender Menschen.'

Dieses tiefsitzende Vorurteil wird kirchlicherseits durch Äußerungen genährt, die den Eindruck erwecken, es gehe bei AIDS im Wesentlichen um die moralische Bewertung des Kondomgebrauchs. Damit werden ungewollt gerade jene bestätigt, die sich ihrer Stammtischweisheit sicher sind, man müsse den gefährdeten Menschen zur Bekämpfung des Übels nur genügend Kondome zur Verfügung stellen. Beide Seiten werden der Sache nicht gerecht. Den offiziellen kirchlichen Erklärungen geht es weniger um eine moralische Bewertung der Präventionsmittel als vielmehr darum, dass Treue und Enthaltsamkeit nach wie vor höchst sichere Mittel zum Schutz vor einer Infektion sind. Zum anderen gibt es heute keine seriösen Präventionsprogramme mehr, die allein auf Kondome setzen.

So oder so, die Engführung der AIDS-Thematik auf die Kondomfrage geht am Kern des Problems vorbei. HIV/AIDS ist eine komplexe Krankheit. Ihre Ursachen und Auswirkungen sind nicht rein medizinisch oder gar technisch in den Griff zu bekommen. Wer die kulturellen, sozialen und gesellschaftlichen Zusammenhänge außer Acht lässt, kann AIDS nicht wirksam bekämpfen. Sehr früh schon haben die kirchlichen Hilfswerke zu einem ganzheitlichen Handeln gefunden, das den Menschen in seiner vielschichtigen Lebenswirklichkeit sieht.

Ganzheitliches Handeln

Hilfswerke und Caritas sind seit mehr als 25 Jahren im Kampf gegen HIV/AIDS engagiert. Die neue Herausforderung wurde nicht nur als zusätzliche Aufgabe verstanden, sondern als Querschnittsaufgabe in die alltägliche Arbeit einbezogen:
- im Gesundheitswesen,
- in der Armutsbekämpfung,
- in der pastoralen Arbeit,
- in der Stärkung der Rolle der Frau,
- im Einsatz für soziale Gerechtigkeit,
- beim Aufbau der Selbsthilfe,
- beim Einsatz für zivilgesellschaftliche und kirchliche Organisationen.

Von Anfang an war die Arbeit der Hilfswerke von der Einsicht getragen, dass HIV/AIDS kein rein medizinisches Problem ist, sondern von verschiedenen Seiten angegangen werden muss. Gleichwohl sah man sehr schnell, dass eine größere fachlich-medizinische Kompetenz notwendig sei. So wurde auf Anregung von MISEREOR und der Katholischen Zentralstelle für Entwicklungshilfe vor gut 20 Jahren eine „Arbeitsgruppe AIDS" am Missionsärztlichen Institut in Würzburg geschaffen. Sie dient der fachlichen Beratung der Projektpartner und der Hilfswerke.

Die Hilfswerke haben bald erkannt, dass AIDS als Pandemie auch eine internationale Koordination der kirchlichen Arbeit erfordert. So kam es 1992 zur Gründung der „AIDS Funding Network Group", die sich seit 2006 „Catholic HIV/AIDS Network" oder kurz CHAN nennt.

Die in dieser Gruppe zusammenarbeitenden internationalen katholischen Hilfswerke und Caritas-Organisationen verpflichteten sich 1995 zu einem ganzheitlichen Ansatz in der Arbeit. Sie informieren über Prävention, kümmern sich um die Opfer und leisten Lobby-Arbeit im In- und Ausland. Daneben sorgen sie sich um eine bessere Koordinierung der unterschiedlichen Initiativen. In den letzten Jahren wurde die Vertretung der kirchlichen Hilfswerke gegenüber den UNO-Institutionen (UNAIDS, WHO etc.) und anderen internationalen Organisationen von immer größerer Bedeutung. Die UNO nimmt in jüngster Zeit zunehmend das hohe Engagement der Kirchen und anderer sogenannter Faith-based-Organisationen im Bereich HIV/AIDS wahr als wirkkräftiges Mittel im Kampf gegen die Pandemie. Bereits heute trägt die katholische Kirche weltweit mindestens 25 Prozent aller Versorgung und Behandlung von AIDS-Kranken. Das CHAN unterhält daher seit 2006 am Sitz der WHO in Genf ein eigenes Büro, das auch den Bitten der Ortskirchen und anderer katholischer Einrichtungen um kompetente Beratung entsprechen kann. Vor welchen Herausforderungen allerdings die weltkirchliche Solidarität in Zukunft steht, ist kaum absehbar. Noch immer infizieren sich täglich ca. 11.000 Menschen neu. Gerade Jugendliche in den ärmsten Regionen der Welt sind betroffen. Hinzu kommt, dass die bevölkerungsreichen Länder Asiens erst am Beginn der Ausbreitung der Pandemie stehen. Die Stärkung internationaler kirchlicher Netzwerke ist daher ausdrücklich geboten. Nur so kann der globalen und weltkirchlichen Herausforderung durch HIV/AIDS begegnet werden.

Kriterien kirchlicher Arbeit

Der integrierte Ansatz in der AIDS-Arbeit im Sinne einer Querschnittsaufgabe führte sehr bald zu der Einsicht, dass die Krankheit nicht eine unter anderen ist. Das zeigt sich etwa daran, wie sehr sie bis heute in vielen Regionen der Welt tabuisiert wird. Die Stigmatisierung der Opfer lässt erkennen, dass AIDS tiefer greift als Malaria oder Typhus. Die kirchlichen Maßnahmen beziehen die Betroffenen in die

Arbeit ein, um Ausgrenzung, Diskriminierung und Verdrängung abzubauen. Das ist eine wirksame Form der Prävention und bringt zudem die Menschenrechte zur Geltung.

Nicht selten wird der Vorwurf erhoben, die Kirche pflege zwar die AIDS-Kranken, tue aber nicht genügend zur Prävention (durch Kondome). Demgegenüber ist zu betonen, dass Pflege und Prävention miteinander verbunden sind. Die respektvolle Betreuung der von HIV Betroffenen ist zugleich ein Weg, das Stigma der Krankheit zu verringern und Tabus zu durchbrechen. AIDS mit seinen Ursachen und Folgen wird beim Namen genannt. Aufklärung ist Prävention.

Immer noch werden AIDS-Kranke diskriminiert, bisweilen auch im Zusammenhang der Sakramentenspendung und des Begräbnisses von kirchlichen Amtsträgern. Sie können sich freilich nicht auf offizielle kirchliche Verlautbarungen berufen. Von der ersten vatikanischen AIDS-Konferenz in Rom im Jahr 1989 bis zu den jüngsten Aussagen des Papstes wird hervorgehoben, dass die Fürsorge für AIDS-Kranke und deren Angehörige zur Sendung der Kirche gehört. Jesu Hinwendung zu den Ausgegrenzten und Schwachen ist Maßstab für die Begegnung mit den von AIDS Betroffenen. Aus dieser Motivation wenden sich insbesondere Frauen, gerade auch Ordensschwestern, den Kranken zu. Sie pflegen und begleiten sie und setzen sich für ihre Rechte ein. Die kirchliche Projektarbeit in den Ländern des Südens ist von Grundsätzen getragen, die neben medizinisch-fachlichen Kriterien auch den Schutz vor Diskriminierung enthalten. Vier Mindestkriterien gelten für die kirchliche Projektarbeit. Sie sind seit 1995 in die Richtlinien der Mitgliedsorganisationen des CHAN eingegangen und maßgebend für die katholischen Hilfswerke:

– Die Einhaltung der Menschenrechte. Die Arbeit erfolgt ohne Schuldzuweisung. Diskriminierung in der Informationsweitergabe oder im Angebot von Dienstleistungen ist untersagt.

– Die Selbsthilfe der Zielgruppen im Umgang mit den Ursachen und Auswirkungen der Epidemie hat Priorität in den Projekten.

– Messbare Angaben für Ziele und Maßnahmen müssen angegeben werden, um eine Effizienzkontrolle zu ermöglichen. Nur die Pro-

jekte werden gefördert, deren Ansatz auf wissenschaftlich aner-
kannten Informationen beruht.
– Die Projekte müssen in laufende Maßnahmen im Entwicklungs-
bereich, im Gesundheitswesen u. Ä. eingebunden sein.

Es entspricht dem partnerschaftlichen Miteinander in den Hilfspro-
jekten, nicht nur Finanzmittel zur Verfügung zu stellen. Die sind ein
Ausdruck dafür, dass die Kirche immer auch Solidargemeinschaft ist.
Aufklärung ist angesagt und damit Bildungs-, und Öffentlichkeits-
arbeit auch im Inland.

Einmal mehr: die Frauen

57 Prozent der ca. 23 Millionen HIV-Positiven in Afrika sind Frauen.
Das hat seine Gründe. Einerseits sind es biologisch-anatomische Gegebenheiten, die dazu führen, dass sich insbesondere junge Frauen leichter infizieren als Männer. Die höhere Infektionszahl hat ihren Grund
aber vor allem in der Stellung der Frau in den meisten afrikanischen
Gesellschaften. Sie führt dazu, dass sexuelle Übergriffe und Gewalt gegen Frauen zum Alltag gehören. Schon den Mädchen wird bei-
gebracht, Männern zu gehorchen und ihnen zu gefallen. Umfragen zu-
folge finden es 80 Prozent der Frauen in Zambia normal, von ihren
Männern geschlagen zu werden, wenn sie z. B. das Haus ohne deren
Zustimmung verlassen. In den allermeisten afrikanischen Ländern haben Frauen keine Besitzstandsrechte: Sie können weder Land kaufen
noch rechtsgültig erben. Sie sind abhängig von den Männern. Die materielle Abhängigkeit führt sie in die Armut und Prostitution. Sie sind
in der Regel schlechter ausgebildet als Männer. Viele können weder le-
sen noch schreiben, sie haben keine Sexualaufklärung erfahren. Das
hat fatale Folgen für den Umgang mit HIV/AIDS, sind es doch fast
ausschließlich Frauen, die sich um die Pflege der erkrankten Angehörigen kümmern. Sie helfen, ohne zu ahnen, welchen Gefahren sie sich
dabei aussetzen.

Frauen sind schneller bereit als ihre Männer, sich einem AIDS-Test
zu unterziehen oder eine medizinische Behandlung zu beginnen. Sie

nehmen ihre soziale Verantwortung wahr. Männer verlassen ihre Familien, wenn bekannt wird, dass sie selbst oder ihre Angehörigen an AIDS erkrankt sind, Frauen tun das nicht. Sie bleiben arm, entrechtet und stigmatisiert zurück. Oft genug sind solche Frauen durch ihre Männer mit HIV/AIDS infiziert worden. Es ist ein Teufelskreis aus Entrechtung, Abhängigkeit und Verantwortungsgefühl, der Frauen zu den Hauptbetroffenen der Pandemie macht.

Am Beispiel der Frauen in Afrika werden die gesellschaftlichen und kulturellen Ursachen deutlich, die die Ausbreitung von HIV/AIDS begünstigen. Lösungen sind nicht von heute auf morgen zu erreichen. Nur ein ganzheitlich orientiertes Handeln kann zum Erfolg führen. Die Engführung der AIDS-Thematik auf die Kondomfrage zeugt von einer rein mechanischen, westlichen Sicht der Dinge. Wer die kulturellen, sozialen und gesellschaftlichen Gegebenheiten nicht berücksichtigt, kann AIDS nicht wirksam bekämpfen. Sie sind es nämlich, die junge Frauen in die Prostitution treiben, die Väter auf der Suche nach Arbeit oft jahrelang von ihren Familien trennen, die sexuelle Gewalt fördern und sexuelle Selbstbestimmung gerade auch der Frauen verhindern. Nur dort, wo die Rechte der Frau gestärkt werden, wird man die Krankheit eindämmen können.

Einmal mehr: die Armen

AIDS ist eine Krankheit der Armen. Im reichen Norden muss sie bei entsprechender medikamentöser Versorgung nicht gleich tödlich enden. Für die Menschen im Süden sind die Arzneien meist unerschwinglich, weil Pharmakonzerne auf ihre Patentrechte pochen und Gewinneinbußen befürchten. Die Deutsche Kommission Justitia et Pax hat zusammen mit dem Evangelischen Entwicklungsdienst (EED) die Schrift *Grundlagen für konzentrierte Maßnahmen gegen HIV/AIDS-Pandemie* publiziert. Sie ruft die ethische Verantwortung der Pharmaindustrie in Erinnerung. Aber auch vatikanische Stellen sind in den letzten Jahren zu mutigen Anwälten der AIDS-Kranken geworden. Die Kurienkardinäle Martino (Justitia et Pax) und Lozano-Barragan

(Gesundheitspastoral) haben durch ihr entschiedenes und medienwirksames Auftreten wesentlich dazu beigetragen, dass seit 2001 die Preise für die Medikamente deutlich gesunken sind. Ihre Botschaft war eindeutig: Das Recht auf Leben und Gesundheit steht über dem Patentrecht der Wissenschaftler und den Gewinnen der Pharmakonzerne. Forschungsergebnisse, die das Leben von Millionen Menschen erhalten, können kein Privatbesitz sein. Besonders erwähnenswert ist in diesem Zusammenhang der Einsatz der Südafrikanischen Bischofskonferenz. Ihr vor allem ist es zu verdanken, dass die Republik Südafrika ihre Widerstände gegen den kostenfreien Zugang zu anti-retroviralen Medikamenten aufgegeben hat. So konnte insbesondere die Übertragung der Krankheit bei der Geburt verringert werden. Heute ist die katholische Kirche in Südafrika mit zehn Prozent der Gesamtbevölkerung nach dem Staat der größte Anbieter anti-retroviraler Therapien.

Die Armen sind nicht nur durch mangelnde Medikamente benachteiligt. Bei fast allen Faktoren, die die Verbreitung von HIV/AIDS fördern, spielt Armut eine Rolle. Die Armen sind nicht unmoralischer als andere. Skandalös sind die Bedingungen, unter denen sie um ihr Überleben kämpfen müssen.

Arme werden durch die Krankheit und den damit einhergehen Erwerbsverlust noch ärmer. Das gilt besonders für die Familien der Betroffenen. Sie können sich vielfach nur noch um den/die kranken Angehörigen kümmern. Bei unterernährten Personen schreitet die Krankheit schneller voran, und Medikamente helfen weniger. Zudem sind viele Arme daran gewöhnt, krank zu sein, sie bemerken das Fortschreiten von HIV/AIDS zunächst nicht. Sie haben nie etwas von einer möglichen Behandlung gehört und können die Krankheit gar nicht einordnen. Ihr Zugang zu öffentlichen Gesundheitsdiensten ist begrenzt, weil sie weniger gebildet und damit schlechter informiert sind. Sie erwarten oft keine Hilfe, schon gar nicht von staatlichen Stellen, die sie als unzuverlässig erfahren haben.

Im Niger, einem der ärmsten Länder dieser Erde, machen sich viele auf den langen und kostspieligen Weg in die Hauptstadt Niamey, um sich dort in einem Haus der Schwestern von Mutter Teresa beraten und behandeln zu lassen. Schon lange vor den Öffnungszeiten des Hospizes und der Apotheke stehen sie dort Schlange. Viele übernachten vor den Toren des Klosters. Den christlichen Ordensschwestern trauen die muslimischen Frauen mehr als den staatlichen Stellen in ihren Dörfern. Von den Schwestern werden sie mehr als nur medizinisch versorgt.

Ethisches Handeln

Ganzheitliches Handeln in der AIDS-Bekämpfung setzt auf Frauenförderung, Aufklärung und Bildung, Gesundheitsvorsorge, auf Selbsthilfegruppen, einfach auf Entwicklung. Wer AIDS bekämpfen will, muss die Armut bekämpfen und die Armutssituation ernst nehmen. Es kann nicht angehen, unter den wachsenden Scharen der Armen in den Weltmetropolen für den Kampf gegen AIDS zu werben, ohne Wege aufzuzeigen, die in den konkreten Elendsverhältnissen gangbar sind. Die Kirche ist in den Favelas und auch auf dem Land besonders gefordert, weil dort allzu oft nur ihre Gesundheitseinrichtungen vorhanden sind. Wer im Schlamassel der Slums den Finger rührt, macht sich die Hände dreckig. Er muss gegebenenfalls von mehreren Übeln das geringere wählen, wenn er nicht untätig bleiben und gerade dadurch schuldig werden will. Wer von der vorrangigen Option für die Armen spricht, darf sie in der Frage der AIDS-Prävention nicht alleinlassen. Er muss ihnen eine in ihrer Situation praktikable Lösung ermöglichen. Sonst werden sie faktisch noch einmal mehr sozial deklassiert und in noch größere Armut geworfen. Auch die Kirche muss sich fragen, was sie mit ihrer Lehrverkündigung praktisch ausrichtet und gegebenenfalls anrichtet. Sie hat bei ihren individualethischen Sexualnormen auch deren absehbare Folgen unter sozialethischem Aspekt zu bedenken.

Aus solchen Überlegungen ist – zuerst in Uganda – im Kampf gegen AIDS die sogenannte ABC-Methode entwickelt worden. Sie leitet dazu an, Menschen für Verhaltensweisen im Sexualbereich zu gewinnen, die eine HIV-Infektion verhindern. Sie nimmt zugleich ernst, dass jede Person selbst entscheiden muss, welchen Weg der Prävention sie wählt. Das ABC dieser Methode lautet:

A = Abstinence/Enthaltsamkeit

B = Be faithful/Treue

C = Condoms oder – nach katholischer Vorstellung –: Conscience/ Gewissen bzw. Choice/Wahl.

In katholischen Institutionen wird heute (in der Regel) über alle Infektionsmöglichkeiten und den entsprechenden Schutz informiert. Welchen Weg der Einzelne wählt, ist seine Gewissensentscheidung (C = choice/conscience). Die Menschenrechtskonvention spricht in diesem Zusammenhang vom Recht auf Information. Nicht auf Kondome zu verweisen, wäre ein unzulässiges Vorenthalten von Informationen. Umgekehrt ist zu sagen, dass in vielen säkularen Einrichtungen nicht auf Enthaltsamkeit und Treue als AIDS-Prävention hingewiesen wird. Hier werden den Menschen dann auch Informationen vorenthalten, die ihr Leben schützen. Treue ist der sicherste Weg und müsste an erster Stelle als Haltung vermittelt werden. In Uganda wurde die ABC-Methode bereits in den 80er Jahren des letzten Jahrhunderts praktiziert und landesweit propagiert. Heute hat das Land eine stabile Infektionsrate. Die Ausbreitung der Krankheit scheint eingedämmt zu sein. Es war die Kombination von A, B und C, die Erfolg hatte. Es war zudem eine Aufklärungskampagne, bei der Staat und Kirchen gemeinsam handelten und bei der AIDS als Gefahr beim Namen genannt wurde. Es war eine Kampagne, die die Situation nicht verharmloste und den Menschen zutraute, sie durch ihr Verhalten zu ändern. Der Rückgang der Neuinfektionen in Uganda, das einmal die höchsten Infektionszahlen in ganz Afrika hatte, wird darauf zurückgeführt, dass dort die großen Aufklärungskampagnen nicht nur auf Kondome, sondern immer auch auf Treue und Enthaltsamkeit verwiesen haben. Wenn dort der Heilungsprozess inzwischen ins Stocken geraten ist, dann nicht zuletzt deswegen, weil die Ziele des Ursprungs aus den Augen geraten sind. Mit Geld allein ist die Krankheit nicht zu besiegen; zu viel Geld kann den gesellschaftlichen Heilungsprozess behindern.

Kondome sind ein staatlich gefördertes Mittel in der AIDS-Bekämpfung, aber kein Allheilmittel. Sie können sogar das Verharren in
gefährlichen Verhaltensmustern fördern. Wenn es nicht gelingt, das
Verhalten der Menschen dahingehend zu verändern, dass sie ihre Se-
xualität reflektiert, selbstbestimmt und würdig leben, wird sich AIDS
weiter ausbreiten. Dem kann man nur durch eine umfassende Sicht
der Krankheit und ihrer Verbreitungsursachen begegnen. Es gilt insbesondere, die Stellung der Frau in der Gesellschaft zu stärken und
mitzuhelfen, dass die Armen auf die Beine kommen.

Das eigene Land bewegen

Für eine Zukunft in Solidarität und Gerechtigkeit

Der Deutsche Gewerkschaftsbund hatte Anfang März 2007 zu einem Europäischen Sozialstaatskongress nach Berlin eingeladen. Hintergrund des kirchlichen Beitrags war die Frage: Was ist nach zehn Jahren aus dem Gemeinsamen Wort der Kirchen *Für eine Zukunft in Solidarität und Gerechtigkeit* geworden? Die Ausführungen antworten auf die vom Moderator vorgegebenen Fragen. Bei den Zitaten ist jeweils die Ziffer des Textes des Gemeinsamen Wortes der Kirchen angegeben.

1. Wie müsste ein zeitgemäßes sozialpolitisches Engagement der Kirchen aussehen, das die Resignation zum Verklingen bringt?
Was erwarten Sie da von Ihrer Kirche?

– Ich erwarte von den Kirchen keine Wunder. Ich möchte die Erwartungen vom Kopf auf die Beine stellen. Überzogene Erwartungen führen nur zu Enttäuschungen. Man hat das *Gemeinsame Wort* so hochgejubelt, dass die politischen Akteure bequem drunter hergehen können, ohne sich in ihrem Handeln davon berühren zu lassen. Die Kirchen haben kein höheres Wissen zur Lösung politischer Sachfragen, etwa der Arbeitslosigkeit. Sie haben genug damit zu tun, dass in ihrem eigenen Verantwortungsbereich möglichst niemand arbeitslos wird. Ich erwarte, dass sie sich da als Christen verhalten und nicht nur auf McKinsey hören.

– Ich erwarte von den Kirchen ein sozialpolitisches Konzept, sozialethische Eckpunkte, die die Politik an den Maßstäben der Solidarität und Gerechtigkeit ausrichten. Ohne Ziele stochert man im Nebel. Was wollen wir denn überhaupt erreichen? Ich erwarte von den Kirchen, dass sie auch nach zehn Jahren öffentlich vertreten, was sie im *Gemeinsamen Wort* deutlich zum Ausdruck gebracht haben: Die Wettbewerbsfähigkeit der Wirtschaft darf nicht auf Kosten der sozialen Sicherung hochgekurbelt werden.

– Ich erwarte von den Kirchen, dass sie sich nachdrücklich für den Sozialstaat engagieren in seiner bei uns typischen Doppelgestalt:
  – Sicherung des Existenzminimums für alle („Fürsorge");
  – Absicherung gegen die gemeinsamen Risiken von Krankheit, Arbeitslosigkeit, Alter („soziale Sicherheit").
  „Der Sozialstaat darf ... nicht als ein nachgeordnetes und je nach Zweckmäßigkeit beliebig zu verschlankendes Anhängsel der Marktwirtschaft betrachtet werden. Er hat vielmehr einen eigenständigen moralischen Wert und verkörpert Ansprüche der verantwortlichen Gesellschaft und ihrer zu gemeinsamer Solidarität bereiten Bürgerinnen und Bürger an die Gestaltung des ökonomischen Systems" (133).

– Ich erwarte von den Kirchen, dass sie für die Armen und für die Verlierer unserer Gesellschaft da sind, für die, die wenig oder nichts zu sagen, aber viel zu erzählen haben, für die, die durch das Netz unserer Bildungsmaßnahmen fallen. Was ist mit denen, die gewisse Leistungen einfach nicht erbringen können? Als Kirchen dürfen wir sie nicht vergessen, wenn wir uns treu bleiben wollen. Ich erwarte von denen, die nichts von den Kirchen erwarten, dass sie wahrnehmen, was in ihnen geschieht: Es gibt ein breites zeitgemäßes sozialpolitisches Engagement der Kirchen – nicht nur national, sondern auch europa- und weltweit. Was die vielen Ehrenamtlichen und Hauptamtlichen hier leisten – in den Gemeinden, in den Verbänden, in Caritas und Diakonie und den kirchlichen Hilfswerken –, wird in seiner sozialen Auswirkung zu wenig wahrgenommen und gewürdigt. Die Kirchen brauchen sich da nicht zu verstecken. Wie sähe es in unserem Land aus, wenn es diese kirchlichen Initiativen nicht gäbe? Dann gingen vielerorts die Lichter aus.

2. Was können die Kirchen beitragen, um soziale Sicherheit innerhalb der Europäischen Union möglich zu machen bzw. zu verstetigen?

Es ist nicht selbstverständlich, dass in einer Gesellschaft alle Mitglieder menschenwürdige Lebensbedingungen haben sollen, dass soziale Gegensätze ausgeglichen werden, dass eine gerechte Sozialordnung besteht. Es hat seine Gründe, dass sich in Europa Sozialmodelle entwickelt haben, die sich vom amerikanischen Modell deutlich unterscheiden. Die wären nicht gekommen ohne die Arbeiterbewegung und nicht ohne die Kirchen. Wer weiß heute noch, dass von 1920 bis 1928 ein Prälat der katholischen Kirche, Heinrich Brauns, Reichsarbeitsminister in Berlin war? Von sich aus ist der Sozialstaat nicht in der Lage, seine normativen ethischen Grundlagen zu schaffen und zu erhalten. Er ist auf engagierte gesellschaftliche Gruppen und Organisationen angewiesen. Die Kirchen stehen für eine solche normative Orientierung, doch brauchen sie Bündnispartner, um für ein demokratisches, soziales und ökologisch nachhaltiges Europa zu kämpfen.

Die Lissabon-Strategie erklärt die Wettbewerbsfähigkeit zum obersten Ziel der EU-Politik; alle anderen Politikbereiche haben sich dem unterzuordnen. Die Sozialpolitik wird also der Wirtschaftspolitik untergeordnet. Diese Dominanz des Ökonomischen muss überwunden werden im Namen der Politik. Die Wirtschafts- und Währungsunion muss zu einer Sozialunion weiterentwickelt werden. Die Politik darf sich nicht zum Knecht der Ökonomie degradieren lassen, sie muss die Ökonomie in den Dienst der Bürgerinnen und Bürger nehmen.

Das Leitbild „Sozialunion" signalisiert die Aufgabe, eine ruinöse Konkurrenz zwischen den Mitgliedstaaten und den damit verbundenen Abbau von sozialer Sicherheit zu verhindern. Es geht darum, die wirtschaftlichen und sozialen Entwicklungschancen der süd- und vor allem der osteuropäischen Mitgliedsländer zu verbessern, sozial abgesichertes Arbeiten allgemein durchzusetzen.

Die Einschränkung des Europäischen Integrationsprojektes auf den gemeinsamen Markt und die gemeinsame Währung widerspricht den europäischen Idealen, die ursprünglich sowohl bei den Christdemokraten als auch bei den Sozialdemokraten bzw. Sozialisten und Gewerkschaften politikbestimmend waren. In beiden Traditionen geht es um ein Europa, dessen politische und soziale Ordnung den kulturellen Werten der europäischen Aufklärung entspricht, also der Freiheit, Gleichheit und Solidarität verpflichtet ist.

3. Wenn Sozialpolitik heute eine globale oder wenigstens internationale Aufgabe ist, ist da nicht gerade die katholische Weltkirche besonders aufgerufen, für die Festlegung internationaler Sozialstandards einzutreten?

Ja! Wir brauchen dringend globale Sozialstandards, gerade im Interesse derer, für die sich niemand stark macht. Solange auf dem Weltmarkt nicht danach gefragt wird, wie ein Produkt zustande kommt, bleibt der Ausbeutung Tür und Tor geöffnet.

Die Kirchen kämpfen seit Jahren gegen die Kinderarbeit in Asien und Afrika. Wir tun es gemeinsam mit den Kirchen vor Ort. Wir unterstützen die Menschen in diesen Ländern, die sich gegen Ausbeutung und für ihre Rechte einsetzen. Doch auch hier gilt, dass wir unsere Bündnisarbeit verbessern müssen. Wir brauchen Sympathisanten, um öffentlichen Druck aufzubauen und politisch etwas zu bewegen. Die Schuldenerlasskampagne war deshalb erfolgreich, weil die Kirchen hier zusammen mit den Gewerkschaften und anderen Nichtregierungsorganisationen in der Öffentlichkeit aufgetreten sind.

Gewerkschaften wissen doch, was Solidarität bedeutet. Dieses Wissen ist im Zeitalter der Globalisierung in globales Handeln umzusetzen. Oft habe ich den Eindruck, dass es in ihrem Denken und Handeln noch viel zu nationalstaatlich fixiert und provinziell zugeht. Wer globale Handlungsmacht gewinnen und globale Sozialstandards durchsetzen will, muss sich international formieren.

Wir brauchen aber nicht nur soziale, sondern auch ökologische Mindeststandards für den Welthandel. Wirtschaftliches Handeln hat ökologische Voraussetzungen. Zurzeit zerstört die Wirtschaft ihre ökologische Basis (226). Nicolas Stern sagt, dass „der Klimawandel das größte Versagen des Marktes ist, das die Welt je gesehen hat". Werden die wirtschaftlichen Voraussetzungen zerstört, dann hat das soziale und sozialstaatliche Folgen. Mit der Zerstörung der ökologischen Grundlagen geraten auch die Sozialstaaten in Gefahr.

Globalisierung und ökologische Krise sind keine Naturgewalten, sondern verlangen nach politischer Gestaltung (88). Eine besondere politische Verantwortung kommt den Industrieländern als den bisherigen Profiteuren und Hauptverursachern der Klimaerwärmung zu. Deren Auswirkungen treffen nicht alle in gleicher Weise. Je ärmer und schwächer die Menschen sind, desto geringer sind ihre Möglichkeiten, den Folgen des Klimawandels auszuweichen. Hier geht es um globale Gerechtigkeit. Das ist eine enorme Herausforderung für die Gewerkschaften. Viele Produkte, die wir uns jetzt noch leisten, darf es in wenigen Jahren nicht mehr geben (vgl. die Abgaswerte für Autos oder den Flugverkehr). Der notwendige Strukturwandel wird Arbeitsplätze kosten – aber auch neue Arbeitsplätze schaffen. Unser Lebensstil, der auf Energie und Ressourcenverschwendung aufbaut, wird sich ändern müssen. Unsere internationale Solidarität ist herausgefordert. Den Armen kommen die gleichen Rechte hinsichtlich der Ressourcen und Emissionen zu wie den Wohlhabenden.

4. Wie definieren Sie das Verhältnis von individueller Barmherzigkeit und politischer Steuerung?

Barmherzigkeit ist für Christen eine zentrale Sache. Das zeigt das Gleichnis vom Barmherzigen Samariter. Es hat lange gedauert, bis die Barmherzigkeit in unseren Breiten (bei den alten Germanen) in die Sprache und in das Verhalten der Menschen eingegangen ist. Aber es ist nicht damit getan, dass der unter die Räuber Gefallene wieder auf die Beine kommt. Was ist, wenn er den Weg von Jericho nach Jerusalem zurückgeht und wieder unter die Räuber fällt? Es kommt darauf an, die Strukturen der Räuberei auszuhebeln. Das ist eine politische Aufgabe!

Erinnern Sie sich an die Tsunami-Katastrophe: Viele Menschen zeigten sich sehr barmherzig, indem sie bereit waren, den Notleidenden zu helfen. Doch diese Hilfsbereitschaft brauchte die Ergänzung durch die Hilfe der Staatengemeinschaft. Beide sind gefordert und sollten nicht in einen falschen Gegensatz gesetzt werden. Die Barmherzigkeit setzt zudem die Gerechtigkeit nicht außer Kraft. Ein Wort des brasilianischen Bischofs Dom Hélder Câmara gibt zu denken: „Wenn jemand an Arme Brot verteilt, dann gilt er als Heiliger. Sagt er, dass der Arme ein Recht auf Brot hat, dann gilt er als links und gefährlich." Das Evangelium ist eine gefährliche Sache. Und vielleicht ist es auch ein bisschen links.

Die beiden Pfeiler der Brücke zum sozialen Frieden

Für Christen wird durch Weihnachten der Blick auf den Anfang gelenkt, auf die Geburt Jesu im Stall. Seither ist in der Welt, dass die Armen und Machtlosen Würde haben. Die Bibel erzählt viel vom Leben der kleinen Leute, sie schaut auf die Welt mit den Augen der Habenichtse und Randständigen, auch der Ausgeschlossenen. Und sie erzählt von Gottes unheilbarer Schwäche für die Schwachen und die Schwächsten der Schwachen. Die Kirche, die sich an diesen Gott halten will, muss wissen, dass sie nur stark ist an der Seite der Schwachen, und dass sie schwach ist, wenn sie sich den Starken an den Hals wirft.

Ich möchte in fünf Thesen darlegen, welche Herausforderungen sich aus einer solchen Grundorientierung in unserer derzeitigen Situation ergeben.

Nationale Enge widerspricht der globalen Weite unserer Verantwortung.

Führende Politiker werden nicht müde, uns einzuschärfen: „Gemeinsam sind wir stark", und: „Deutschland muss wieder an die Spitze kommen" (wenn das nicht oder nicht so schnell gelingt, dann wollen wir doch wenigstens Fußballweltmeister werden).

Mich beschleicht bei diesem Kampf um Spitzenpositionen ein Unbehagen. Um was geht es da eigentlich? Ich weiß, unsere Wirtschaft braucht Leistungsstärke, denn sie muss im Stande sein, in einem har-

ten Wettbewerb zu bestehen. Zudem bleibt die zentrale wirtschaftspolitische Herausforderung, mehr Arbeitsplätze zu schaffen – wahrscheinlich bedarf es dazu auch eines stärkeren Wirtschaftswachstums.
Aber was haben wir davon, besser zu sein als andere, schneller zu
wachsen als sie, in Europa wirtschaftlich an der Spitze zu stehen? Ich
plädiere keineswegs für satte Zufriedenheit; die macht uns träge. Aber
ich wehre mich gegen eine kindische Konkurrenzlogik, die uns vorgaukelt, wir wären nur gut, wenn wir andere übertrumpfen oder aus-
stechen. Es gibt europäische und globale Aufgaben, die wir nur gemeinsam, nicht gegeneinander meistern können. Das Beispiel USA
lehrt zudem, dass der Platz an der Spitze ungemütlich werden kann.

Konkurrenz muss sein. Aber sie belebt nicht nur das Geschäft, sie
kann es auch ruinieren. Je hitziger und brutaler der Wettlauf um Spitzenpositionen ausgetragen wird, desto mehr wächst die Gefahr, eine zunehmende Zahl von Entwicklungsländern aus diesem Wettbewerb auszuschließen. Das würde sie in einen Strudel steigender Handelsdefizite
und Auslandsschulden reißen. Je stärker Deutschland politisch und
wirtschaftlich ist, desto größer ist seine Verantwortung gegenüber denen, die zwischen den Mahlsteinen internationaler Konkurrenz zerrie-
ben und zerquetscht werden. Unsere Sorge um Arbeit und Wohlstand
im eigenen Land ist legitim. Aber wir sollten uns davor hüten, die Angst
zum beherrschenden Lebensgefühl und zum Leitprinzip der Politik
werden zu lassen. Im internationalen Vergleich zählt Deutschland zu
den Starken. Das ist erfreulich. Wirklich stark ist jedoch nur der, der
die Schwachen nicht vergisst. Die Starken, die unter sich bleiben, sind
nur halbstark, weil sie die andere Hälfte der Wirklichkeit – die Menschen auf der Schattenseite – nicht mehr wahrnehmen.

Gewerkschaften wissen, was Solidarität bedeutet. Dieses Wissen im
Zeitalter der Globalisierung zur Geltung zu bringen, heißt auch für sie,
der Versuchung zum nationalen Egoismus zu widerstehen. Mehr als
bisher müssen sie sich international organisieren, um globale Handlungsmacht und Stärke zu gewinnen und globale Sozialstandards
durchzusetzen. Solange der Billigste auf dem Weltmarkt gewinnt, egal
wie sein Produkt zustande kommt, bleibt Ausbeutung der Schlüssel

zum Erfolg. Bergwerke in China ohne Arbeitsschutz und Kinderarbeit in Afrika und Asien sind billiger als Erwachsenenarbeit in Europa. Wir brauchen dringend globale Sozialstandards, gerade im Interesse derer, für die sich niemand starkmacht.

Die Arbeitslosigkeit wird ein Problem bleiben, und damit auch die soziale Grundsicherung.

Das vergangene Jahr hat uns die Hartz-IV-Reform beschert. Es wird verstärkt über Kombi-Löhne und Freibeträge für die Sozialversicherungen, über Mindestlohn-Regelungen und Entsende-Richtlinien diskutiert, auch über das Grundeinkommen. All das zeigt, dass der Problemzusammenhang Beschäftigung und Beschäftigungslosigkeit vorrangig auf der Tagesordnung steht.

Aus ethischer Sicht fällt dabei besonders ins Gewicht, dass die Teilnahme am Erwerbsleben nicht nur für den Lebensunterhalt entscheidend ist, sondern auch für die Wertschätzung und die Entfaltung der Person. Das Recht auf Arbeit und das Recht auf soziale Teilhabe gehören zu den unveräußerlichen Rechten des Menschen; sie sind in seiner Würde verankert. Sie sind nur begrenzt juristisch einklagbar, aber ethisch verpflichtend. Deshalb hat die Arbeit Vorrang vor Sozialleistungen. Eine Gesellschaft oder eine Wirtschaft, die sich der Pflicht entzieht, möglichst viele Arbeitsplätze zu schaffen, gefährdet die soziale Marktwirtschaft und die Demokratie. Von der Verantwortung für Arbeitsplätze können wir uns auch durch ein Grundeinkommen nicht loskaufen.

Dennoch bleibt die Kehrseite der Medaille zu beachten. Wenn man das Ziel bezahlter Beschäftigung überstrapaziert, gerät man in eine Sackgasse. Die richtige Maxime „Vorfahrt für Arbeit" gerät dann zum Zwang, buchstäblich um jeden Preis zu arbeiten. Diese Gefahr zeigt sich bereits in der Diskussion um die Niedriglöhne. Ich weiß nicht, wie man einen angemessenen und fairen Lohn berechnet. Wohl aber weiß ich, dass ein ethisch vertretbarer Mindestlohn ein menschenwürdiges Leben ermöglichen muss. Dazu gehört die Chance, am Leben der Gesellschaft und der Gestaltung des politischen Gemeinwesens teilzunehmen. Und wenn das auf dem Arbeitsmarkt zu erzielende Einkommen dafür nicht ausreicht, dann müssen soziale Transferleistungen ergänzend hinzutreten oder notfalls ein ausreichendes Einkommen ersetzen. Es ist deshalb falsch, beides gegeneinander auszuspielen. Einer der Fehler der Hartz-IV-Reform liegt darin, den Betreuern die Möglichkeit in die Hand zu geben, die Sozialleistungen bis unter jenes Niveau zu kürzen, das in unserer Gesellschaft als menschenwürdig gilt. Wer befürchtet, ein entsprechendes Grundeinkommen würde den Anreiz verringern, Arbeit anzunehmen, ist nicht nur verpflichtet, Arbeit anzubieten. Er muss auch Auskunft darüber geben, wie zu verhindern ist, dass immer mehr „bad jobs" entstehen, die als Druckmittel benutzt werden, um die Verkehrsregeln auf dem Arbeitsmarkt ganz allgemein zu verschlechtern. Wir müssen auf der Hut sein, dass nicht die Maßstäbe auf den Kopf gestellt werden und die Betroffenen generell als die Schuldigen an ihrer eigenen Situation gelten.

Die Arbeitnehmer sollten stärker am Produktivvermögen beteiligen werden.

Diese Idee stößt bei den Gewerkschaften auf ein geteiltes Echo. Es gibt in der Tat gewichtige Bedenken. Zunächst dies: Mit wachsender Beteiligung am Produktivvermögen steigen auch die Risiken. Wie geht man damit um? Wie können sich Arbeitnehmerinnen und Arbeitnehmer vor Bilanzmanipulationen schützen? Wie können sie gewährleisten, dass ihr Produktivitätsanteil korrekt berechnet wird? Und weiter: Würden nicht Arbeitnehmer und Arbeitnehmerinnen in eine schwierige Doppelrolle gebracht, wenn sie bei Tarifverhandlungen auf beiden Seiten des Verhandlungstisches sitzen? Was sollen sie tun, wenn sich der Wert ihrer Vermögensanteile in dem Maße erhöht, in dem ihre Löhne und Gehälter oder deren Steigerungsraten sinken?

Ich habe auf all diese Fragen keine fachkundige Antwort parat. Trotzdem möchte ich eine Lanze dafür brechen, die Idee aufzugreifen. Das tue ich nicht allein deshalb, weil die Vermögensbeteiligung seit langem zu den Forderungen der katholischen Sozialethik zählt. Von den Entwicklungen in der Arbeitswelt her ist Folgendes zu bedenken:

- Seit Jahren verringert sich der Anteil von Löhnen und Gehältern am Volkseinkommen zugunsten des Anteils, der durch Vermögen erzielt wird. Da dieser Trend anhalten wird, ist es konsequent, dass auch die abhängig Beschäftigten von ihm profitieren. Sonst wird ihre Stellung immer schwächer.

- Die früher üblichen langfristigen Bindungen zwischen Unternehmen und ihren Beschäftigten werden immer seltener. Man spricht viel von einer Flexibilisierung der Arbeitsverhältnisse und betont nicht allein ihre Notwendigkeit, sondern auch ihre Vorzüge. Aber auch sie fordert ihren Preis, und es sind unter anderem befristet eingestellte Mitglieder der Randbelegschaft, geringqualifizierte Minijober und Scheinselbständige, die ihn zahlen müssen. Zu den Kosten ganz allgemein gehört für die Unternehmen der Verlust von Erfahrung und Know-how, für die Beschäftigten zunehmende Unsicherheit und Angst hinsichtlich des Arbeitsplatzes, für beide Seiten abnehmende Identifikation mit Arbeit und Betrieb und als Folge schwächere Leistungsmotivation. Die Frage muss erlaubt sein, ob diese nachteiligen Folgen die Vorteile der Arbeitsflexibilisierung aufwiegen. Und wenn es daran Zweifel gibt, dann muss überlegt werden, ob eine Beteiligung der Arbeitnehmer am Produktivvermögen nicht helfen kann, die Chance längerfristiger Bindungen anzuheben. Eigentum in Arbeitnehmerhand könnte auch dem vagabundierenden Kapital Bodenhaftung geben und dem Eigentum wieder Legitimation durch Arbeit verschaffen. Im Übrigen muss ja die Diskussion über Modelle der Beteiligung innerhalb der Gewerkschaften nicht am Nullpunkt beginnen. Die Gewerkschaft Bau-Steine-Erde hat schon Anfang der 90er Jahre ein Konzept auf den Tisch gelegt, an das vielleicht angeknüpft werden könnte.

Eine zusätzliche Bemerkung zum Thema Flexibilisierung: Über ihre betriebs- und volkswirtschaftliche Notwendigkeit will ich nicht reden.

Mir geht es um ihre Grenzen. Denn es scheint mir, dass Erfahrung und viele Studien längst gezeigt haben, dass der Mensch nicht grenzenlos flexibel sein kann. Wir brauchen bei aller Flexibilität eine gewisse Stabilität, Verlässlichkeit in den Beziehungen etwa oder die Vertrautheit von Orten. Machen die Erfordernisse des Erwerbslebens all das unmöglich oder höchst schwierig, dann machen sie krank. Daraus folgt: Die Organisation der Arbeit muss menschengerecht sein, sonst wird sie unmenschlich. Die Wirtschaft ist auf Wachstum aus – Wachstum über alles! Kann es in einer begrenzten, endlichen Welt ein stetiges Wachstum geben? Was ist von einem Wirtschaften zu halten, das nur dann gesund bleibt, wenn es Menschen und die Natur krank macht?

Die sich ständig wandelnde Arbeitswelt fordert von der Gesellschaft nicht weniger Solidarität, sondern mehr.

Seit Jahren unterliegt der Sektor dauerhafter, sozialversicherungspflichtiger Arbeitsverhältnisse einer tiefgreifenden Erosion. Sie setzt bei den hochqualifizierten und -bezahlten Wissensarbeitern an und endet bei den schlecht ausgebildeten und bezahlten Arbeitnehmern. Die erste Gruppe kann ihre Tätigkeit weitgehend selbständig organisieren und ist nur noch locker oder gar nicht mehr an ein Unternehmen gebunden. Für die zweite Gruppe bedeutet der Wandel der Arbeitswelt eine deutliche Verschlechterung ihrer Lebensverhältnisse. So oder so heißt die Kehrseite der Flexibilisierung Entregelung der Arbeitsverhältnisse. Mit ihr wächst die Last der Lebensrisiken. Im Klartext: Diejenigen, die im Wettbewerb auf dem Arbeitsmarkt ohnehin schon die schlechteren Karten haben, erhalten ein immer schlechteres Blatt. Gleichzeitig aber wird immer lauter proklamiert, jeder sei seines Glückes Schmied, Erfolg sei der wichtigste Maßstab fürs Leben und die eigene Leistung seine einzige Grundlage; wer es zu nichts bringt, sei selber schuld.

In Zeiten anhaltender Massenarbeitslosigkeit klingt das nicht nur zynisch, es ist zynisch. Aber dieser Zynismus macht Schule. Es hat schon seinen Grund, wenn Institutionen, die Solidarität in der Gesellschaft einklagen, wie Dinosaurier wirken. Die entscheidende Frage für die Zukunft ist trotzdem nicht: Wie viel Solidarität und Sozialstaat können wir uns leisten? Sondern: Welche solidarischen Sicherungssysteme sind wirtschaftlich, politisch und ethisch gefordert, um zu verhindern, dass immer mehr Menschen auf der Strecke bleiben? Die Antwort müssen wir gemeinsam finden, wir sind alle in die Pflicht genommen. Niemand ist nur seines eigenen Glückes Schmied. Wir sitzen alle in einem Boot. Mag sein, dass die Sitzplätze unterschiedlich bequem ausfallen. Aber wir dürfen niemanden über Bord gehen lassen oder gar über Bord werfen, um unseren eigenen Sitzplatz zu verteidigen, wie bequem oder unbequem er auch immer ist. Je mehr Menschen gefährdet sind, desto umfänglicher müssen die Sicherheitsvorkehrungen sein. Wir brauchen mehr Rettungsringe, nicht weniger mit immer weniger Luft drin. Die allerdings wollen bezahlt werden, und sie müssen derzeit bezahlt werden von einer immer kleiner werdenden Gruppe. Gelingt es uns nicht, aus diesem Teufelskreis auszubrechen und die Kosten der Solidarität anders und besser zu verteilen, dann können wir das Leitbild Sozialer Marktwirtschaft begraben. Im Gemeinsamen Wort der Kirchen *Zur wirtschaftlichen und sozialen Lage in Deutschland* heißt es: „Das Leistungsvermögen der Volkswirtschaft und die Qualität der sozialen Sicherung sind zwei Pfeiler einer Brücke. Die Brücke braucht beide Pfeiler. Heute ist die Gefahr groß, dass die Wettbewerbsfähigkeit auf Kosten der sozialen Sicherung gestärkt werden soll. Nicht nur als Anwalt der Schwachen, auch als Anwalt der Vernunft warnen die Kirchen davor, den Pfeiler der sozialen Sicherung zu untergraben" (9). Es müssen „wirtschaftlicher Erfolg und sozialer Ausgleich als gleichrangige Ziele und jeweils der eine Aspekt als Voraussetzung für die Verwirklichung des anderen begriffen werden" (143).

Der Sozialstaat ist ein hohes Gut, das wir gemeinsam zu verteidigen haben.

Der Sozialstaat in Deutschland ist aus den sozialpolitischen Auseinandersetzungen des 19. und 20. Jahrhunderts erwachsen. Er kommt aus der Erkenntnis, dass die primären Solidargemeinschaften (Familie,

Nachbarschaft) mit vielen sozialen Fragen überfordert sind, dass also der Staat jene Strukturen und Mittel gewährleisten muss, die seine Bürgerinnen und Bürger gegenüber allgemeinen Lebensrisiken sichern. So wie der Rechtsstaat seinen Mitgliedern die wechselseitig gewährten Rechte garantiert, so hat der Sozialstaat die Aufgabe, seinen Mitgliedern die „wechselseitige Unterstützung und Fürsorge, die gemeinschaftliche Vorsorge vor gemeinsam geteilten Risiken sowie den Ausgleich ihrer sozialen Ungleichheiten" zu garantieren (Lessenich/ Möhring-Hesse, *Ein neues Leitbild für den Sozialstaat,* 42). Solidarität meint, dass man wechselseitig aufeinander verwiesen ist. Es geht dabei nicht nur um „die Fürsorge einzelner für einzelne Schwache, sondern um ein gegenseitiges Einstehen aller füreinander und für das Ganze und damit auch um ein Rechtsprinzip, das zum Aufbau solidarischer Institutionen verpflichtet" (Gabriel/Hengsbach/Mieth, in: *Orientierung* 68,12). Dieses Solidaritätsverständnis hat die sozialstaatliche Politik in Deutschland nach 1945 geprägt. Es stimmt weitgehend mit der kirchlichen Soziallehre überein. So kamen die Kirchen in ihrem *Gemeinsamen Wort* denn auch zu dem Schluss, dass sich unser mühsam erarbeitetes und erkämpftes Solidarsystem bewährt hat und nichts für einen Systemwechsel, wohl aber vieles für Reformen spricht. Das Solidarsystem solle „in seiner Grundidee und seinen Grundelementen erhalten und verteidigt" werden (14).

Der Liberalismus hat dieses Sozialstaatsverständnis immer schon abgelehnt. Er will den Staat im Wesentlichen auf den Rechtsstaat beschränken, der Sozialstaat soll nur noch für die „wirklich Bedürftigen" ein Fürsorgesystem bereitstellen. Darüber hinaus sei die Gesellschaft in Sachen Solidarität überfordert.

Die Reduzierung auf die „wirklich Bedürftigen" ist ein Angriff auf das überkommene Solidaritätsverständnis. Der Sozialstaat ist darauf bedacht, alle abzusichern, auch die „wirklich Bedürftigen". Sie werden nicht gettoisiert, sondern in die Solidargemeinschaft aller einbezogen. Der derzeitige Sozialstaat kann durchaus befragt werden, ob er nicht bisher unterhalb der sozialpolitischen Möglichkeiten der Solidarität geblieben ist. Denn bisher sind nur die Arbeitnehmerinnen und Arbeitnehmer und ihre Angehörigen einbezogen. Eine Bürgerversicherung würde mit dem Solidaritätsgedanken Ernst machen. Darüber sollte man diskutieren, statt einfach zu behaupten, die Solidarität der Gesellschaft sei überfordert.

Mit Schlagwörtern „Überforderung des Sozialstaates", „unbezahlbar" und „mehr Bürgerfreiheit" wird das überkommene Solidaritätsverständnis durchlöchert. In dieser Auseinandersetzung wird die staatlich organisierte Solidarität gegen die zwischenmenschliche Solidarität *(face to face)* ausgespielt; es wird behauptet, durch die Zurückdrängung des Sozialstaates könnten neue Formen zwischenmenschlicher Solidarität entstehen.

Hier wird von Kritikern des Sozialstaates gerne ein Gegensatz aufgebaut, der in der Realität so nicht vorhanden ist und der in seiner Konsequenz die soziale Sicherheit von Millionen Menschen untergräbt. Die staatlich organisierte und die zwischenmenschliche Solidarität müssen sich ergänzen: Die zwischenmenschliche Solidarität kann nicht die soziale Sicherheit gewähren, die die solidarischen Sicherungssysteme leisten; umgekehrt sollen die sozialstaatlichen Instrumente Stützen für die primären Solidarsysteme sein. Wir brauchen beides. Es ist unsinnig, das eine gegen das andere auszuspielen; das eine lebt vom anderen.

Gegenwärtig steht mehr auf dem Spiel als die eine oder andere gesetzliche Veränderung. Auf dem Spiel steht der solidarische Zusammenhalt unserer Gesellschaft. Das Zusammenspiel von wirtschaftlicher Effizienz und sozialer Gerechtigkeit muss neu justiert werden. Ein Klima, das durch scharfe Konkurrenz um Arbeitsplätze und um ein möglichst großes Stück Wohlstand geprägt ist, schwächt den Willen zur gemeinsamen Regelung gemeinsamer Aufgaben, den Willen, die anderen als gleichberechtigt anzuerkennen. Wenn sich unsere Gesellschaft als zukunftsfähig erweisen will, muss sie sich unter neuen Bedingungen auf ein neues Miteinander verständigen. Reformen sind nur dann gerecht, wenn sie auch die Entfaltungs- und Beteiligungschancen der Benachteiligten erhöhen und wenn ihre Lasten so auf die Bürgerinnen und Bürger verteilt werden, wie es deren je-

weiliger Leistungsfähigkeit entspricht. Wenn wir das als gemeinsame
Richtschnur nehmen, haben wir in der kommenden Zeit gut zu tun.

Wie sozial bleibt die Demokratie?

Die Franzosen, heißt es, arbeiten, um zu leben. Die Deutschen dagegen leben, um zu arbeiten. In den aktuellen gesellschaftspolitischen
Debatten kann man den Eindruck gewinnen, es gehe nur darum, den
Standort Deutschland zu sichern. Das ganze gesellschaftliche Leben
mit seinen Institutionen, das Arbeiten und die Kreativität der Menschen – all das scheint nur noch dem einen Ziel zu dienen, Deutschlands Anteil am Welthandel zu vergrößern, das Land für Investoren
attraktiv zu machen und damit Arbeitsplätze zu sichern.

Keine Frage, Arbeitsplätze zu schaffen und zu sichern ist eine Auf-
gabe von höchster politischer Priorität. Betriebs- und Personalräte er-
leben die Probleme täglich in ihren Betrieben hautnah:
- Zunehmende Rationalisierung mit allen Folgen für die Mitarbeite-
  rinnen und Mitarbeiter,
- Pläne für Standortverlagerungen an kostengünstigere Produktions-
  orte, häufig im Ausland,
- Firmeninsolvenzen, die oft nur durch massive Einsparungen und
  Zugeständnisse der Belegschaft verhindert werden,
- Entlassungen Jüngerer und Älterer.

All diese Konflikte lassen erkennen, dass es um Arbeitsplätze geht. Deren Bedeutung steht außer Frage. Gleichwohl beschleicht mich bei den
Reformdebatten ein ungutes Gefühl: Welche Lebensbereiche geraten
aus dem Blick, wenn wir unsere politischen Bemühungen so sehr auf
die eine Aufgabe konzentrieren, die deutsche Wirtschaft wieder fit zu
machen für die Globalisierung ...?

Wir lassen uns vom Wettbewerb in der Weltwirtschaft in eine nationale Enge treiben und vergessen schließlich unsere globale Verantwortung.

Mit dem Eifer, die Anteile unseres Landes am Welthandel und an grenzüberschreitenden Investitionen zu erhöhen, geraten wir in einen Wettlauf. Als ehrgeizige Exportnation sorgen wir mit dafür, dass dieser immer hitziger und brutaler wird. Am Ende stellen alle Wettläufer erschöpft fest, dass sie kaum besser dastehen. Denn nicht nur die Deutschen setzen beinahe alles daran, ihre Wettbewerbsfähigkeit weiter zu steigern. Anders als in dem eingangs zitierten Bonmot dreht sich auch das gesellschaftliche Leben der Franzosen im Grunde nur darum. Ähnlich sieht es in den anderen Industrieländern und in vielen Transformationsländern aus. So wird die weltwirtschaftliche Konkurrenz immer schärfer. Mit ihr wächst die Gefahr, dass noch mehr Entwicklungsländer nicht mithalten können und in den Strudel wachsender Handelsdefizite und steigender Auslandsverschuldung gerissen werden.

Wenn wir nur auf den deutschen Anteil am Welthandel, auf unseren Anteil an den ausländischen Direktinvestitionen starren, dann wächst die Versuchung einer engstirnigen nationalen Befangenheit. Es wächst die Versuchung, die globalen Herausforderungen zu übersehen, die nur in internationaler Kooperation bestanden werden. Es wächst die Blindheit für die besonderen Probleme der Entwicklungsländer, die auf unsere solidarische Hilfe angewiesen sind.

Die Furcht davor, dass der Wohlstand unseres Landes in Zukunft nicht weiter steigt, dass es wahrscheinlich manchen von uns in den nächsten Jahren finanziell schlechter gehen wird als bisher, sollte nicht zur alles beherrschenden Angst werden, die uns in die Enge treibt und uns blind macht für die Not der anderen.

Wir laufen Gefahr, den wirtschaftlichen Erfolg absolutzusetzen.

Die Wirtschaft ist der dominante Bereich in unserer Gesellschaft. Gerade in konjunkturell schwierigen Zeiten ist das Risiko einer Ökonomisierung aller anderen Lebensbereiche groß. Der Wunsch, die

Wirtschaft in Gang zu halten, wird so übermächtig, dass alles andere zweitrangig erscheint. Andere, für unser Zusammenleben nicht weniger wichtige Werte und Institutionen können dabei leicht vor die Hunde gehen. Das Risiko ist groß, dass Menschen auf der Strecke bleiben, die dem verschärften Leistungsdruck nicht gewachsen sind.

Demgegenüber ist zu betonen: Die Wirtschaft ist für den Menschen da, nicht der Mensch für die Wirtschaft! Die Institutionen der Wirtschaft sind dazu da, dass Frauen und Männer in ihrem Leben Erfüllung finden. Die Chancen der persönlichen Entfaltung und der Beteiligung am gesellschaftlichen Leben sollen für alle Bürgerinnen und Bürger steigen, vor allem auch für die Benachteiligten. Wirtschaftliche Erfolge und wirtschaftspolitische Reformen, die diesem Ziel nicht dienen, sind fragwürdig. Der Eigendynamik der Wirtschaft muss dort eine Grenze gesetzt werden, wo sie die Menschen ganz in den Bann schlägt, wo die Relativität ihrer Ziele in Vergessenheit gerät. Sie muss dort in ihre Schranken gewiesen werden, wo sie andere Institutionen beeinträchtigt, die für die Menschen ebenfalls wichtig sind. Das gilt besonders für die Institutionen der Demokratie.

Wenn Armut und soziale Unsicherheit steigen, schwinden die sozialen Grundlagen der Demokratie.

Gott sei Dank dürfen wir in einer Demokratie leben. Das Glück der einen garantiert noch lange nicht, dass es auch den anderen gut geht. Verschieden sind unsere Interessen und verschieden unsere Vorstellungen von einem erfüllten Leben. Solche Differenzen zerreißen die Gesellschaft nicht, weil im Parlament und in der politischen Öffentlichkeit viele Vertreter unterschiedlicher Interessen und Überzeugungen um die beste Ausgestaltung der gesellschaftlichen Institutionen ringen. Indem wir unsere Gesellschaft als Demokratie bezeichnen, stellen wir sie unter den Anspruch, keinen von dieser gemeinsamen Regelung gemeinsamer Angelegenheiten auszuschließen. Alle sollen die Möglichkeit haben, sich zu beteiligen.

Damit das Recht auf politische Beteiligung nicht nur ein leeres

Recht ist, muss die Gesellschaft so organisiert sein, dass jedem eine Beteiligung möglich ist. Es gibt deshalb einen engen Zusammenhang zwischen Demokratie und Sozialstaat. So heißt es in dem 1997 veröffentlichten Wort der beiden großen Kirchen *Zur wirtschaftlichen und sozialen Lage in Deutschland:* „Das Verständnis der Bundesrepublik Deutschland als freiheitlich-soziale Demokratie bildet unverändert die Grundlage für einen dauerhaften Grundkonsens. Wesentlich für die Demokratie ist die – zum Teil repräsentativ vermittelte – Beteiligung der Bürgerinnen und Bürger an der Regelung aller sie betreffenden Angelegenheiten. Die Kennzeichnung der Demokratie als ‚soziale‘ betont, dass diese Beteiligung aller Bürgerinnen und Bürger nicht nur formal durch den Rechtsstaat, sondern auch materiell durch den Sozialstaat gesichert werden muss" (137).

Aufgrund dieses Beteiligungsziels steht unser Bildungssystem unter einem hohen Anspruch. Die Bildung ist nicht zuerst oder gar ausschließlich dazu da, für die Wirtschaft fit zu machen. Sie soll den Heranwachsenden auch jene Fähigkeiten vermitteln, mit denen sie später in der demokratischen Meinungsbildung ihre Interessen und Lebensvorstellungen vertreten können. Zudem bedarf es eines verlässlichen Netzes der sozialen Sicherheit, damit die Sorge der Bürgerinnen und Bürger um ihren Lebensunterhalt nicht übermächtig wird und die Fähigkeit zur demokratischen Beteiligung untergräbt. Das bedeutet: Ohne einen starken Sozialstaat gibt es auch keine vitale Demokratie! Wer den Sozialstaat in Frage stellt, der gefährdet die Demokratie; er beraubt sie ihrer sozialen Grundlage.

An der demokratischen Willensbildung wird sich auf Dauer nur beteiligen, wer zugleich auch an anderen Bereichen der Gesellschaft teilhat und ein ausreichendes Selbstwertgefühl entwickelt. Weil wir in einer Arbeitsgesellschaft leben, ist die gesellschaftliche Teilhabe vor allem über Erwerbsarbeit vermittelt. Wer über lange Zeit arbeitslos ist, sieht seine wichtigsten Lebenspläne durchkreuzt und fühlt sich ausgegrenzt; er vermag oft keinen Weg zu erkennen, sich in die Gesellschaft einzubringen und in ihr anerkannt zu sein. Das geht an die Existenz.

Krisenzeiten sind eine Herausforderung an alle Beteiligten. Die Mitbestimmung muss auch deshalb verteidigt werden, weil sie ein wichtiges Instrument des Krisenmanagements ist.

Das Hartz-IV-Paket entspricht in wichtigen Punkten nicht der sozialen Gerechtigkeit.

Die Langzeitarbeitslosigkeit kratzt an der Würde der Betroffenen und verletzt ihr Selbstwertgefühl. Weil in unserer Arbeitsgesellschaft die Erwerbsarbeit für die persönliche Entfaltung und die soziale Integration von grundlegender Bedeutung ist, sehen sich Langzeitarbeitslose ausgegrenzt. Insofern gilt: Wenn die Wirtschafts- und Sozialpolitiker der großen Parteien mit den Reformen tatsächlich die Langzeitarbeitslosigkeit bekämpfen wollen, dann liegen sie zumindest mit dieser Zielsetzung richtig. Doch ist es der richtige Weg zu diesem Ziel, dass man den behördlichen Druck auf die Arbeitslosen erhöht und einen Großteil von ihnen wirtschaftlich schlechterstellt?

Dem Hartz-IV-Paket liegt die Auffassung zugrunde, die angestrebte zusätzliche Förderung und schnellere Vermittlung der Arbeitslosen müsse durch verschärfte Sanktionen ergänzt werden. Diese werden ab dem 1. Januar 2005 Langzeitarbeitslose treffen, die vermittelte Arbeitsstellen ablehnen oder sich – in den Augen ihres Vermittlers – nicht ausreichend um eine neue Beschäftigung bemühen. Die Sozialhilfe ist keineswegs, wie viele behaupten, eine soziale Hängematte. Vielmehr bleiben nur wenige Leistungsempfänger dauerhaft in der Sozialhilfe. Die meisten bemühen sich darum, wieder neu in Arbeit zu kommen. Natürlich gibt es auch Empfänger von Sozialleistungen, die sich in ihrer Situation eingerichtet haben und einer bezahlten Arbeit gar nicht mehr nachgehen wollen. Aber die Arbeitslosigkeit in Deutschland ist so hoch, weil Arbeitsplätze fehlen, und nicht, weil sich Arbeitslose nicht genügend um eine Rückkehr ins Erwerbsleben bemühen.

Unter den Bedingungen des neuen Arbeitslosengelds II werden Langzeitarbeitslose keine „bad jobs" mehr ablehnen können. Sie werden jedes Arbeitsangebot annehmen müssen, auch wenn der Lohn sehr schlecht ist und unter dem niedrigsten tariflichen Entgelt liegt. Lehnen Langzeitarbeitslose ein Arbeitsangebot ab, dann wird ihnen das Arbeitslosengeld II erheblich gekürzt. Viele Empfänger des Arbeitslosengelds II werden nicht mehr über den Regelsatz der Sozialhilfe verfügen. Dabei soll er doch gerade das soziokulturelle Existenzminimum garantieren, also den Zugang zu jenen Gütern sichern, ohne die man in Deutschland nicht menschenwürdig leben kann. Ethisch lässt sich nicht rechtfertigen, dass eine reiche Gesellschaft wie die Bundesrepublik Menschen das vorenthält, was sie zu einem menschenwürdigen Leben benötigen. Nach der christlichen Sozialethik verstoßen Leistungskürzungen, durch die eine Grundsicherung unter die Schwelle des Existenzminimums fällt, gegen die soziale Gerechtigkeit.

Sicher steht zuerst einmal jeder Einzelne selbst in der Pflicht, für seinen Lebensunterhalt zu sorgen. In der Arbeitsgesellschaft geschieht das im Allgemeinen durch abhängige Beschäftigung. Durch die hohe Langzeitarbeitslosigkeit enthält die Gesellschaft aber sehr vielen Menschen die Möglichkeit vor, selbst für den eigenen Lebensunterhalt zu sorgen. Wenn der Staat Einzelne, die ein Arbeitsangebot ablehnen, mit einem Leben in Armut bestraft, dann ändert er dadurch nichts am Problem fehlender Arbeitsplätze. Er erhöht nur den Druck auf den einzelnen Arbeitslosen, Erwerbsarbeit aufzunehmen, ohne zugleich die ausreichend entlohnten Arbeitsplätze zu schaffen.

Die Probleme des deutschen Sozialstaats werden nicht durch seinen Abbau gelöst. Vielmehr sollten alle Erwerbstätigen an der Finanzierung und an den Leistungen der Sozialversicherungen beteiligt werden.

Nicht selten wird der deutsche Sozialstaat schlechtgeredet. Um der Menschenwürde der Betroffenen und um der sozialen Voraussetzungen der Demokratie willen sollten wir der pauschalen Sozialstaatskritik widersprechen und den Sozialstaat verteidigen. Aus einer christlich-sozialethischen Perspektive geht es freilich nicht nur um die

Verteidigung des Status quo, sondern um eine Weiterentwicklung des Sozialstaats. Denn in seiner jetzigen Form weist er viele Defizite auf. Im Großen und Ganzen stammen seine Grundstrukturen aus den 50er Jahren des vorigen Jahrhunderts. In der Zwischenzeit hat sich unsere Gesellschaft grundlegend verändert. Weil der deutsche Sozialstaat auf diese Veränderungen nur unzureichend ausgerichtet worden ist, ist er in die Jahre gekommen und muss überholt werden.

In den überkommenen Strukturen der Sozialversicherungen können die Beschäftigten eine ausreichende Sicherung ihres Lebensstandards im Alter nur erreichen, wenn sie ohne große Unterbrechungen in Vollzeit beschäftigt sind. Diese Voraussetzung ist heute ebenso fragwürdig geworden wie die Voraussetzung einer einzigen Lebensform als gesellschaftlicher Normalität. Vor 50 Jahren heirateten beinahe alle Erwachsenen und bekamen Kinder; ihre Ehe wurde erst durch den Tod eines Partners beendet; die Frauen übernahmen die gesamte Haus-, Erziehungs- und Pflegearbeit, damit sich die Männer der Erwerbsarbeit widmen konnten. Heute leben viele Bürgerinnen und Bürger in nichtehelichen Lebensgemeinschaften, die geschlechtsspezifische Arbeitsteilung ist in Frage gestellt. Es ist leider für Ehepaare heute nicht mehr selbstverständlich, Kinder zu bekommen. Der Familienlastenausgleich ist so unzureichend, dass Kinder zu einem vorrangigen Armutsrisiko geworden sind. Es ist ein Skandal, dass eine Million Kinder und Jugendliche in Deutschland in Haushalten leben, die mit den mageren Zahlungen der Sozialhilfe auskommen müssen.

Die Bindung der Sozialversicherungen an die abhängige Beschäftigung führt zu den Finanzierungsproblemen des deutschen Sozialstaats. Bezogen auf die Volkswirtschaft insgesamt ist er keineswegs „zu teuer". Beim Anteil der Sozialausgaben am Bruttoinlandsprodukt belegt Deutschland im internationalen Vergleich einen mittleren Platz unter den Industrieländern. Trotzdem hat der deutsche Sozialstaat ein großes Finanzierungsproblem: Über die Sozialversicherungen wird ein erheblicher Teil des allgemeinen sozialen Ausgleichs der Gesellschaft abgewickelt. Die Sozialversicherungen finanzieren sich aber fast ausschließlich über Abgaben auf Lohn- und Gehaltseinkommen. Die Selbständigen, die Beamten und z. T. auch die besser verdienenden Angestellten werden nur unzureichend an den Kosten des sozialen Ausgleichs beteiligt.

Eine Lösung der Finanzierungs- und Leistungsprobleme des deutschen Sozialstaats scheint daher nur möglich zu sein, wenn die Sozialversicherungen allmählich aus ihrer engen Bindung an die abhängige Beschäftigung befreit werden. Dazu müssen die Kosten auf weitere Bevölkerungskreise, ja letztlich auf alle Bürgerinnen und Bürger verteilt werden. Durch die Sozialversicherungen abzudecken wären dann die einschlägigen Risiken all der Menschen, die durch ihre Arbeit zum gesellschaftlichen Leistungsaustausch beitragen: durch ihre Tätigkeit als Arbeitnehmer, aber auch durch alle anderen Formen der Erwerbsarbeit und durch die bisher gar nicht oder schlecht bezahlte häusliche Erziehungs- und Pflegearbeit. Zu finanzieren wären diese Leistungen durch Abgaben nicht nur auf Löhne und Gehälter, sondern auf alle Arbeitseinkommen. Zumindest für alle Erwerbstätigen würden die gesetzlichen Sozialversicherungen damit zu einer Pflichtversicherung.

Nach einem solchen Umbau könnten die Sozialversicherungen besser dazu beitragen, dass in Deutschland alle Menschen menschenwürdig leben und sich an den Prozessen der demokratischen Meinungsbildung beteiligen. Das wäre ein Weg, die sozialen Grundlagen der Demokratie dauerhaft zu sichern. Chancen-, Beteiligungs- und Verteilungsgerechtigkeit sind Grundlagen unserer Demokratie.

Kirche in der Stadt

Auf dem Weg zum Leben

„Den Mann nenne mir, Muse, den vielgewandten, der gar viel umgetrieben wurde, nachdem er Trojas heilige Stadt zerstörte. Von vielen Menschen sah er die Städte und lernte ihre Sinnesart; viel auch erlitt er Schmerzen auf dem Meere in seinem Gemüte, während er sein Leben zu gewinnen suchte wie auch die Heimkehr der Gefährten." So beginnt die *Odyssee* von Homer. Der umtriebige und umhergetriebene Odysseus wird zum Bruder Kains, der „im Lande der Flüchtigkeit" unterwegs ist, auf der Suche nach dem wahren Leben, mit all den Gefahren zwischen Aufbruch und Heimkehr. Odysseus wurde zu einer der prägenden Figuren der abendländischen Kulturgeschichte bis in die Gegenwart hinein: Franz Kafka, James Joyce, zuletzt Stanley Kubrick in seinem Kultfilm: *2001 – Odyssee im Weltraum*. Nicht zu vergessen die Philosophen, unter ihnen Max Horkheimer und Theodor W. Adorno in ihrem gemeinsamen Buch *Dialektik der Aufklärung*.

Eine der gefährlichsten Herausforderungen auf dem abenteuerlichen Weg ist für Odysseus und seine Gefährten die Insel der Sirenen (zu Deutsch: die Bestrickenden, die Fesselnden). Diese Fabelwesen, halb Mensch, halb Vogel, mit großen Krallenfüßen, ziehen mit ihrem bezaubernden Gesang die Seefahrer in ihren Bann, um sie dann umzubringen. Die Insel ist übersät mit Skeletten. Odysseus ist gewarnt. Er befiehlt allen Leuten auf seinem Schiff, sich die Ohren mit Wachs zu verstopfen. Er selbst aber bleibt ganz Ohr. Er lässt sich sehenden Auges und mit offenen Sinnen an den Mastbaum des Schiffes binden. Er will den Sirenengesang hören, ohne ihm zu verfallen.

Die Kirchenväter sahen in dieser Szene ein Vorausbild des gekreuzigten Christus: Wachen Sinnes hat er sich den Verlockungen dieser Welt gestellt – und ist ihnen doch nicht verfallen. Ans Kreuz gebunden, hat er die ganze Welt umarmt. Um die Sirenenerfahrung reicher, ist er seinen Weg zu Gott und den Menschen gegangen und konnte so nicht nur Heimkehr finden, sondern auch den Weg dahin weisen. Diese Kraft zur Transzendenz, zur Fahrt ans andere Ufer macht ihn zum „Vorläufer für uns" (Hebr 6,20). Paul Claudel hat in der Ouvertüre seines Weltendramas *Der seidene Schuh* die Szene des ans Kreuz gefesselten Christenmenschen ins Zentrum gestellt: Nur wer sich der Faszination des Weltlichen aussetzt, wer sich eben nicht – mit noch so frommer Absicht – den Reizen der irdischen Sirenengesänge entzieht, sondern sich ihnen stellt, kann zum Ziel kommen und zum Ziel führen. Ohne Bindung geht das allerdings nicht. Christen lassen sich an das Kreuz Christi binden, um frei zu sein, ganz Ohr.

Die Kultur

Im faszinierenden Wohlklang der Sirenen klingt die Sphärenmusik durch. Sie erfüllt nach alter Überzeugung das ganze Universum. Für Christen spiegelt sich in der Schönheit der Schöpfung die Herrlichkeit des Schöpfers. Daher verbietet sich für sie Sinnenfeindlichkeit und Weltflucht. Sie kennen jedoch die Gefahr, sich im Rausch der Sinne, in der Faszination des Irdischen zu verlieren. Die Schönheit der Welt zu kosten und zu gestalten, verlangt eine eigentümliche Selbstvergessenheit, die Fähigkeit nämlich, sich fesseln zu lassen, ohne sich zu verlieren. Der Verlust des Selbst wäre ja Verlust der Freiheit, ein Rückfall in die Natur. Nicht wenige meinen heute, der Mensch müsse zurück zur Natur, um sich selbst und sein Glück zu finden. Das wäre, wie Odysseus richtig ahnt, ein selbstmörderischer Irrweg. Wahr ist daran nur so viel: Wenn der Mensch sich (wie Odysseus) allererst selbst finden muss, dann ist er offenbar noch nicht bei sich, nicht mit sich selbst identisch. „Wir sind, aber wir haben uns nicht. Deshalb werden wir erst", sagt Ernst Bloch. Der Mensch ist von Natur aus unfertig und darum ein Kulturwesen.

Kultur ist kein Luxus für Begüterte und Gebildete, sie ist das Lebenselixier des Menschen. Wer Kultur als bloße Freizeitbeschäftigung oder nur als Objekt des Kunstmarktes ansieht, versteht den Menschen nicht. Wer sie auf Handwerk, Technik oder auch Kunst einengt, ver-

kürzt den Menschen. Als Kulturwesen ist er mehr als eine Überlebens-
maschine, er sucht vielmehr nach dem guten Leben, er sucht seine
Heimat, sich selbst.

Und in alledem sucht er Gott. Aus diesem Grund gehören Religion
und Kultur zusammen, und zwar ganz ursprünglich. Es ist ja kein Zu-
fall, dass im Begriff der Kultur der Begriff „Kult" mitschwingt. Kein
Wunder, dass gerade mitten im oft religionsfernen Kulturbetrieb das
„Kultige" das Maß der Dinge vorgibt: der Kultfilm, das Kultbuch
oder der Kultstar. Aber eben darin liegt beides: das Faszinierende der
Kultur und ihre Abgründigkeit (wie im Sirenengesang). Das Kultige in
der Kultur tendiert dazu, Ersatzreligion zu werden, Gegenstand einer
inbrünstigen Verehrung, die der religiöse Mensch nur Gott zubilligt.
Authentische Religion in der Kultur schützt den Menschen davor,
sich im Prozess seiner kulturellen Selbstfindung zu vergötzen. Die Bindung an Gott befreit ihn zu sich selbst. Als Geschöpf und Ebenbild
Gottes vereint und versöhnt der Mensch in sich Natur und Kultur,
hat er Anteil an Gottes schöpferischer Kraft.

Die Stadt

Von jeher haben die Menschen die Entstehung der Stadt als einen
wichtigen Schritt in ihrer Geschichte verstanden. Aus der Entwicklung
der Kultur lässt sie sich kaum wegdenken. Die Hochkulturen beginnen
als Stadtkulturen. Was wäre Europa, was Deutschland ohne seine
Städte? Das Christentum trat seinen Weg von den Städten aus an,
erst spät kam es von dort auf das Land. Es gibt keine natürliche Affi-
nität von Religion und Land. Manche denken immer noch: ‚Stadtluft
macht frei, aufgeklärt, da weht ein anderer Wind als in der Kirche. Da
ist es für die Kirche zu zugig.' Weit gefehlt! Das Christentum ist von
Anfang an eine Stadtreligion: Jerusalem, Rom, Byzanz, Wien, Mos-
kau – die Kirche gehört in die Stadt, ohne jede Berührungsangst. Es
sind die Städte, in denen sich die Zukunft der Menschheit abspielt
und entscheidet. UN-Prognosen sprechen davon, dass in absehbarer
Zeit etwa 80 Prozent der Weltbevölkerung in Städten leben werden.

Verschwindet die Kirche aus den Städten, dann verschwindet sie aus dem Leben der Menschen. Niemand sollte sich damit trösten, sie werde in ihren ländlichen Hochburgen überwintern. Die gibt es längst nicht mehr. Die Abgrenzung Stadt – Land ist fließend geworden. Es kommt darauf an, die Stadt als Ort kirchlicher Präsenz neu zu entdecken. In einer Zeit, in der die Kirchengebäude leerer werden und viele Menschen sie mehr als Museen denn als Gotteshäuser wahrnehmen, ist das nicht leicht. Kirche und Stadt scheinen einander fremder zu werden. Wenn die Kirche das ändern will, muss sie versuchen, die Fremde als Heimat zu begreifen. Das Haus am Dom ist ein Zeichen des kirchlichen Willens, das zu tun. Christen des Anfangs haben darin ihre Berufung gesehen: „Die Christen sind Menschen wie die übrigen … Wie sie jedoch zu ihrem Leben stehen und es gestalten, darin zeigen sie eine erstaunliche und, wie alle zugeben, unglaubliche Besonderheit. Sie wohnen zwar in ihrer Heimat, aber wie Zugereiste aus einem fremden Land. Jede Fremde ist ihnen Heimat und jede Heimat Fremde" (Diognet-Brief). Christen sind Menschen, die daheim noch Heimweh haben, die über der Stadt den Himmel offen halten.

Lebensräume

Soziale Herausforderung

Die städtische Kultur im alten Sinn ist bis in die Gegenwart geprägt durch wohlhabende Bürgerinnen und Bürger. Sie lebte und lebt von ihrem Drang zur Selbstdarstellung, von ihrem Durchsetzungswillen und von ihrem Geld. Nicht nur repräsentative Bauten, sondern Universität, Theater, Oper, Museen, Sammlungen, Stiftungen und vieles mehr gehen auf das Konto des Bürgertums. Ohne großbürgerliche Mäzenaten wären Rom und Venedig, Paris, Athen, Prag oder Berlin nicht das, was sie sind. Das gilt ähnlich für kirchliche Bauten.

Die Stadt Frankfurt ist ein Knotenpunkt des Verkehrs, der Wissenschaft, der Kunst, der Medien (Verlage) und nicht zuletzt des Handels (Messen). Banken prägen unübersehbar ihre Skyline. Man sieht, wo das Geld sitzt. Das soll nicht angeprangert werden. Nicht der Besitz

als solcher ist das Problem, sondern die Gefahr, vom Besitzstreben in
Besitz genommen zu werden. Denn solche feindliche Übernahme (Besessenheit) macht blind und taub für die Wirklichkeit jenseits der eigenen Welt. Die Hinterhöfe im Schatten der Glaspaläste werden dann
nicht mehr wahrgenommen. Wenn die Kirchen in den Großstädten
mehr und mehr in den Schatten gestellt sind, dann teilen sie dieses
Schicksal mit vielen Menschen. Das muss sie nicht schrecken, im Gegenteil. Die Bindung christlicher Existenz an das Kreuz Christi weist
der Kirche einen bevorzugten sozialen Ort zu. Ihr Stammplatz ist an
der Seite jener Menschen, die am Rande und im Schatten leben. Aus
dem Blickwinkel der Schattenmenschen wirkt die Stadt oft wie ein
Stück verwirklichter Utopie. Das erklärt ihre ungebrochene Anziehungskraft, trotz aller dort auftauchenden Probleme. Das Getöse der
Stadt wirkt wie ein Sirenengesang, der Millionen von Menschen in
die Großstädte der Welt lockt. Aber was geschieht dann? Bieten sie ihnen mehr als den Raum für einen gnadenlosen Überlebenskampf, den
nur übersteht, wer sich Wachs in die Ohren stopft? Inwieweit löst die
Stadt die Verheißung ein, die sie in sich birgt, und für wen? An der
Antwort auf solche Fragen zeigt sich, ob eine Stadt mehr ist als eine
Zusammenballung von Häusern und Menschen.

Die Qualität der Stadtkultur ist nicht am Wohlergehen weniger
Reicher und Superreicher abzumessen, auch nicht allein am Wohlstand der Mehrheit der Bürgerinnen und Bürger. Der christliche Maßstab vergisst die nicht, die auf der Straße liegen und im Regen stehen.
An diesem Maßstab muss die Kirche zuerst sich selber messen und
messen lassen. Zu stark orientiert sie sich meist an der bürgerlichen
Mittelschicht, an ihrem Lebensstil und Lebensgefühl, an ihren Bedürfnissen und Interessen. Das gilt besonders für Bildungseinrichtungen
und Bildungsangebote. Gewisse Teile der Bevölkerung werden so de
facto exkommuniziert, aus dem kirchlichen, gesellschaftlichen und
politischen Kommunikationszusammenhang ausgeschlossen. Wir proklamieren gerne, die Kirche müsse ein Ort des Gesprächs sein. Wer
will das nicht? Dann dürfen aber in ihr nicht nur diejenigen zu Wort
kommen und Gehör finden, die ohnehin den Ton angeben. Es geht

darum, sie ins Gespräch zu bringen mit den Menschen, die wenig zu sagen haben, aber viel zu erzählen. Die diakonische Arbeit der Kirche in der Stadtkultur besteht nicht zuletzt darin, Menschen füreinander erreichbar zu machen, die sich sonst in Subkulturen voneinander abschotten. Dieses Ziel mag hochgesteckt sein, es sollte uns gemeinsam anspornen. Frankfurt will mehr sein als eine Sireneninsel, an deren Gestade nicht wenige stranden, und die Kirche in Frankfurt will mehr sein als ein Freizeitpark für die Überlebenden. Städtisches Leben existiert als ein integrales Ganzes, als ein Netzwerk vielfältiger Tätigkeiten und Lebensweisen. Dieses Beziehungsgeflecht zu stärken, ist eine unabweisbare Herausforderung für dieses Haus.

Interkulturelle Diakonie

Frankfurt ist Weltstadt. Jede Stadt bildet eine eigene Welt. Eine Weltstadt dagegen bildet die Welt in sich ab. Das macht ihre Signatur aus, ihr unverwechselbares Flair. Frankfurt ist Weltstadt, nicht nur als Knotenpunkt internationaler Finanzströme oder des Luftverkehrs, sondern in erster Linie durch die Präsenz vieler Nationen und Kulturen. Das spiegelt sich auch in der katholischen Stadtkirche: Jeder dritte Katholik ist nicht deutscher Muttersprache.

Nähern wir uns Babylon? In dieser alten Geschichte auf den ersten Seiten der Bibel steckt mehr Weisheit als in der unbedarften Verklärung multikultureller und multireligiöser Vielfalt. Gewiss: Vielstimmigkeit, Vielgestaltigkeit, Vielfarbigkeit können das Leben reich und bunt machen. Aber sie sind zugleich ein Problem. Bunte Flecken ergeben von sich aus noch keinen farbenfrohen Flickenteppich, viele Stimmen noch keinen vielstimmigen Chor. Da hilft weder eine Leitkultur noch allein der verpflichtende Deutschunterricht, so wichtig er ist. Es gelingt nur, wenn die Menschen wirklich zusammenleben, also eine Gemeinschaft sein wollen. Die kann man nicht erzwingen, sie muss in Freiheit gewollt sein. Sie entsteht nicht einfach so und irgendwie von selbst. Zu tief steckt in unserem stammesgeschichtlichen Erbe die Neigung, dem Anderen und mehr noch dem Fremden mit Misstrauen oder gar Feindseligkeit zu begegnen. Es kostet etwas, sie zu überwinden. Das wird kaum gelingen ohne ein Ethos, das Menschen von innen heraus zusammenführt und zusammenhält. Die biblische Tradition sieht die Menschheit als Gemeinschaft von Völkern: ein Gott – eine Menschheit! Dieser Universalismus hat die Überwindung von Stammesdenken, Rassismus und Nationalismus möglich gemacht.

Die Herausforderung einer Weltstadt ist es, die geschwisterliche Verbindung zwischen den Menschen unterschiedlicher Nationen und Religionen zum Ausdruck zu bringen. Die Kirche ist im Prozess städtischer Gemeinschaftsbildung zu einer Art Politik des ersten Schrittes aufgerufen: Der erste Schritt der Annäherung, der erste Schritt der Verständigung, der erste Schritt der Versöhnung muss von ihr getan werden, wann immer es die Situation verlangt. Das ist interkulturelle Diakonie.

Kunst

Das „Haus am Dom" zeichnet eine Besonderheit aus: In einer seltenen Konstellation ist es verbunden mit dem Museum für moderne Kunst und dem Dom-Museum. Die Beziehung zwischen katholischer Kirche und Kunst hat eine lange Tradition. Die Kirche war über Jahrhunderte eine wichtige Auftraggeberin. Das hat die künstlerische Qualität nicht gemindert, Auftragswerke wie der Isenheimer Altar beweisen das. Aber die Kunst hatte sich an bestimmte inhaltliche und formale Vorgaben zu halten, die dem kirchlichen Zweck entsprachen.

Moderne Kunst will keinerlei Vorgaben zulassen außer denen, die sich aus dem Prozess des künstlerischen Schaffens ergeben. Sie will autonome Kunst sein. Schärfer noch: In der Moderne wird überhaupt nur noch autonome Kunst als wirkliche Kunst anerkannt, alles andere fällt eher unter die Rubrik Kunsthandwerk. Selbst die Abhängigkeit vom Kunstmarkt ändert nichts am Postulat der Autonomie. Moderne Kunst will mehr sein als Broterwerb, sie versteht sich als Selbstzweck. Vor allem sperrt sie sich gegen jede pädagogische, moralische oder religiöse Absicht. Das macht sie zuweilen schwer zugänglich und unverständlich. Die Nazis haben in ihrem Hass auf die „entartete Kunst"

sehr genau gespürt, wie wenig sie für propagandistische oder volks-
pädagogische Zwecke taugt. Sie stellt sich zudem nicht mehr primär
unter den Maßstab des Schönen. Was Christen im Blick auf den Gekreuzigten wahrnehmen, entdeckt sie auf ihre Weise: das Gebrochene,
das Hässliche. „Denn das Schöne ist nichts als des Schrecklichen Anfang, den wir noch gerade ertragen" (Rainer Maria Rilke).
Kirche und moderne Kunst Wand an Wand: Was kann das bedeu-
ten? Für die Kirche den Willen, Kunst Kunst sein zu lassen. Für die
Kunst den Willen, nicht anderes sein zu wollen als Kunst. Nicht nur
äußere Zwecksetzungen verderben die moderne Kunst, sondern auch
die in der Neuzeit immer wieder auftauchende Idee, die Kunst solle
Religion sein (wie sie sich vielleicht am deutlichsten im Werk Richard
Wagners darstellt). Kunst ist nicht Kult oder Ersatzkult. Moderne
Kunst steht für nichts anderes als für sie selbst. Sie ist, was viele ärgert,
zu nichts nütze und fasziniert gerade durch ihre Nutzlosigkeit. Denn
nutzlos zu sein, heißt ganz und gar nicht, sinnlos zu sein. Indem sie
darauf beharrt, nur ihr eigener Zweck zu sein, widersetzt sie sich durch
ihr Dasein einem Denken, das alles dem Kriterium der Nützlichkeit
unterwirft.

An dieser Stelle – und nicht zuerst über Themen und Inhalte – berührt sich der christliche Glaube mit der Kunst der Moderne. Auch er
fühlt sich fremd in einer Welt, die allem, das menschliche Leben eingeschlossen, nur dann einen Wert zuerkennt, wenn es einen Nutzen hat.
Denn er weiß sich an Gott gebunden, der mehr ist als nützlich, mehr
als notwendig, der eine Schöpfung hervorgebracht hat, die viel mehr
einem Kunstwerk als einer Maschine gleicht, der den Menschen geschaffen hat, der keinen Zweck außer sich hat, aber gerade so unendlich wertvoll und einzigartig ist. In der Absichtslosigkeit von Schöpfung und Mensch liegt ihre Schönheit begründet, an der auch der
hinreißend gefährliche Sirenengesang seinen Anteil hat. Ihm voller
Hingabe lauschen zu können, ohne sich selbst zu verlieren, das macht
die Kunst des wahren Lebens aus, die Lebenskunst. In Augenblicken,
in denen dieses Kunststück gelingt, spüren wir einen Hauch von
Glück, der uns ahnen lässt, wie sich eine Welt jenseits des Nutzens

und der totalen Verwertbarkeit der Dinge anfühlt. Von einer solchen Welt träumt die Kunst, auf die göttliche Verheißung ihrer Verwirklichung setzt der christliche Glaube.

Davon wusste Odysseus noch nichts. Am Ende findet er sich, nicht ohne Ernüchterung, in der alten Heimat wieder. Eine andere gab es für ihn nicht. Christen finden ihre Heimat mitten in der Fremde, gleich dem Stammvater Abraham, der von Gott auf einen Weg geschickt wurde ohne Rückkehr ins Alte. Odysseus und Abraham, Athen und Jerusalem – das muss sich nicht widersprechen. An dem Unterschied jedoch zwischen beiden hängt für Christen fast alles, ja im Grunde eine ganze Welt.

„Wer die Familie nicht ehrt, ist der Zukunft nicht wert"
Gerechtigkeit in der Familienpolitik

Deutschland sieht alt aus. Was die Kinder angeht, gehören wir nach einer Statistik der Weltbank zu den fünf ärmsten Ländern der Welt. Das bleibt nicht ohne Folgen. Denken Sie nur an die ins Mark gehende Krise der sozialen Sicherungssysteme. Die Politik hat jahrzehntelang Familien mit Kindern benachteiligt. Sie hat nicht einmal solche Ungerechtigkeiten beseitigt, die höchstrichterlich als verfassungswidrig erklärt worden sind. Dieser Skandal wirkt sich aus. Kinder sind zu einem alarmierenden Armutsrisiko geworden.

Die Schuld an dieser Entwicklung trifft nicht nur die Politik. Unsere Gesellschaft ist von kinderfeindlichen Tendenzen durchsetzt. Eltern, die in der Stadt eine Wohnung suchen, erfahren sehr schnell, dass Kinder unerwünscht sind. Geeigneter Wohnraum ist zur kaum erschwinglichen Mangelware geworden. Frauen und Männer, die ihre Arbeitsverhältnisse den Erfordernissen einer Familie mit Kindern anpassen wollen, finden nur selten Arbeitgeber, die ihnen entgegenkommen. Besonders alleinerziehende Mütter vermissen Betreuungsmöglichkeiten, damit sie ihrer Arbeit nachgehen können. Die Entscheidung für Kinder bringt schwerwiegende Nachteile mit sich. Mit einem Kind geht es oft noch. Je mehr es werden, desto schwieriger wird es. Die Würde der Kinder verbietet es, sie als Mittel zum Zweck zu missbrauchen. Sie sind um ihrer selbst willen wichtig, nicht nur als künftige Erwerbstätige, Pflegende, Steuer- und Beitragszahler. Mit ihren Fragen und immer neuen Einfällen locken und reizen sie vor allem ihre Eltern und vermitteln gerade so Freude am Leben. Aus Liebe zum Leben sagen viele Paare Ja zu Kindern, auch wenn sie dafür Einschränkungen in Kauf nehmen müssen. Kinder bereichern nicht nur ihre Eltern, sondern auch ihr soziales Umfeld, unsere Gesellschaft. Ohne sie ist die Gefahr groß, dass wir in der grauen Zweidimensionalität von Erwerb und Konsum versinken. Menschen, die Kinder bekommen und großziehen, tragen dazu bei, dass die „Polyphonie des Lebens" (Dietrich Bonhoeffer) nicht verstummt.

Bei der Familienpolitik geht es um eine Gestaltung jener Rahmenbedingungen, die das Glück mit Kindern und das Glück von Kindern beeinflussen. Kinder sind kein verrechenbares Verhandlungsobjekt, sie sind Subjekte und dürfen darum nicht instrumentalisiert werden. Gleichwohl sind die Erfordernisse und Folgen zu bedenken, die sich aus den vorhandenen oder nicht vorhandenen Kindern ergeben. Beides hat sein Recht. Wenn wir über Gerechtigkeit in der Familienpolitik sprechen, dann steht die Zuteilung von materiellen Gütern sowie von Lasten der Arbeit und der Finanzierung im Vordergrund. Die Ausrichtung auf Gerechtigkeitsfragen prägt auch die folgenden vier Thesen:

1. Durch die Erziehung von Kindern tragen Eltern zum gesellschaftlichen Austausch von Leistungen bei. Es gehört zu den besonders folgenreichen Gerechtigkeitsproblemen unserer Gesellschaft, dass diese Leistung nicht angemessen honoriert wird; es steht ihr kein entsprechender Beitrag der Kinderlosen gegenüber.

Kinder machen nicht nur Freude, sondern auch Arbeit. Von der Arbeit an und mit Kindern und von den Ausgaben für Kinder „profitieren" nicht nur die Eltern, sondern alle. Aus ethischer Sicht hat eine Gesellschaft nicht nur ihren arbeitenden Mitgliedern ein Leben unter menschenwürdigen Bedingungen zu ermöglichen, sondern auch denen, die alt geworden sind und nicht mehr arbeiten können. Damit das möglich ist, bedarf es eines verlässlichen Systems der Alterssicherung. Wie auch immer dieses System im Einzelnen ausgestaltet ist, wenn die heute Erwerbstätigen einst kaum noch wirtschaftliche Leistungen erbringen, müssen Menschen da sein, die für die Bereitstellung der benötigten Güter sorgen. Wenn es um Gerechtigkeitsfragen geht, ist es eben doch von Bedeutung, dass Kinder auch die Erwerbstätigen und Pflegenden von morgen sind. Erwachsene, die Kinder großziehen, tragen schon allein dadurch zum gesellschaftlichen Leistungsaustausch bei.

Ein grundlegendes Gerechtigkeitsproblem unserer Gesellschaft besteht darin, dass dieser umfangreiche Beitrag der Familien zum gesellschaftlichen Leistungsaustausch im System der Steuern, Sozialversicherungsbeiträge und Transfers nicht oder kaum anerkannt wird. Im Großen und Ganzen wird er organisiert als eine unentgeltliche Dienstverpflichtung der Eltern, insbesondere der Mütter. Ohne Gegenleistung erbringen sie einen hohen Beitrag, dem auf Seiten der Kinderlosen keine entsprechende Leistung gegenübersteht.

Natürlich gibt es Kindergeld und Kinderfreibeträge. Aber diese und andere finanzielle Entlastungen der Familien decken die Kosten, die selbst bei einem niedrigen Lebensstandard für Kinder anfallen, bei weitem nicht ab. Trotz Erziehungsgeld, der Berücksichtigung der Kindererziehung in der Rentenversicherung und anderer Maßnahmen – im Großen und Ganzen wird weder die Erziehungsleistung der Eltern honoriert, noch erhalten sie eine Kompensation dafür, dass ihre Chancen in der Erwerbsarbeit aufgrund der Familienarbeit geringer sind. So kommt es, dass (bezogen auf den Bedarf) das Einkommen der Familien durchschnittlich erheblich geringer ist als das der Singles und kinderlosen Paare. Diese Benachteiligung wirkt sich zum einen über die erheblich geringere Finanzkraft der Familien aus. Ein Beispiel ist das Wohnen in Ballungsräumen. Familien mit zwei oder mehr Kindern können sich qualitativ hochwertige Wohnungen häufig nicht leisten, weil die Mieten von den besseren finanziellen Möglichkeiten der Kinderlosen bestimmt sind. Zum anderen wirkt sich das niedrigere Durchschnittseinkommen von Eltern auch negativ auf deren Alterssicherung aus: Die im Vergleich zu einem kinderlosen Paar meist geringere Erwerbsbeteiligung der Eltern führt in der Gesetzlichen Rentenversicherung zu geringeren Rentenansprüchen; aufgrund des höheren Bedarfs bleibt in vielen Fällen kein finanzieller Spielraum für die private Vorsorge.

In der öffentlichen Debatte heißt es immer wieder, angesichts des erreichten Wohlstandsniveaus gehe es heute nicht mehr um Verteilungsgerechtigkeit. Die finanzielle Benachteiligung der Familien ist jedoch ein Beispiel für ein akutes Verteilungsproblem. Im Kern ist es nicht ein Verteilungsproblem zwischen Generationen, sondern in ein und derselben Generation: Zwischen denen, die Kinder großziehen, und den Kinderlosen sind Lasten und Einkommenschancen ungerecht verteilt. Wenn wir etwas daran ändern wollen – aus Sicht der christlichen Sozialethik ist das dringend notwendig –, dann erfordert dies, dass die Steuern und Abgaben derer, die keine Kinder haben, steigen.

2. Eine gute Familienpolitik erschöpft sich nicht in einer finanziellen Entlastung der Familien. Sie verfolgt ein breiteres Zielspektrum als nur die Sicherung der Generationenfolge.

Wir sollten uns nicht der Illusion hingeben, durch eine finanzielle Entlastung der Familien allein würden die Geburtenraten in Zukunft wieder steigen. Wir brauchen eine viel umfassendere Offensive gegen kinderabweisende Tendenzen in Kultur und Gesellschaft. Zu einer familien- und kinderfreundlichen Gesellschaft gehören z. B. Unternehmen, in denen Frauen und Männer so arbeiten können, dass ihre Erwerbsarbeit gut mit ihrem Familienleben vereinbar ist. Der aktuelle

Trend, die Arbeitszeiten wieder zu verlängern, geht auch auf Kosten der Familien. Wichtig sind zudem Städte und Gemeinden, in denen Kinder Raum haben zum Leben, zum Erleben und Entdecken. Die Kommunalpolitiker wissen, was zu tun ist, um Lebensräume kindgerecht zu gestalten, und wie oft das anderem geopfert wird.

Weiter: Es reicht nicht aus, durch eine gute Familienpolitik – und durch eine angemessene Migrations- und Integrationspolitik – den demographischen Abwärtstrend zu stoppen. Damit allein wären den alten Menschen der kommenden Jahrzehnte noch nicht die Lebensbedingungen gesichert. Es kommt darauf an, dass die heutigen Kinder und Jugendlichen später auch motiviert und qualifiziert sind, das „Produktionssystem" der Gesellschaft zu übernehmen. Das ist eine Frage der Bildung und Ausbildung und vor allem der Integration in die Erwerbsarbeit. Wenn die Jugendlichen und jungen Erwachsenen nach Schule und Ausbildung oder Hochschule arbeitslos dastehen, dann bleiben die Forderungen nach Generationengerechtigkeit und Zukunftssicherung leeres Gerede. Dann verspielen wir unsere Zukunft; und – schlimmer noch – wir verspielen die Zukunft der Kinder.

Schließlich darf Familienpolitik nicht auf die Sicherung der Generationenfolge beschränkt werden. Zwar steht diese Zielsetzung in der aktuellen Debatte im Vordergrund. Aber das sehr viel breitere Spektrum familienpolitischer Ziele sollte darüber nicht in Vergessenheit geraten. Zwei dieser Ziele möchte ich in den Thesen 3 und 4 herausstellen: die Vereinbarkeit von Erwerbs- und Familienarbeit und die Bekämpfung der Kinderarmut.

3. Zu den Zielen einer modernen Familienpolitik gehört es, die Vereinbarkeit von Beruf und Familie zu ermöglichen. Frauen und Männer müssen Erziehungs- und Erwerbsarbeit nach eigenen Vorstellungen verbinden können.

In der ersten These war von der unentgeltlichen Dienstverpflichtung der Eltern die Rede: Mit der Erziehung von Kindern, die später auch für die heute Erwerbstätigen Güter produzieren sollen, erbringen sie eine Leistung, der keine vergleichbare Leistung der Kinderlosen entspricht. In der Ehe werden die mit dieser Dienstverpflichtung verbundenen Arbeiten im Allgemeinen nicht paritätisch verteilt. Vielmehr fällt meist den Müttern der Löwinnen-Anteil der Haus- und Familienarbeit zu. So kommt es bei der Erledigung unentgeltlicher Arbeiten und beim Zugang zur Erwerbsarbeit zu einer doppelten Benachteiligung der Frauen. Das Wort der beiden Kirchen *Zur wirtschaftlichen und sozialen Lage in Deutschland* sagt: „Aufgrund der traditionellen Arbeitsteilung zwischen Männern und Frauen sind es vor allem die Frauen, die Arbeit in Familie und Ehrenamt übernommen haben. Nimmt man ihren Anteil an der Erwerbsarbeit hinzu, so werden etwa zwei Drittel der gesellschaftlich anfallenden Arbeit von Frauen geleistet. Weil Frauen immer noch den größten Teil der familiären Arbeit leisten, werden sie häufig noch zusätzlich bei den Einstellungsentscheidungen benachteiligt. Deshalb haben sie an der Erwerbsarbeit nicht in dem Maße teil, wie es ihrer Ausbildung und Qualifikation entspräche" (55).

Der von Jürgen Borchert verfasste „Wiesbadener Entwurf" dagegen ordnet „Maßnahmen zur Herstellung und Verbesserung der ‚Vereinbarkeit' in der Reformhierarchie nachrangig" ein. Es gehe vor allem darum, das Steuer- und Abgabensystem so zu reformieren, dass die Benachteiligung der Familien beendet werde. Die hohe Belastung des zweiten Arbeitseinkommens in der Familie führe nämlich dazu, dass durch Erwerbstätigkeit der Mütter die Einkommenssituation der Familie kaum verbessert werde. Außerdem zeige die schwedische Entwicklung der letzten Jahre, dass die Geburtenrate durch bessere Kinderbetreuung allein kaum erhöht werde.

So bedenkenswert diese Forderungen sind, gleichwohl müssen die Ehepartner Erwerbstätigkeit und Erziehungsarbeit nach ihren eigenen Vorstellungen verbinden können. Das sagt auch das Gemeinsame Wort der Kirchen: „Frauen und Männer suchen heute vielfach Lebensziele gleichzeitig zu verwirklichen, die sich früher auszuschließen schienen. Sie möchten Erwerbsarbeit und Ehrenamt, Familie und Beruf, persönlichen Freiraum und politisches Engagement miteinander verbinden. Ihnen geht es darum, sich als kreative und unkonventionelle Persönlichkeiten selbst zu entfalten und in einer Gemeinschaft Verantwortung zu übernehmen" (158). Das ist ein eigenständiges Ziel der Familienpolitik. Es legitimiert den Ausbau von Kinderbetreuungsmöglichkeiten oder die dringend gebotene Verbesserung der Alterssicherung von Teilzeitbeschäftigten – unabhängig davon, ob sich diese Maßnahmen auf die Geburtenrate oder auf das durchschnittliche Einkommen von Familien auswirken oder nicht.

Wenig überzeugend ist allerdings auch die starke Erwerbszentrierung der rot-grünen Familienpolitik. Sie will im Sinne einiger Leitvorgaben der OECD und der EU durch Verbesserung der Kinderbetreuungsmöglichkeiten die familiären Belastungen von Müttern so weit reduzieren, dass sie Erwerbsarbeit aufnehmen oder den Umfang ihrer Erwerbstätigkeit ausdehnen können. Mit einer so zugespitzten Familienpolitik fördert sie zum einen Tendenzen, Berufstätigkeit als eine Norm aufzufassen, die für alle Erwachsenen gilt – auch für beide Eltern in größeren Familien und für Alleinerziehende! So entsteht allmählich ein neuer gesellschaftlicher Druck: Mütter müssen erwerbstätig sein. Das ist genauso schädlich wie die überkommene Diskreditierung berufstätiger Mütter als Rabenmütter.

Zum anderen bleibt bei der rot-grünen Familienpolitik außen vor, dass das Problem der Vereinbarkeit eben auch ein Problem der Männer ist. Die gesellschaftlich notwendige Arbeit ist so zu organisieren, dass erstens die Familienarbeit und zweitens der Zugang zur Erwerbsarbeit gerecht zwischen den Geschlechtern geteilt wird. Im Gemeinsamen Wort der Kirchen heißt es dazu: Frauen wollen „bezahlte und die überwiegend von ihnen geleistete unbezahlte Arbeit mit Männern teilen und in allen Bereichen partnerschaftlich mit ihnen zusammenarbeiten. Dies setzt nicht nur einen Wandel in den Beziehungen und Verhaltensweisen von Männern und Frauen voraus. Erforderlich sind ebenso strukturelle Veränderungen in Wirtschaft und Gesellschaft … Die Vereinbarkeit von Familie und Beruf, die bisher einseitig zu Lasten der Frauen ging, muss für Frauen und Männer gleichermaßen möglich sein. Das schließt die vermehrte Beteiligung der Männer an der Haus-

und Familienarbeit ein, verlangt aber auch besondere Bemühungen, die Familienarbeit in verstärktem Maße als gleichrangig neben der Erwerbsarbeit anzuerkennen" (201f).

4. *Der starke Anstieg der Kinderarmut in den letzten 20 Jahren ist ein gesellschaftspolitischer Skandal; Armut beeinträchtigt die Lebensperspektive von Kindern erheblich. Die Bekämpfung der Kinderarmut ist darum eine vorrangige Aufgabe der Familienpolitik.*

Kinderarmut ist in unserer Republik längst nicht mehr ein quantitativ unbedeutendes Randgruppenphänomen. Etwa eine Million Kinder und Jugendliche unter 18 Jahren sind gegenwärtig von Sozialhilfe abhängig. Zwei Millionen Minderjährige leben in Haushalten, deren Einkommen so gering ist, dass sie gemäß den in der EU üblichen Definitionen als arm bezeichnet werden müssen. Damit lebt von sieben Kindern und Jugendlichen in Deutschland eines in Armut. In den 15 westlichen EU-Ländern ist der Anteil nur in Irland höher. Besonders betroffen sind Kinder von Migranten und Alleinerziehenden.

Neuere Studien zeigen, dass sich die Einkommensarmut auf die Lebensumstände und Entwicklung der Kinder äußerst negativ auswirkt. Fast 40 Prozent müssen mit erheblichen Mängeln bei Wohnung, Nahrung oder Kleidung zurechtkommen. Bei mehr als einem Drittel der Kinder sind Defizite in der kognitiven und sprachlichen Entwicklung festzustellen. Gleich hoch ist der Anteil der armen Kinder, die in ihren sozialen Kontakten eingeschränkt sind oder bei der Ausbildung sozialer Kompetenzen mit den Gleichaltrigen nicht Schritt halten können. In Fragen der Gesundheit und der körperlichen Entwicklung haben sie deutlich häufiger Probleme.

Selbst diejenigen, die in der öffentlichen Debatte forsch das Ende der Verteilungsgerechtigkeit verkünden, negieren im Allgemeinen nicht das Ziel der Chancengerechtigkeit. Dieser Anspruch ist wohl kaum vollständig einzulösen. Studien zur Lebenssituation und zu den Entwicklungschancen der Kinder zeigen jedoch, dass die Bundesrepublik aufgrund der hohen verfestigten Kinderarmut eklatant gegen den Anspruch gleicher Chancen verstößt. Ohne Verteilungsgerechtigkeit ist Chancengerechtigkeit eben nicht zu haben. Die Politik möchte die Kinderarmut vor allem durch eine bessere Beteiligung der Eltern an der Erwerbsarbeit bekämpfen. Und ohne Zweifel kann eine Verbesserung der Lage auf dem Arbeitsmarkt die Kinderarmut verringern. Allerdings besteht die Gefahr, dass über dieses erwerbszentrierte Vorgehen das Problem eines gerade im unteren Einkommensbereich völlig unzureichenden Familienlastenausgleichs verdrängt wird. Unbestritten ist, dass sich die Gesellschaft zumindest bei den Familien mit geringem Einkommen an den durch die Kinder verursachten Kosten beteiligen muss. Deshalb wird bei der Berechnung der Sozialhilfe und des Arbeitslosengelds II bzw. des Sozialgelds der höhere Bedarf durch Kinder berücksichtigt. Aber die Leistungen sind zu gering. Vor allem jedoch sind die Sozialhilfe und das mit dem Arbeitslosengeld II verbundene Sozialgeld die falschen Instrumente für einen Familienlastenausgleich; denn sie sind nicht zugeschnitten auf Familien, die trotz der vollen Erwerbstätigkeit eines Erwachsenen nur über niedriges Einkommen verfügen.

Aus dem Blickwinkel der Kinderarmut betrachtet, müssen auch an das Arbeitslosengeld II kritische Rückfragen gestellt werden: Für einen Teil der Familien, die nun von Arbeitslosengeld II und Sozialgeld statt von Arbeitslosenhilfe leben, ist die Umstellung mit einem Rückgang des Einkommens verbunden. Wahrscheinlich müssen in den nächsten Jahren noch mehr Kinder als bisher in Armut leben, mit allen Konsequenzen. Außerdem ist die in den Hartz-IV-Gesetzen vorgesehene Kürzung von Leistungen bei Ablehnung eines Arbeitsangebotes kritisch zu hinterfragen. Aus Sicht der christlichen Sozialethik sind solche Kürzungen dann abzulehnen, wenn Kinder in den betroffenen Haushalten leben. Wie soll ethisch gerechtfertigt werden, dass sich die Lebensbedingungen und Entwicklungsmöglichkeiten von Kindern, die eh schon in Armut leben, durch eine Kürzung des Arbeitslosengelds II noch weiter verschlechtern? Es ist unverantwortlich, dass Kinder durch eine massive Beeinträchtigung ihrer Entwicklungschancen in

Kollektivhaftung genommen werden für ein reales oder vermeintliches Fehlverhalten ihrer Eltern auf dem Arbeitsmarkt!

Wir haben allen Grund, uns über Ehepaare zu freuen, die Ja sagen zum Kind, und auch all denen zu danken, die ihnen in Politik und Gesellschaft helfen, dieses Ja einzulösen. Da gibt es noch viel zu tun.

„Zeige deine Wunde"
Wider den Gesundheitswahn

Vor einer Betonwand stehen in fahlem Neonlicht neben Werkzeugen und Kisten mit Zeitungen zwei Leichenbahren, dazu zwei Zinkblechkisten mit geknetetem Fett, einem Fieberthermometer und Reagenzglas, darin ein Vogelschädel. Auf zwei Schultafeln an der Wand steht in Kinderschrift geschrieben: „Zeige deine Wunde". Anfang 1976 hat Joseph Beuys diese Szene in einem Fußgängertunnel der Münchner Innenstadt installiert. Erst als die Städtische Kunstgalerie sie drei Jahre später erwarb, kam sie in die Schlagzeilen: ‚entartete Kunst'. Die Provokation des Künstlers zeigte Wirkung. – Mitten im Trubel der Großstadt werden die Passanten daran erinnert, wie verwundbar und sterblich sie sind. Sie werden wie durch Kindermund herausgefordert, sich ihrer eigenen Gebrechlichkeit zu stellen. Eine Gesellschaft, deren höchstes Gut die Gesundheit ist, gerät darüber außer Fassung.

Beuys' Installation lässt an den Drachentöter Siegfried denken und an Achill, den Helden von Troja. Aus beiden Sagengestalten spricht die Sehnsucht, unverwundbar zu sein, unsterblich. Beider Schicksal zeigt, dass dieser Traum nicht in Erfüllung geht, die Achillesferse macht sprichwörtlich darauf aufmerksam. Die Wunde steckt in uns. Wir sollten sie nicht verstecken, sondern dem Traum der Unsterblichkeit abschwören. Das ist leichter gesagt als getan. „Zeige deine Wunde", das scheint kinderleicht und ist doch bis ins hohe Alter unsagbar schwer. Wir können und wollen uns nicht mit dem Tod abfinden, deshalb wehren wir uns bereits gegen seine Vorboten, gegen die Krankheit und gegen das Altern.

Heutzutage dreht sich alles um die Gesundheit. Wellness- und Fitnessangebote boomen. Ratgeber für gesunde Ernährung sind hoch im Kurs. Nicht nur an Geburtstagen münden die guten Wünsche in die fast stereotype Formel: „… und vor allem Gesundheit, die ist das Wichtigste. Hauptsache, gesund." All das betrifft zunächst die private Seite der Gesundheitssorge. Auffälliger noch und dramatischer gestaltet sich die gesellschaftliche Entwicklung. Aus der Krankenkasse ist eine Art Gesundheitskasse geworden. Kein Wunder, dass das öffentliche Gesundheitswesen an die Grenzen seiner Finanzierbarkeit stößt. Alle Bemühungen, die Explosion der Ausgaben nachhaltig zu bremsen, sind mehr oder minder gescheitert. Ausgerechnet der Apparat, der im Dienst der Gesundheit stehen will, wuchert wie ein Krebsgeschwür und bedroht seine eigene Überlebensfähigkeit.

Eine gigantische Verdrängung

Was hat das mit Religion zu tun? Ein Nachrichtenmagazin hat es auf den Punkt gebracht: „Der neue Götze heißt Gesundheit". Götzen lassen sich ihren Dienst teuer bezahlen und fordern erbarmungslos ihre Opfer. Nicht anders ist es mit dem gegenwärtigen Gesundheitskult. Er verlangt seinen Tribut, von maßlosen finanziellen Aufwendungen bis zu harten Selbstkasteiungen. Das eine ruiniert die öffentlichen und nicht selten auch die privaten Kassen, das andere oft genug die Gesundheit.

Um Missverständnisse zu vermeiden: Viele von uns wären längst tot, gäbe es nicht die moderne Medizin. Pest und Cholera sind im Prinzip besiegt. Es wäre zynisch, den medizinischen Fortschritt pauschal zu verdammen und dann im Ernstfall doch von ihm zu profitieren. Man kann nur wünschen, er käme allen Menschen auf unserem Planeten zugute. Die Sorge um die Gesundheit ist eine Sache, der Gesundheitswahn eine andere. Die Kurve der Lebenserwartung zeigt in den letzten Jahrzehnten steil nach oben. Sie strebt aber nicht gegen unendlich. Nicht das verständliche und berechtigte Verlangen nach Gesundheit ist das Problem, sondern der heillose Wahn, der dieses Streben pervertiert und die Gesellschaft krank macht. Wer ihn durchschaut, dem wird klar, weshalb die Dinge allen moralischen Appellen und Vernunftargumenten zum Trotz aus dem Ruder laufen.

Es hilft nicht viel, das überhitzte und überforderte Gesundheitssystem durch Anreize und Sanktionen sanieren zu wollen. Die Kostenmisere ist auch nicht dadurch zu beheben, dass man sie auf das Treiben profitgieriger Interessengruppen zurückführt und deren Einfluss zu stutzen versucht. Daran mag manches nützlich sein, aber es erreicht nicht den Kern des Problems: Die moderne Kultur hat ein gestörtes Verhältnis zu Gesundheit und Krankheit, zu Leben und Tod. Der Gesundheitswahn trägt Züge eines gigantischen Verdrängungsapparates, der im Vergleich zu früheren Kulturen ohne Vorbild ist.

Das heißt nicht, die Auseinandersetzung des Menschen mit Gesundheit und Krankheit beginne erst in Europa und in der Neuzeit. Schon die Neandertaler litten an rheumatischen Beschwerden oder Kieferentzündungen und haben nach Wegen gesucht, Leiden zu verhindern oder zu lindern. Die alten Hochkulturen verfügten über ein breites medizinisches Erfahrungswissen. Was die Stammeskulturen betrifft, sind deren Medizinmänner ja nicht zufällig sprichwörtlich. Erst in der Antike finden sich stärker philosophisch begründete Überlegungen zur gesunden Lebensführung und das Bemühen, diesen Bereich aus einer allzu engen Verbindung mit der Religion zu lösen. Zu keiner Zeit jedoch erschöpfen sich Heilkunde und Heilkunst in rein pragmatischen Auskünften. Auch dort, wo der religiöse Einfluss verblasst, bleibt der Hintergrund weltanschaulich grundiert.

Kausal-mechanisches Denken

In der Geschichte des Nachdenkens über Krankheit und Gesundheit treten drei Schnittstellen hervor: das Verhältnis von Natur und Kultur, von Körper und Seele und von Leben und Tod. An ihnen zeigen sich die Veränderungen, die der Moderne und nicht zuletzt der modernen Medizin ihr unverwechselbares Profil geben. Es hat sich ein theoretischer Umbruch von großer praktischer Tragweite vollzogen. Die Antike verstand den Kosmos als ein übergreifendes Ordnungsgefüge, dessen Struktur sich im Menschen als Mikrokosmos widerspiegelt. Heute erscheint die Natur als ein geschlossenes System von Ursache und Wirkung, in das der Mensch als Naturwesen eingebunden ist. Das Erkennen kausaler Relationen wird zum Paradigma von Erkenntnis überhaupt, gleichsam zu einer weltanschaulichen Leitvorstellung. Das hat nicht zuletzt für die Medizin tiefgreifende Folgen. Als Teil der Naturwissenschaft konzentriert sie sich immer stärker auf den Körper und versucht, ihn rein naturgesetzlich zu erfassen. Ihr Ziel besteht darin, das jeweilige Krankheitsbild aus bestimmten Krankheitsursachen abzuleiten und daraus therapeutische Konsequenzen zu ziehen. Zugespitzt: Der Mensch stirbt nicht mehr am Tod, sondern an Todesursachen. Gelingt es, die Ursachen von Krankheit und Tod zu erkennen und zu beseitigen, verschwinden sie als Problem. Der Körper erscheint als eine Art Maschine, die Krankheit als Defekt, die Therapie als Reparatur. Das ganze Geschehen ist prinzipiell beherrschbar.

Die kausal-mechanische Betrachtungsweise der Natur und des Menschen hat sich im Abendland durchgesetzt und ist von da aus in die ganze Welt vorgedrungen. Zwar hat es nie an Einspruch und Widerstand gefehlt, auch nicht innerhalb der Wissenschaft und Medizin selbst. Trotzdem haftet allen Alternativen ein Hauch von Exotik und Esoterik an. Ein Blick auf die medizinische Ausbildung lässt die ungebrochene Dominanz der naturwissenschaftlichen Perspektive erkennen. Weder Psychosomatik noch Psychologie, weder Naturheilkunde noch ganzheitliche Medizin prägen das Gesamtbild. In der medizinischen Praxis verhält es sich ähnlich. Der Hausarzt mit seinen umfassenden Kenntnissen der Patienten und ihrer Lebensverhältnisse, dieser Mix aus Hausfreund, Seelsorger, Psychotherapeut und Mediziner stirbt aus. Bis in die Vergütungsordnung hinein beherrscht der Spezialist das Feld. Hausbesuche und Gespräche rechnen sich kaum, umso mehr Geräte- und Laboruntersuchungen. Was sich durch sie nicht fassen lässt, findet nur schwer Eingang in die Krankenakte. Den Ausschlag gibt nicht das (subjektive) Empfinden, krank oder gesund zu sein, sondern der (objektive) medizinische Befund, dokumentiert in Bildern, Tabellen und Kurven. „Gesund ist nur, wer noch nicht weiß, dass er krank ist." So macht der Volksmund sich seinen Reim auf diesen wissenschaftlichen Objektivismus.

Bedingungslose Selbstgestaltung

Wie erklärt sich die Erfolgsgeschichte der Medizin? Ist sie in ihrer eigenen Entwicklung begründet oder eher in ihrem kulturellen Kontext? Beides greift ineinander. Als Naturwissenschaft verstanden, ist sie mitten in das Projekt Moderne gerückt, das den Menschen durch Wissenschaft und Technik von allen vorgegebenen Zwängen befreien will. Nicht zufällig nehmen Medizin und medizinische Versorgung in den neuzeitlichen Entwürfen idealer Staaten und utopischer Gesellschaften einen hohen Rang ein. Leo Trotzki hat seine Visionen nach der russischen Oktoberrevolution in naiver Fortschrittsgläubigkeit so formuliert: „Der Mensch wird endlich darangehen, sich selbst zu harmonisieren … Er wird den Willen verspüren, die halbbewussten und später auch die unterbewussten Vorgänge im eigenen Organismus: Atmung, Blutkreislauf, Verdauung und Befruchtung zu meistern, und wird sie … der Kontrolle durch Vernunft und Willen unterwerfen … Das Menschengeschlecht, der erstarrte Homo sapiens, wird erneut radikal umgearbeitet und … zum Objekt kompliziertester Methoden der künstlichen Auslese und des psychophysischen Trainings werden."

Nicht nur der kommunistische Utopismus ist derart üppig ins Kraut geschossen. Der Wille zur Selbstgestaltung über alle vorgegebenen Grenzen hinweg charakterisiert die moderne Einstellung zur

Wirklichkeit überhaupt. Das belegen viele Phänome, von der Rekord-
sucht im Sport über die Wachstumsideologie in der Wirtschaft bis
hin zur Fortschrittsgläubigkeit gerade in den Naturwissenschaften,
die nach manchen Irritationen in der Mitte des vergangenen Jahrhunderts inzwischen wieder ungebrochen weiterwächst. Der Druck
der Ökonomie und der globalen Konkurrenz verstärkt die Neigung,
alles Machbare tatsächlich zu machen und das Unmögliche zu ermöglichen. Nachdem die Physik als Leitwissenschaft in den Hintergrund getreten ist, knüpfen sich die für die Moderne typischen Heils-
erwartungen an die sogenannte Lebenswissenschaft und ihre
praktische Anwendung als Gentechnik. Sie verspricht, Visionen wie
die Trotzkis schrittweise zu verwirklichen. Ihr Gestaltungswille ist
mehr als nur resolut. Er ist absolut, er bricht jedes Tabu. Ob Brust-
verkleinerungen oder Brustvergrößerungen, ob Geschlechtsumwand-
lungen oder künstliche Befruchtungen, ob Leihmütterschwanger-
schaften oder Organverpflanzungen, ob das Klonen von Tieren oder
die Erzeugung von Mäusen mit Schweinsohren: der Phantasie sind
keine Grenzen gesetzt.

All das verändert die Weltsicht von Grund auf, nicht zuletzt auch
das Verhältnis zu sich selbst, zu Krankheit und Gesundheit. In früheren Kulturen gehörten Geburt und Tod, Gesundheit und Krankheit
zu jenen schicksalhaften Widerfahrnissen oder göttlichen Fügungen,
mit denen man sich abzufinden hatte. Als der berühmte Berliner
Arzt Rudolf Virchow Ursachen und Verlauf einer Seuche in Schlesien
erforschte, sah er mit Entsetzen, dass die Menschen ihre Erkrankung
als Heimsuchung Gottes deuteten und lieber zum Pfarrer gingen als
zum Arzt. Wir können sein Unverständnis heute gut nachvollziehen.
Damals sprach sich darin eine grundsätzlich neue Weltsicht aus, die
den kulturellen Umbruch der Neuzeit kennzeichnet: Schicksal und
Vorsehung treten ab; Natur und Gesellschaft unterstehen allein dem
menschlichen Willen. Dieses Selbstbewusstsein des modernen Menschen wird durch Naturkatastrophen tief erschüttert. Ob bei Vulkan-
ausbrüchen, Flutwellen oder Seuchen – immer füllen sich in solchen
Situationen die Kirchen. Aber die langfristigen Hoffnungen richten

sich auf Forschung und Technik. Die Religion wird in Anspruch genommen, das im Moment noch Unabänderliche zu verarbeiten. Von der Wissenschaft erhofft man, es zu überwinden. Nicht anders ist es mit Alter, Krankheit und Tod. Sie werden weithin als individuelle Katastrophen erlebt, weil sie die Schaffenskraft einschränken, Entscheidungsspielräume einengen und den eigenen Lebensplan durchkreuzen. Man ahnt unübersteigbare Grenzen und fühlt sich ohnmächtig. Wer erkrankt, wehrt sich gegen seine Krankheit wie gegen einen Feind; wer gar todkrank ist, versteht oft die Welt nicht mehr. Nichts fällt schwerer als anzunehmen, was ist, ohne daran rütteln zu können. Deshalb lautet die Devise derer, die es noch nicht „erwischt" hat: Gesund leben, um gesund zu bleiben und lange zu leben. Jeder ist seines Glückes Schmied und trägt die Verantwortung für seine Gesundheit. Alle können alles erreichen, sie müssen es nur wollen. Das ist das heimliche Credo der liberalen Ideologie. In der Folge empfindet man Misserfolg und Krankheit als Versagen und Schuld. Durch die Hintertür einer Kultur schrankenloser Selbstverwirklichung kehren auf einmal die Gespenster zurück, die man in Gestalt des christlichen Sündenbewusstseins endgültig verjagt zu haben meinte.

Wer trägt die Verantwortung?

Noch eine andere Überraschung stellt sich ein. In krassem Widerspruch zum allgegenwärtigen Drang, über das eigene Leben selbst bestimmen zu können, breitet sich infolge immer differenzierterer Formen der medizinischen Diagnose und Prognose eine Art neuer Schicksalsgläubigkeit aus. Schon in den Genen soll festgelegt sein, an welchen Krankheiten jemand leidet oder leiden wird. Mehr noch: Die genetischen Merkmale sollen es gestatten, seine Charaktereigenschaften vorherzusagen und zu erklären, weshalb jemand zum Star oder zum Verbrecher wurde. Die Hirnforschung scheint das neuerdings zu bestätigen. Am Erbgut hängt das Gelingen oder Misslingen des Lebens größtenteils, den Rest besorgt das Gehirn, das uns die Vorstellung eines freien Willens vorgaukelt. Konsequent verfolgt, führt diese Idee

zur kollektiven Verantwortungslosigkeit, während der genetische De-
terminismus folgerichtig den Gedanken der Menschenzucht nach
sich zieht. Der wird denn auch längst in die Tat umgesetzt: Samenban-
ken halten das Sperma berühmter Menschen bereit. Sie sollen Kinder
mit hervorragenden Eigenschaften garantieren. Umgekehrt dienen eu-
genische Maßnahmen dazu, problematisches Erbgut zu verbessern.
Eine Art medizinischer Qualitätskontrolle verfolgt den Zweck, Krankheiten oder Behinderungen von vorneherein auszuschalten. Noch
steckt diese Entwicklung in den Kinderschuhen, aber in Umrissen
zeichnet sich ab, was auf uns zukommt.

Offenbar ist der erweiterte Handlungsspielraum in der Medizin
untrennbar mit einem größeren Entscheidungsdruck verbunden. Eltern, die ein behindertes Kind erwarten, können davon erzählen,
aber keineswegs nur sie. Immer häufiger und unverhohlener sehen
sich ältere Menschen mit dem Vorwurf konfrontiert, sie strapazierten
in unzumutbarem Maße die Kranken- und Rentenversicherung durch
ihre pure Existenz. Selbstredend wird ihnen gleichzeitig nachdrücklich versichert, an sich böte der medizinische Fortschritt allen Anlass
zur Freude, jedoch … So birgt das Idealbild fortdauernder Jugend-
lichkeit nicht nur eine Verheißung, sondern zugleich eine verkappte
Drohung. Wenn sich nämlich das Altern und Erkranken durch kor-
rektes Verhalten vermeiden lassen, dann darf sich nicht beklagen,
wer abweicht. Und schon gar nicht steht ihm oder ihr das Recht zu,
die Solidargemeinschaft die Zeche zahlen zu lassen. Nicht nur von
Frankreich ist zu hören, das erhöhte Krankheitsrisiko zwinge dazu,
über kurz oder lang die Leistungsansprüche alter Menschen zu be-
grenzen.

Die Anzeichen für einen Generationenkonflikt sind unübersehbar.
Insoweit er sich auf die finanzielle oder soziale Belastung der Jüngeren
bezieht, ist er nicht neu. Bekanntlich hat man früher nicht selten neben Kindern auch alte und kranke Menschen ausgesetzt. Die Neuartig-
keit des Konflikts heute erwächst aus den erweiterten Möglichkeiten
medizinischer Diagnose und Prognose sowie der genetischen Manipu-
lation. Nehmen wir an, eines Tages könnten in der Retorte Kinder

erzeugt werden, die in jeder Hinsicht den Wünschen ihrer Erzeuger entsprechen. Es bleibt doch für alle Zukunft dabei, dass diese Wunschkinder nicht selbst darüber entscheiden können, ob und mit welchen Eigenschaften sie zur Welt kommen. Wem aber sollen sie die Verantwortung für ihr Leben zuschreiben, wenn sie trotz aller Planung darunter leiden oder es gar als Unglück empfinden? Ist es abwegig, sich Gerichtsverfahren auszumalen, die Kinder gegen ihre Eltern anstrengen, sprich: gegen die Produzenten der verwendeten Samen- und Eizellen? Oder gegen die beteiligten Ärzte? Gegen Kliniken und Labors? Was wäre denn ein berechtigter Klagegrund? Abstehende Ohren, die nicht vorgesehen waren? Eine Erbkrankheit, die nicht bemerkt wurde? Die falsche Haarfarbe oder das falsche Geschlecht? Oder überhaupt die Tatsache, ungefragt geboren zu sein?

Die Krankheit, nicht leiden zu können

Man kann einwenden, das seien doch grundsätzlich keine neuen Fragen. Tatsächlich sind manche von ihnen steinalt. Neu ist nur, dass uns mögliche Antworten abhanden gekommen sind. Solange jemand alle Widrigkeiten dem Schicksal zuschreiben konnte, hat er es akzeptiert oder mit ihm gehadert. Hielt er Gott für verantwortlich, konnte er sich seinem Willen ergeben oder ihn verfluchen. Doch was jetzt, wenn alles aus den Genen, dem Gehirn, der Umwelt oder der Gesellschaft abzuleiten ist? Wir klagen, aber nicht vor Gott und dem Himmel, sondern auf Erden und vor Gericht. Wir erklären unser ganzes Leben zu einem einzigen Schadensfall und fordern Schadensersatz. Das klingt überspannt. Doch wenn heute in Nachbarländern schon gerichtlich darüber verhandelt wird, ob Eltern bei einer fehlgeschlagenen Abtreibung eines behinderten Kindes eine finanzielle Entschädigung verlangen können, weshalb sollten nicht morgen ungewollte Kinder ihre Eltern oder Produzenten vor den Kadi zerren? Man darf gespannt darauf sein, wie die Jurisprudenz solche Streitfälle abhandeln wird. Gibt es ein Recht auf ein gelungenes Leben? Ein Recht auf Glück? Ein Recht auf Liebe? Ist es möglich, sich mit dem eigenen Leben auszusöhnen, obwohl es nicht kraft eigener Entscheidung entstanden ist? Stehen Schmerz und Leid in einem unversöhnlichen Gegensatz zur Erfahrung von Sinn und Glück?

Die Religionskritik der Aufklärung hat dem christlichen Glauben vorgeworfen, er diene lediglich der Kontingenzbewältigung und sei darüber hinaus gegenstandslos. Inzwischen scheinen die Rollen vertauscht. Heute stellt der Glaube die säkularen Strategien einer Kontingenzbewältigung in Frage. Damit sind freilich die aufgeworfenen Fragen nicht beantwortet. Angesichts wachsender Ratlosigkeit denken viele, die alten Antworten müssten heute nur selbstbewusst und laut genug wiederholt werden, um sich gegenüber dem Mainstream öffentlicher Überzeugungen Gehör zu verschaffen. Aber das reicht nicht. Weder können wir das Rad der Geschichte zurückdrehen noch den Geist von Wissenschaft und Technik wieder in die Flasche zurückstopfen, der er entwichen ist. Dürften wir es überhaupt, wenn wir es könnten? Was die moderne Medizin angeht, so sind deren Erkenntnisse keineswegs zu verachten, sondern zu nutzen. Unterscheidung tut not. Wie gesagt: Die Sorge um die Gesundheit ist eine Sache, der Gesundheitswahn eine andere. Er entspringt einem kulturellen Syndrom, an dem das Gesundheitswesen zwar teilhat, dessen Ursache es jedoch nicht ist. Der Psychoanalytiker Horst-Eberhard Richter hat es treffend als „Gotteskomplex" charakterisiert. Er spricht von der „Krankheit, nicht leiden zu können". Die Heilung dieser Krankheit könnte das Gesundheitssystem von der Last der Selbstüberforderung befreien.

Der Gotteskomplex ist Größenwahn, und der Gesundheitswahn eine seiner Spielarten. Er bringt Siegfried-Typen hervor, die sich unverwundbar wähnen, aber auch Scharen von eingebildeten Kranken, die jeden Tag eine neue tödliche Gefahr in oder an ihrem Körper entdecken. Er verführt die einen dazu, die Solidargemeinschaft aufzukündigen, die anderen, sich blindlings auf sie zu verlassen. Er tarnt Selbstsucht als Selbstverwirklichung und Tablettensucht als Bedürftigkeit. Er suggeriert, alles sei erlaubt: den einen, weil sie meinen, alles verantworten zu können, den anderen, weil sie glauben, sie bräuchten sich für nichts zu verantworten. Ein Knäuel spiegelverkehrter Obsessionen, das durch einen Faden zusammengehalten wird: die Angst, leiden und sterben zu müssen. „Zeige deine Wunde", das heißt, mit der Weisheit eines Kindes den Gesundheitswahn als Teufelswerk gegen diese Angst zu entlarven. Ein heilsamer, bitter notwendiger Anfang. Aber was dann? Wie die Angst bändigen, wenn die Abwehrkräfte schwinden?

Auf vielen Osterbildern gibt sich der auferstandene Christus ausdrücklich durch seine Wundmale zu erkennen. Mit einer Verherrlichung von Schmerz und Leid hat das so wenig zu tun wie die Verehrung des Kreuzes. Wenn der christliche Glaube von früh an in diesem Marterpfahl den Baum des Lebens erblickt, dann nur, weil das Kreuz in paradoxer Verhüllung das Geheimnis der Liebe Gottes offenbart. Die antike Philosophie dachte, Gott könne nicht leiden und schon gar nicht sterben. Könnte er es, wäre er nicht Gott. Im christlichen Glauben offenbart das Kreuz, dass Jesus durch sein Leiden und Sterben nichts an Göttlichkeit einbüßt. Es zeigt, dass die Liebe selbst Gott verletzlich und verwundbar macht; nur der kann lieben, der bereit und fähig ist, zu leiden und zu sterben. Liebende wissen und sagen das: „Ich mag dich leiden." Es gibt zu denken, dass wir „leiden" sagen, wenn wir „lieben" meinen. Lieben und Leiden lassen sich nicht voneinander trennen. Das Leiden ist der Preis der Liebe. *Wer nicht leiden will muss hassen*, heißt der provozierende Titel eines Buches von Richter „zur Epidemie der Gewalt".

Für Christen gibt es keinen Grund, sich der Wundmale als Zeichen erlittener Qual und ohnmächtiger Schwäche zu schämen und sie zu verstecken. Wir fürchten uns sehr zu Recht vor Schmerz, Krankheit und Tod. Das zu leugnen wäre töricht. Jesus hat geheilt und Tote erweckt, in göttlicher Sendung und Kraft. Er hat damit deutlich gemacht, dass Krankheit und Tod nicht einfach nur gottgegeben zu ertragen sind. Der christliche Glaube, der ihn von früh an als „Christus medicus" bezeichnet, schätzt die ärztliche Kunst und rät, sie zu nutzen und sich dankbar zu freuen, wann immer sie hilft. Wer glaubt, kennt aber auch ihre und seine unübersteigbaren Grenzen.

Im Vertrauen auf Gott mit diesem Wissen ohne wahnhaften Selbstbetrug zu leben, darin besteht die christliche Lebenskunst.

„Das kann doch nicht alles gewesen sein ..."
Vom ewigen Leben

Ein Kraut gegen den Tod?

Seit zwei Jahrzehnten gibt es in den Vereinigten Staaten Firmen, die
ihren Kunden die Möglichkeit anbieten, sich nach dem Tod einfrieren
zu lassen. Das kostet eine Stange Geld und das gesamte Erbe. Der Kun-
de wird Mitglied in einem Kreis von Gleichgesinnten. Unmittelbar
nach seinem Tod konserviert ein firmeneigenes Ärzteteam den Körper
fachgerecht und lagert ihn in einem mit flüssigem Helium gefüllten
Behälter – atombombensicher! Sobald der Stand von Wissenschaft
und Technik es erlaubt, soll er wiederbelebt werden.

Viele werden das als dreiste Geldschneiderei abtun, als Spinnerei
von Leuten, die keine anderen Sorgen und Geld genug haben, um
sich das leisten zu können. Immerhin verfolgen sie ihr Anliegen mit
heiligem Ernst. Verständlicherweise, denn dahinter steckt der uralte
Menschheitstraum vom ewigen Leben. Neu und für die gegenwärtige
Kultur kennzeichnend ist allein die Zuversicht, dieser Traum sei nun
endlich mit Hilfe der Wissenschaft zu verwirklichen.

Mit solchen Gedanken stehen die Anhänger der Kryogenisation
nicht allein. Viele Menschen hoffen, die Genforschung werde schon
bald den Prozess des Alterns drastisch verlangsamen oder ganz auf-
halten. Vordenker im Bereich der Computertechnologie verkünden,
in Zukunft könne jeder Mensch in Form eines Programms gespei-
chert und dann immer wieder aktiviert werden. Marvin Minsky, einer der Protagonisten der Erforschung künstlicher Intelligenz, spricht
ungeschminkt davon, durch den Cyberspace den Menschen endlich
von der „blutigen Schweinerei der organischen Materie" befreien zu
können. Das läuft vom Ansatz her ziemlich genau auf das Gegenteil
dessen hinaus, was die Kryogenisation zu verwirklichen sucht: hier
die Konservierung des Körpers, dort seine Überwindung, hier die

Wiederbelebung des Individuums, dort seine Virtualisierung. In beiden Fällen jedoch geht es darum, mit modernster Technologie eine alte Idee in die Tat umzusetzen.

Es mag erstaunen, in der postmodernen Kultur Gedanken zu begegnen, die schon bei den alten Griechen geläufig waren: einerseits der Primat der Materie, andererseits der Primat des Geistes. Noch bemerkenswerter ist, wie einhellig sich die Frage durchhält, auf die sie sich beziehen. Sie lautet: Was bedeutet für den Menschen der Tod? So tiefgreifend sich die Welt seit den Anfängen der Menschheit geändert hat – diese Frage ist geblieben.

Wer im ältesten Epos der Kulturgeschichte liest, wie Gilgamesch um seinen toten Freund trauert, fühlt unmittelbar mit ihm. Mehrere tausend Jahre trennen uns von dieser Erzählung. Dennoch verstehen wir sofort, weshalb die Todeserfahrung Gilgamesch antreibt, fortan nach Unsterblichkeit zu suchen. Offenbar bewegt uns das gleiche Motiv: Wir wollen wissen, ob es ein Kraut gibt, das gegen den Tod gewachsen ist. Gilgamesch findet das Wundermittel tatsächlich. Aber er verliert es wieder. Darum bleibt die Unsterblichkeit den Göttern vorbehalten.

Gibt es einen Weg von dieser Welt in die Welt der Götter? Der platonische Gedanke von der Unsterblichkeit der Seele bejaht das. In die gleiche Richtung weisen die pythagoräische Lehre von der Seelenwanderung und die hinduistischen Varianten der Reinkarnationslehre, die inzwischen in unseren Breiten immer mehr Anhänger findet. Andere sprengen sich im „Heiligen Krieg" freiwillig in die Luft, um ihre Feinde zu töten, vor allem aber, um den Weg in das Reich der Seligen abzukürzen. Wieder andere waren und sind überzeugt, mit dem Tod kehre der Mensch in den Kreislauf der Natur zurück. Darum setzen sie seine Asche im Wurzelgrund von Bäumen bei und sprechen von Waldesruh und Friedwald, sie versenken sie ins Meer oder verstreuen sie in alle vier Winde. Andere sagen, wir alle seien Sternenkinder, geboren vor Jahrmilliarden im Staub einer fernen Galaxie, ein winziges Element im gewaltigen „Stirb und Werde" des Kosmos.

Todesbilder

Man kann sich trefflich darüber streiten, was den Menschen vom Menschenaffen und den verschiedenen Arten der Vor- und Frühmenschen unterscheidet. Der aufrechte Gang? Das Sprechen? Die Herstellung von Werkzeugen? Der Gebrauch des Feuers oder von Schmuck? Viele Fragen, viele Antworten. Die überzeugendste dürfte sein, dass keine einzelne Eigenschaft, sondern ein Bündel von Fähigkeiten und Fertigkeiten eine neue Bewusstseinsstufe im Entwicklungsprozess des Menschen signalisiert. In vielen Einzelschritten vorbereitet, vollzieht sich ein Sprung, der das ganze Wesen verändert: den Körper, die Intelligenz, das Einfühlungs- und Vorstellungsvermögen. Es entsteht eine neue Art, sich selbst und die Welt zu sehen. Als besonders hervorstechendes Merkmal gilt das Auftreten von Totenbestattungen und Begräbnisriten. Von da an bleibt das Wissen um den Tod allgegenwärtig und gewinnt zunehmend an sozialer Bedeutung, wie an dem langen Weg von den ersten Anzeichen einer Grabausschmückung zu den gewaltigen Grabanlagen der Steinzeit oder den unschätzbaren Goldfunden in den Fürstengräbern Thrakiens und Ägyptens abzulesen ist. Von Anfang an zeigt sich dabei der Dreiklang von Todesbewusstsein, Lebenseinstellung und Lebenspraxis, der sich in einer Fülle verschiedenartiger Kulturformen manifestiert.

So gesehen verwundert es, wie spät in dieser Auseinandersetzung mit dem Tod der Gedanke auftaucht, der Mensch solle eigentlich sein ganzes Leben auf den Tod ausrichten. Von der Unsterblichkeit der Seele überzeugt, lehrt Platon, die wahre Philosophie bestehe in der Einübung des Sterbens. In Sokrates sieht er diese Überzeugung exemplarisch verwirklicht. Der trinkt gelassen den verordneten Schierlingsbecher und erkundigt sich nach der Wirkweise des Giftes. Er ermuntert seine Freunde zur Heiterkeit. Desgleichen Seneca, der sich – in politisch aussichtsloser Lage – seelenruhig im Bad die Pulsadern öffnet, nachdem er alles Nötige geregelt hat. Dann der sterbende Buddha, liegend, den Kopf entspannt auf einen Arm gestützt, milde lächelnd, umgeben von Jüngern, von denen er sich lehrend verabschiedet. Beeindruckende Bilder vom Sterben, vom Sterben in Würde und Frieden. Idyllische Bilder.

Ganz anders die biblische Szene: Jesus im Ölgarten am Abend vor seiner Hinrichtung. Auch er in Begleitung von Jüngern. Aber die schlafen. Er ahnt, was auf ihn zukommt. Er kämpft, mit sich, mit Gott, wehrt sich mit allen Kräften gegen sein Schicksal. Todesangst schüttelt ihn. Er schwitzt Blut. Dann erst fällt die Entscheidung, nicht vor den heranziehenden Häschern zu fliehen. Sie führt in ein qualvolles Sterben, in einen schändlichen Tod. Matthias Grünewald hat den Gekreuzigten für den Isenheimer Altar gemalt. Ein Bild des Grauens, ein Bündel gemartetes Fleisch. Der Leichnam Jesu – auf dem zweiten Bild – zeigt schon erste Spuren der Verwesung. Der Schrecken des Todes ist brutal dargestellt. Keine Gelassenheit, keine Heiterkeit.

Der Tod, sagt man, habe viele Gesichter. Das ist wahr. Gibt es Bilder, die wahrhaftiger als andere zeigen, was der Tod bedeutet? Was verrät die Art des Sterbens über das Verständnis des Lebens, was umgekehrt die Art zu leben über das Verhältnis zum Tod?

Leben vor dem Tod

„Gibt es ein Leben vor dem Tod?", sang Wolf Biermann vor Jahren gegenläufig zur gängigen Frage, ob es ein Leben nach dem Tod gebe. In seinem *Lied vom donnernden Leben* heißt es:

„Das kann doch nicht alles gewesen sein
Das bisschen Sonntag und Kinderschrein …
Die Überstundn, das bisschen Kies
Und aabens inner Glotze das Paradies …
Das kann doch nicht alles gewesen sein
Da muss doch noch irgendwas kommen! nein
da muss doch noch Leebn ins Leebn …"

Die Beschreibung eines normalen Lebens: nicht besonders schlecht, nicht besonders gut, keine Höhen, keine Tiefen. Nichts Besonderes eben, alles im grünen Bereich. Auch der Tod ganz normal. Wenn nicht

noch ein Wunder geschieht. Darum die Frage: Gibt es ein Leben vor
dem Tod? Mit der Zusatzfrage: Gesetzt den Fall, es gibt ein Leben vor
dem Tod, hat es dann irgendwie mit dem Leben nach dem Tod zu tun?
Kann es ein Leben vor dem Tod ohne ein Leben nach dem Tod geben?
Wie hängt das ewige Leben mit dem jetzigen zusammen?

In der Tat, es gibt einen Zusammenhang zwischen beidem, wet-
terten Sozialisten und Kommunisten. Die tröstliche Aussicht auf das
ewige Leben diene dazu, die *Verdammten dieser Erde* (Frantz Fanon)
mit ihrem Elend auszusöhnen und so von der Revolution abzuhal-
ten. Eine nicht unberechtigte Kritik, die der sozialen Bewegung eine
Weile antireligiösen Schwung und Biss verliehen hat. Bis die Revolutionäre die Stiefel mit Filzpantoffeln tauschten und das Paradies in
der Spießbürgerlichkeit ihrer Datschen in Wandlitz verwirklicht sahen, während das revolutionäre Proletariat im Kapitalismus seine
Träume durch „Fußball und Führerschein" erfüllt wähnte. Da moch-
ten einem aufrechten Spätsozialisten schon Zweifel kommen, ob das
wirklich gemeint war. Wie jedoch Würze in ein Leben bringen, das
keines ist?

Das fragten sich schon viele Bürgerinnen und Bürger im saturierten
wilhelminischen Deutschland und begrüßten begeistert den Ausbruch
des Großen Krieges. Der Tod auf dem Schlachtfeld, das Erzittern der
Seele in den „Stahlgewittern" (Ernst Jünger) verließ und vermittelte
ein völlig neues, manchmal geradezu ekstatisches Lebensgefühl, das
auch die Kirchen berauschte. Es verflog allerdings rasch in den Kno-
chenmühlen von Verdun und an der Somme. Plötzlich sah der Tod
wieder völlig anders aus. Wie ein breitmäuliges, soldatenfressendes
Monster. Oder wie zu Pestzeiten: ein fahler Schnitter, der mit seiner
Sense durch die Marschkolonnen fährt.

Es ist nur zu verständlich und gut, dass sich die Kriegsbegeisterung
heute in Grenzen hält. Aber was bringt dann Farbe in den grauen Alltag? Was tun, um im Leben das Leben aufzuspüren? Man kann unge-
sichert und nur mit Hilfe der Finger eine Steilwand in den Bergen
hochklettern. Oder auf einem Ski eine Steilwand hinunterrasen. Es ist
auch aufregend, durch ein Gummiseil gesichert von einer Autobahn-

brücke in die Tiefe zu springen. Es gibt wahnsinnig viele Möglichkeiten, die Nähe des Todes zu suchen, um sich lebendig zu fühlen. Es gibt viel Wahnsinn, mitten in der Normalität. Oder besser: Der Wahnsinn wird mehr und mehr zur Normalität, um dem Wahnsinn der Normalität zu entgehen, um zu leben. Macht wirklich erst der Tod das Leben lebenswert?

Wer seinen Leichnam einfrieren lässt, um irgendwann das Leben fortsetzen zu können, hält offenkundig wenig vom Tod. Wer darauf hofft, eines Tages als virtuelle Kunstfigur durch den Cyberraum zu geistern, hält offenkundig wenig vom Leben. Wer sich, um sein Lebensgefühl zu steigern, selber umbringt, ob mit einem Schlag oder auf Raten, der hält offenkundig wenig von sich selbst. Es scheint, als komme alles darauf an, die Kunst des Lebens mit der Kunst des Sterbens zu verbinden. Auf eine Weise, die der Sehnsucht nach Leben gerecht wird und ihren Umschlag in die Sucht nach Leben verhindert, die todsicher das Leben zerstört. Das könnte die Möglichkeit sein: Das Leben neu erfinden, indem man das ewige Leben im Leben findet.

Gott, der die Toten lebendig macht

Christen glauben an „Gott, der die Toten lebendig macht und das, was nicht ist, ins Dasein ruft" (Röm 4,17). Sie glauben nicht an die Ewigkeit des Geistes oder der Seele, nicht an die Ewigkeit der Materie und den sich erneuernden Kreislauf der Natur. Im Vertrauen auf Jesus Christus glauben sie allein an Gott. Wer glaubt, setzt im Leben wie im Sterben ganz auf Gott. Niemand und nichts in der Welt verdienen solches Vertrauen.

Das Credo richtet sich auf „die Auferstehung der Toten und das ewige Leben". Es spricht nicht von einem Leben „nach dem Tod". Gott wird unser jetziges Leben vollenden. Christen nehmen den Tod als endgültiges Ende dieses Lebens ganz ernst. Deswegen nehmen sie das Leben ganz ernst. Sie lieben das Leben, nicht den Tod; nicht der Tod macht das Leben lebenswert, sondern die Liebe zum Leben. Aber das Leben lieben kann nur, wer zu sterben weiß. Wer sich an das Leben klammert um jeden Preis, wer es auskosten will bis zur Neige, den hält die Todesangst im Würgegriff. Es hilft nicht, einen „Kick" nach dem anderen zu suchen. Der Tod setzt all dem unbarmherzig ein Ende. Er zieht uns den Teppich unter den Füßen weg und demonstriert, dass wir uns aus eigener Kraft keine Sekunde auf den Beinen halten können. Deshalb kann man weder auf Probe leben noch auf Probe sterben. Dieses sterbliche Leben ist der Ernstfall. Es bietet die einzige Gelegenheit, das ewige Leben zu gewinnen. Nicht als ob die Seele nach dem Tod gleichsam die Pferde wechselte, um erneut ins Rennen zu gehen. Nicht als ob sie nach dem Tod den Körper hinter sich ließe wie eine ausgebrannte Treibstoffrakete, um sich nun frei im Raum zu bewegen. Nicht als ob sich der Körper wie eine Maschine stilllegen ließe, um wieder angeworfen zu werden, wenn die Zeiten günstiger sind. All das sind Ausflüchte.

Der Tod trifft den ganzen Menschen. Die Auflösung des Körpers stellt nur die von außen wahrnehmbare Seite einer Desintegration dar, die auch das Innere des Menschen betrifft. Aus diesem Grund ängstigt uns der Tod. Es geht nicht darum, irgendwie zu sterben und doch irgendwie weiterzuleben. Es geht um Sein oder Nichtsein. Das irdische Leben wird durch den Tod beendet, es setzt sich nicht einfach fort. Und doch hat der Tod nicht das letzte Wort. Das ewige Leben gewinnt Gestalt bereits im zeitlichen Leben in dem Maße, in dem es von Gott umgestaltet wird. In allem Guten und Schönen finden sich seine unzerstörbaren Spuren.

Jenseits von Zeit und Raum

Matthias Grünewald hat auf dem Triptychon des Isenheimer Altars nicht nur den gekreuzigten Jesus dargestellt, sondern auch den auferstandenen. Sein Bild zeigt eine Gestalt von überirdischer Schönheit, die von innen heraus strahlt. Wären da nicht die Wundmale, könnte man meinen, der Körper Jesu habe sich in einen Astralleib verwandelt. Aber genau diesen Eindruck vermeidet der Maler sehr bewusst. Er lässt eindeutig den Gekreuzigten erkennen. Mit Esoterik hat er nichts im Sinn. Er zeigt auch nicht die vom Körper befreite Seele Jesu im Kreis der Seligen. Ihm liegt alles daran, das Wunder einer Verwandlung sichtbar zu machen, das sich in einer konkreten Person mit einer konkreten Lebensgeschichte vollzogen hat. Der Auferstandene ist der Gekreuzigte, derselbe – vollkommen anders. Er ist vollkommen, vollendet. Die Wahrheit eines Lebens, seine tiefsten Tiefen eingeschlossen, in einer Gestalt von unzerstörbarer Endgültigkeit.

Grünewald bleibt mit seinem Bild den sparsamen biblischen Erzählungen treu. Wir erfahren von ihnen wenig über die Umstände der Auferweckung Jesu. Sie sagen eigentlich nur dies, dass er sich zeigt, sich zu erkennen gibt. Oder: Dass Gott ihn ‚sehen' lässt, indem er denen die Augen öffnet, die ihr Herz öffnen. In einem Punkt sind die Texte bemerkenswert genau: Sie unterscheiden trennscharf zwischen der Auferweckung des Lazarus durch Jesus und der Auferweckung Jesu durch Gott. Lazarus kehrt in sein früheres Leben zurück. Jesu Tod dagegen bedeutet mehr als eine kurze Unterbrechung, nach der seine Geschichte ihren Fortgang nimmt. Der Auferstandene lebt in einer Sphäre, die keine raum-zeitliche Struktur aufweist. Er lebt nicht immer schon und immerfort, sondern „in Ewigkeit".

Ewigkeit ist eine der Eigenschaften Gottes, keine Eigenschaft seiner Schöpfung. Dass Gott ewig ist, heißt nicht, er existiere schon unendlich lange und er werde noch unendlich lange weiterexistieren. Was immer zeitlich existiert, ist den Bedingungen der Zeit unterworfen. Es existiert in der Zeit. Gott jedoch ist niemandem und nichts unterworfen. Er hat die Schöpfung als eine zeitlich geprägte Wirklichkeit erschaffen. Wir leben nicht nur in der Zeit, weil wir einen Körper haben, auch unser Denk- und Vorstellungsvermögen ist dadurch gekennzeichnet. Wir können die Zeit gedanklich in die Vergangenheit und Zukunft hinein verlängern, uns mithin eine immer noch längere Zeit vorstellen oder denken, aber niemals ein Jenseits der Zeit. Deshalb ist es sinnlos, danach zu fragen, was vor der Schöpfung war oder nach ihr sein wird. Das Gleiche gilt vom Raum. Die Rede von Gottes Allgegenwart besagt nicht einfach, er sei überall – genauso gut könnte man sagen, er sei nirgends. Sie besagt, dass Gott nicht

im Raum oder räumlich existiert. Denn es gibt keinen Raum innerhalb oder außerhalb des Welt-Raumes, der ihn fassen würde.
Einzig Gott ist ewig und allgegenwärtig. Wenn demnach der Glaube
für den Menschen und die gesamte Schöpfung ewiges Leben erhofft,
dann hofft er darauf, dass Gott ihnen Anteil gewährt an seinem Leben.
Wenn Gott uns teilhaben lässt an seinem Leben, dann leben wir ewig
wie er. Dann aber ist diese Lebensweise genauso unbegreiflich für uns
wie Gott selbst. „Du kannst dir kein Bild davon machen", sagen wir.
„Das ist nicht zu fassen." Dieser Unbegreiflichkeit gilt es im Denken
wie im Reden Rechnung zu tragen. Wir geraten in Sprachnot, wenn
wir über das Unsagbare reden wollen, um nicht schweigen zu müssen.
Ohne Schweigen führt das Wort zum Geschwätz, ohne Wort führt das
Schweigen zum Verstummen. Das nötigt uns zu einem grundsätzlichen und ständigen Vorbehalt, sofern wir das Denken und Reden
nicht gänzlich einstellen wollen. Wir sprechen vom „Leben nach dem
Tod", wohl wissend, dass es ein zeitliches Nachher nicht gibt. Was wie-
derum nicht heißt, es gäbe kein ewiges Leben. Nur folgt es dem irdischen Leben nicht nach. Die Toten kehren weder in das irdische Leben
zurück, noch setzen sie es nach dem Tod auf mysteriöse Weise fort.
Das irdische Leben endet mit dem Tod. Es ist dieses irdische Leben
und kein anderes danach, das nach dem Tod vollendet wird. Nicht als
ob Gott dem irdischen Leben lediglich den Stempel der Ewigkeit auf-
drücken würde. Vollendung schließt Verwandlung ein, eine gegebenenfalls schmerzliche Veränderung. Gott liebt uns, wie wir sind, denn
wir sind nur, weil er uns liebt. Aber lebendig macht uns die Liebe Gottes nur in dem Maße, in dem wir uns ihr öffnen und in Gegenliebe
antworten. Deswegen meint „ewiges Leben" ein Leben in vollkom-
mener Gemeinschaft mit Gott.

Leben und Tod sind theologisch verstanden Situationen unterschiedlicher Gottesbeziehung. Sofern ein Mensch sich in seinem Leben
auf Gottes Liebe einlässt, beginnt für ihn das ewige Leben. Und umgekehrt: Sofern ein Mensch sich in seinem Leben Gottes Liebe gegenüber
verschließt, hat der Tod Macht über ihn. Deswegen spricht Paulus
vom Tod als dem „Sold der Sünde". Er denkt dabei an eine vom Men-

schen selbst bedingte Beziehungsunfähigkeit, die ihn vom Ursprung des Lebens abschneidet. Das ist die Hölle.

Ewiger Friede

Wir sind auf Beziehung angelegt und angewiesen. Diese Beziehung bedarf der sinnlich-körperlichen Vermittlung. Wir leben nicht vom Austausch unserer Seelen oder reiner Geister, sondern von der Kommunikation mit anderen Menschen und Mitgeschöpfen aus Fleisch und Blut. Wo der Körper Medium der Gemeinschaftsbildung ist, spricht die Theologie vom Leib. Menschen, deren Körper gleichsam transparent ist für das Gute und Wahre in ihnen, rufen bei anderen das Empfinden hervor, von innen zu strahlen. Dieser Glanz verleiht ihnen eine Schönheit, die unabhängig ist von ihrem Aussehen. Darin liegt ein Vorgeschmack einer Existenzform, in der das Körperliche alles Hindernde und Trennende verliert und verwandelt ist in den Ausdruck reiner Selbstmitteilung. Das ist ewiges Leben: Der Mensch erreicht das Höchstmaß seiner Lebendigkeit, indem er mit allen und allem in Beziehung lebt. Die ganze Menschheit, die ganze Welt hat Platz in dieser Hoffnung.

Diese unvorstellbare Wirklichkeit versuchen die Bilder vom Reich Gottes anschaulich zu machen. Die vom Glauben inspirierte Phantasie wagt sich an das paradoxe Unterfangen, das Unbeschreibliche zu beschreiben, sinnlich zu vermitteln, was sich unseren Sinnen entzieht. Einmal wird es sein – sagen die Propheten – dass keiner mehr hungert und keiner mehr sich vom Fett des anderen nährt. Alle werden zu essen haben und alle zu trinken. Der Schmach ist ein Ende gesetzt. Die Decke der Trauer und Blindheit wird weggenommen. Den Völkern wird ein Licht aufgehen. Das Geschäft des Todes ist bankrott, Gott selbst wird alle Tränen abwischen. Bilder einer verwandelten und vollendeten Schöpfung. Ewiges Leben heißt neuer Himmel und neue Erde (Apk 21), Durchbruch in eine neue Dimension der Wirklichkeit. Ewiges Leben heißt nicht, dass es endlos so weitergeht wie jetzt, es meint nicht eine Verjenseitigung des Vorhandenen. So stellen es sich diejenigen vor, die schon in diesem Leben alles haben, und trotzdem nie genug bekommen; die das, was sie haben, für immer haben wollen. Anderes fällt ihnen nicht ein als ihre private Seligkeit. Christen jedoch lassen sich damit nicht abspeisen. Sie hoffen auf ein Glück, das nicht mit dem Unglück anderer bezahlt wird; auf eine Lust, die nicht Privatvergnügen oder Gruppenprivileg bleibt, sondern alle erfasst. Alle werden zu ihrem Recht kommen und Frieden finden, den ewigen Frieden.

Wer keine Musik kennt, meint vielleicht, ohne sie entbehre er nichts. Wer einmal auf den Geschmack gekommen ist, der kann ohne sie nicht mehr leben. Der Glaube an das ewige Leben verdirbt nicht den Geschmack am Leben, sondern kräftigt ihn. Christen verachten nicht das, was ist. Aber ihre Sehnsucht, ihre Lust am Leben greifen weit darüber hinaus, sie wittern mit allen Sinnen die Signale des ewigen Lebens. Es gibt Momente des Glücks, deren Wahrheit liegt darin, ein Präludium zu sein für das ewige Leben. Das ist intoniert, mitten in unserem Leben.

Textquellenverzeichnis

Hier sind die Orte der mündlichen oder schriftlichen Erstveröffent-
lichungen genannt, auf die die Beiträge zurückgehen. Sie wurden
vom Autor für diese Buchausgabe durchgesehen und mehrheitlich
neu bearbeitet.

RELIGION UND GEWALT
Zuerst veröffentlicht in der *Frankfurter Allgemeinen Zeitung*, 19. 10. 2006.

WIE IST DIE GEWALT ZU BÄNDIGEN?
Festansprache zur Woche der Brüderlichkeit in Wiesbaden, 13. 3. 2005.

DAS ENDE DER VERGELTUNG
Rede beim 90. Deutschen Katholikentag in Berlin, 23. –27. 5. 1990.

DER PREIS DER TOLERANZ
Dankesrede zur Verleihung des Ignatz-Bubis-Preises in der Paulskirche zu
Frankfurt, 12. 1. 2004.

TOLERANZ IN ZEITEN DES TERRORS
Zuerst veröffentlicht in der *Frankfurter Rundschau*, 19. 4. 2004.

DER ISLAM IN DEUTSCHLAND
Vortrag beim 6. Deutsch-Afrikanischen Bischofstreffen in Akosombo (Ghana),
11.–15. 10. 2004.

EIN RELIGIONSGESPRÄCH MIT DEM ISLAM
Rede beim Martinsempfang des Katholischen Büros in Mainz, 15. 11. 2006;
gedruckt in der *Frankfurter Allgemeinen Zeitung*, 2. 2. 2007.

WIE WERDEN RELIGIONEN FRIEDENSFÄHIG?
Rede in der Veranstaltungsreihe „Westfälischer Friede – gestern, heute, morgen"
in Münster am 19. 10. 2007; gedruckt in der *Frankfurter Allgemeinen Zeitung*,
24. 12. 2007.

DIE GLOBALISIERUNG HAT IHREN PREIS
Rede beim Bistumsjubiläum in Münster, 2. 7. 2005.

„DIE SCHLEIFUNG DER BASTIONEN"
Rede in der Akademie „Die Wolfsburg" zum 75. Geburtstag von Weihbischof
Franz Grave, 17. 11. 2007.

MISSION UND TOLERANZ
Vortrag in der Katholischen Fachhochschule Mainz, 24. 11. 2004.

HIV/AIDS UND DIE KATHOLISCHE KIRCHE
Vortrag bei der Gesellschaft für technische Zusammenarbeit (GTZ) in Eschborn
am 6. 5. 2005; in einer kürzeren Fassung gedruckt in der *Frankfurter Allgemeinen
Sonntagszeitung*, 27. 1. 2008.

FÜR EINE ZUKUNFT IN SOLIDARITÄT UND GERECHTIGKEIT
Rede beim Europäischen Sozialstaatskongress des Deutschen Gewerkschaftsbundes
in Berlin, 14. 3. 2007.

DIE BEIDEN PFEILER DER BRÜCKE ZUM SOZIALEN FRIEDEN
Rede zum Neujahrsempfang des Deutschen Gewerkschaftsbundes in Frankfurt,
7. 1. 2006.

WIE SOZIAL BLEIBT DIE DEMOKRATIE?
Vortrag vor Betriebsräten in Frankfurt, November 2004.

KIRCHE IN DER STADT
Rede zur Einweihung des Hauses am Dom in Frankfurt, 14. 1. 2007; gedruckt in der
Herder Korrespondenz 61, März 2007.

„WER DIE FAMILIE NICHT EHRT, IST DER ZUKUNFT NICHT WERT"
Vortrag in Hofheim/Taunus, 26. 4. 2005.

„ZEIGE DEINE WUNDE"
Zuerst veröffentlicht in der *Frankfurter Allgemeinen Zeitung*, 18. 11. 2005.

„DAS KANN DOCH NICHT ALLES GEWESEN SEIN …"
Zuerst veröffentlicht in der *Frankfurter Allgemeinen Zeitung*, 11. 11. 2004.

Register

Franz Kamphaus
Um Gottes willen – Leben
Einsprüche

HERDER

Franz Kamphaus

Um Gottes willen – Leben
Einsprüche

Mit einem Vorwort von
Heinz-Günther Stobbe

256 Seiten, gebunden mit Schutzumschlag
ISBN 978-3-451-28202-7

Eine leidenschaftliche und wegweisende Auseinandersetzung mit den brennenden ethischen Fragen der Gegenwart: Biotechnik – Pränataldiagnostik – Würde behinderten Lebens – Sterbehilfe – Umgang mit Gewalt – Globalisierung und solidarisches Leben – Armut, Entwicklung und Entschuldung – Option für den Fremden – Schwangerenkonfliktberatung

Ein Plädoyer für ein menschenwürdiges Leben – auch für die Schwachen in der Gesellschaft

HERDER

Franz Kamphaus

Gott beim Wort nehmen
Zeitansagen

248 Seiten, gebunden mit Schutzumschlag
ISBN 978-3-451-28852-4

Geistliche Texte des früheren Bischofs von Limburg: Predigten, Ansprachen,
Bibelarbeiten und Hirtenbriefe aus jüngerer Zeit. Sie bringen die biblische Botschaft für heute auf den Punkt. Sie bringen jenen Gott zur Sprache, der heute
nicht weniger nah ist, nicht weniger in die Freiheit führt, nicht weniger Gerechtigkeit will als vor 2000 Jahren – für jede Einzelne und jeden Einzelnen,
für die Kirche, für die Gesellschaft und die Zeit, in der wir leben.

HERDER